音楽教程

ボエティウス
伊藤友計 訳

講談社学術文庫

目次

凡例

・本書はボエティウス著『音楽教程』の邦訳である。底本としては以下の出版物と、インディアナ大学のＨＰ上のデータベースに依拠した。

Anicii Manlii Torquati Severini Boetii *De institutione arithmetica libri duo: De institutione musica libri quinque: accedit Geometria quae fertur Boetii* / e libris manu scriptis edidit Godofredus Friedlein. Lipsiae: In aedibus B.G. Teubneri. 1867.

この書からの引用は［Friedlein］と、引用箇所を頁数で記す。

Indiana University Bloomington. Center for the History of Music Theory and Literature. The Digital Thesauri of Music Theory; Online Archive of Music Theory in Latin.

https://chmtl.indiana.edu/tml/6th-8th/BOEDIM1
https://chmtl.indiana.edu/tml/6th-8th/BOEDIM2
https://chmtl.indiana.edu/tml/6th-8th/BOEDIM3
https://chmtl.indiana.edu/tml/6th-8th/BOEDIM4
https://chmtl.indiana.edu/tml/6th-8th/BOEDIM5

・訳出、注と図版の作成にあたっては以下の各国語訳を参照した。

英：Anicius Manlius Severinus Boethius. *Fundamentals of Music. Translated, with introduction and notes by Calvin M. Bower*; edited by Claude V. Palisca. New Haven: Yale University Press, 1989.

仏：Boèce. *Traité de la musique. Introduction, traduction et notes par Christian Meyer.* Turnhout: Brepols, 2004.

独：Boethius. *Fünf Bücher über die Musik. Aus der lateinischen in die deutsche Sprache übertragen und mit besonderer Berücksichtigung der griechischen Harmonik sachlich erklärt von Oscar Paul.* Leipzig: Leuckart, 1872; Nachdruck Hildesheim: Georg Olms, 1985.

露：*Боэций.* Основы музыки. Подготовка текста, перевод с латинского и комментарий С.Н.Лебедева. М.: Научно-издательский центр «Московская консерватория», 2012.

これらの各国語訳書からの引用はそれぞれ、冒頭に記した言語名略字と該当箇所を記す。各節の冒
例えば英訳の第一巻第2章第3節は次のようになり、必要に応じて頁数や注番号を示す。
頭には算用数字を付した。（例）〔英1・2・3、四五頁〕

・同様に当訳書内の記述の参照に関しては〔本書〕と記し、該当箇所の表記は右の各国語訳書からの引用の仕方に準じ、巻数・章数・節数を示す。（例）〔本書1・2・3〕

・本書において引用される書物には以下のものがある。引用・参照箇所の表示は以下の原則に従う。必要に応じて頁数や注番号を示す。

ギリシャ・ローマ古典籍：〔『書名』あるいは著者名、巻数・章数・節数、通し番号〕

近代以降の文献：〔『書名』頁数〕

事典・辞典：［「項目名」『事典・辞典名』］

【ギリシャ・ローマ古典籍】

アリストクセノス――アリストクセノス『ハルモニア原論』『アリストクセノス／プトレマイオス　古代音楽論集』山本建郎訳、京都大学学術出版会、二〇〇八年。

『エウクレイデス全集2』――『エウクレイデス全集　第2巻』斎藤憲訳・解説、東京大学出版会、二〇一五年。

『饗宴』――プラトン『饗宴』久保勉訳、岩波文庫、一九五二年。

『国家』――プラトン『国家』上・下巻、藤沢令夫訳、岩波文庫、一九七九年。

『国家について』――キケロー『国家について』岡道男訳、『キケロー選集8』岩波書店、一九九九年。

『ティマイオス』――プラトン『ティマイオス』種山恭子訳、『プラトン全集12　ティマイオス／クリティアス』岩波書店、一九七五年。

『哲学の慰め』――ボエティウス『哲学の慰め』畠中尚志訳、岩波文庫、一九三八年。

『トゥスクルム荘』――キケロー『トゥスクルム荘対談集』木村健治・岩谷智訳、『キケロー選集12』岩波書店、二〇〇二年。

『ニコマコス倫理学』――アリストテレス『ニコマコス倫理学』上・下巻、高田三郎訳、岩波文庫、一九七一年、七三年。

『パイドン』――プラトン『パイドン　魂の不死について』岩田靖夫訳、岩波文庫、一九九八年。

プトレマイオス――プトレマイオス『ハルモニア論』『アリストクセノス／プトレマイオス　古

代音楽論集』山本建郎訳、京都大学学術出版会、二〇〇八年。

（偽）プルタルコス──プルタルコス『音楽について』『モラリア14』戸塚七郎訳、京都大学学術出版会、一九九七年。

『弁論家の教育1』──クインティリアヌス『弁論家の教育1』森谷宇一他訳、京都大学学術出版会、二〇〇五年。

『ユリアヌス駁論』──『ユリアヌス駁論』『アウグスティヌス著作集30』金子晴勇訳、教文館、二〇〇二年。

【近代以降の文献】

Arith. ──Michael Masi, *BOETHIAN NUMBER THEORY : A translation of the De Institutione Arithmetica, with Introduction and Notes*, Amsterdam : Rodopi B.V., 1983.

グラープマン──M・グラープマン『スコラ学の方法と歴史　上』保井亮人訳、知泉書館、二〇二一年。

『ノヴム・オルガヌム』──フランシス・ベーコン『ノヴム・オルガヌム』桂寿一訳、岩波文庫、一九七八年。

『ラモー氏の音楽理論の基礎と実践』──ジャン・ル・ロン・ダランベール『ラモー氏の原理に基づく音楽理論と実践の基礎』片山千佳子・安川智子・関本菜穂子訳、春秋社、二〇一二年。

『ラモーの軌跡』──伊藤友計『西洋音楽理論にみるラモーの軌跡』音楽之友社、二〇二〇年。

リーゼンフーバー──K・リーゼンフーバー『中世哲学の源流』村井則夫・矢玉俊彦他訳、上智大学中世思想研究所中世研究叢書、創文社、一九九五年。

『和声論』――J-Ph・ラモー『自然の諸原理に還元された和声論』伊藤友計訳、音楽之友社、二〇一八年。

【事典】

『図解音楽事典』――U・ミヒェルス編『図解音楽事典』角倉一朗 日本語版監修、白水社、一九八九年。

『ニューグローヴ』――『ニューグローヴ世界音楽大事典』全23巻、講談社、一九九三―九五年。

・[Friedlein] においては節分けはなされていない。当訳書においては、右記の各国語訳を参照しながら節を設けたが、時に文脈から判断してさらに細分化したところもある。

・原書における言葉遣いの表記のために、ルビを用いた。この方針は、各節ごとに必要と思われる語にルビを振り、一度ルビを振った言葉が同じ節内で繰り返されているのであれば、二回目以降は振らない。一方、日本語の訳語としては同じだが、原書では違う言葉になっているときにはルビを新たに振る。したがって当該の訳語のラテン語がどうなっているかは、同節内において前へ戻り、直前の同訳語のルビを参照すればわかるようになっている。

・ラテン語の単語をカタカナ表記に転写するに際し、長・短母音の区別はせず、短母音として表記した。ただし周知の人名・地名に関してはこの限りではない。

・古代ギリシャ・ローマの人名はカナ表記にゆれがあるので、『ニューグローヴ』を主な典拠とし、適宜他の人名辞典等を参照した。

・[Friedlein] における数字表記はすべてローマ数字だが、当訳書においてはアラビア数字に置き換えた。

・当訳書では、「1：2」や「½」、「＋」や「＝」の現代数学の表記や記号を使用しているが、これは読者の便宜を図ってのことであり、原文においてはすべて文字テクストで書かれている。

・本書内で重要な音程の名称の対照は次の表のとおりである。

原書	Diapason ディアパソン	Diapente ディアペンテ	Diatessaron ディアテッサロン
本書	オクターヴ	5度	4度

・原著にボエティウスによる注などはない。本文中の〔　〕内の注記は訳者による。また〈　〉や［　］、（　）についても訳者が適時使用したものである。

訳者解題

1　ボエティウスについて

ボエティウス（Boethius, Anicius Manlius Severinus アニキウス・マンリウス・セウェリヌス。四八〇頃—五二四年）の名は、世界史の教科書や歴史書で広く知られるところであろう。歴史家エドワード・ギボンによって〝最後のローマ人〟と称され、またマルティン・グラープマンによって〝最初のスコラ学者〟と位置づけられたボエティウスは、西暦四八〇年ごろにローマ有数の名門の家系に生を受けた。父はローマの最高官吏である執政官の要職を務めていたが、四八七年に他界してしまったがために幼くして孤児となり、当時ローマ政界の有力者であったシュンマクス家に引き取られることとなった。その後ボエティウスは、彼自身が言うところの〝象牙と水晶で飾られた書斎〟〔『哲学の慰め』1・5〕においてギリシャ哲学などに関する文献を渉猟しながら成長したわけだが、ボエティウスに学問の才能があることを見いだしたシュンマクスは、プラトンのアカデメイアで学問の仕上げをさせるた

哲学の擬人化の貴婦人と牢獄のボエティウス（13世紀のミュンヘンの写本より）

めにボエティウスをアテナイへと送り出した（このアカデメイアは五二九年に閉鎖される）。その後ボエティウスはシュンマクス家の娘ルスティキアナと結婚し、五一〇年には自身も執政官に就任した。この職を退官後は元老院議員として国政に参与し、五二二年には彼の二人の息子も執政官に任ぜられ、同年にボエティウス自身は東ゴート王・テオドリック（四五四―五二六年。東ローマの軍人・政治家）に重用され、官僚たちの長（magister officiorum 現在の首相に相当）に就任するために北イタリアのラヴェンナに召喚された。

このようにボエティウス一家は当時の栄華を極めるような成功を収めていたわけだが、しかしこの後ボエティウスには過酷な運命が待ち受けていた。それが五二三年に端を発するいわゆる〝アルビヌスの反逆事件〟である。これは当時の不安定な政治状況と政治家たちの不和を背景とする中で、テオドリックの伝旨官キプリアヌスが元執政官であり元老院議員であったアルビヌスを反逆罪で訴えるという事件であった。これに際してボエティウスはアルビヌス擁護の側に回ったが、奸計が錯綜するこの一大政争においてボエティウス自身も政敵たちによって告発される事態となり、反逆罪に問われる。その結果、アルビヌスとともにパヴィーアに流刑、投獄され、ついにボエティウスには死刑が宣告されるに至る。

おそらくボエティウスの著作の中でもっとも読み継がれてきたのは、先にも引いた『哲学の慰め』ではないかと思われるが、この著作はボエティウスが死刑執行直前の獄中で執筆したものとされている。絶望と悲嘆に暮れるボエティウスの前に〝哲学〟の擬人化である高貴な婦人が姿を現し、この貴婦人が自らの運命を嘆くボエティウスと対話し、そして彼を諭す形で叙述は進んでいく。話の内容は哲学や倫理的なものから、認識や感覚論に至るまで相当の広がりを見せているが、全編を通じてボエティウスの古代ギリシャ以降の深い古典的学識に支えられたテクストである。こうした中、最晩年のボエティウスにとって音楽がどれほど大きな存在であったかを把握することのできる文章をここから一つ引用しておこう。ここで〝哲学〟の擬人化である貴婦人は、ボエティウスを慰めるために〝愛〟の性質の重要性を説く詩（歌）を歌うが、それを耳にしたボエティウスは次のように感謝の辞を述べる。

おお、疲れ果てた魂の最高の慰安者よ。あなたは、あなたの堂々たる見解と心ちよい歌とでどんなに私を蘇らせたことでしょう！　私はそれに依って、今や自分が運命の打撃に堪えないとは思わなくなりました。［同書３・１］

2 『音楽教程』について

さて改めて『音楽教程』に注目しよう。執筆時期に関しては先行研究において多少の揺らぎはあるものの、およそ五一〇年前後、つまりボエティウスが三〇歳前後に執筆したとされる著作である。ボエティウスの執筆活動についてはこれを時系列的に四期に分ける見方がある。第一期には数学的諸学科に関する教育的著作、第二期にはアリストテレス、キケロ、ポルフュリオスらの著作の翻訳と注釈、第三期には哲学的見地から考察されたキリスト教神学の論文、そして第四期には『哲学の慰め』が該当する[1]。

『音楽教程』は第一期に属する著作として位置づけられる。まず題名についてから始められるべきであろうが、この『音楽教程』という名称は *De institutione musica* の訳出として日本では親しまれてきた。しかし、現代に至るまでこの書は欧米各国語においてさまざまに呼びならわされてきたものであり、『ボエティウスの「音楽」』や『音楽について』、あるいは『音楽についての五つの書』等の題名も各国語訳では使用されてきた（例えば独訳では最後の名称が採用されている）。こうした中で、ボエティウス自身が本書内で〝institutio musica〟という言い回しを三度用いるという経緯があり［本書3・10、3・16、5・7］、したがってこの名称がこの書の題名として一定の認知を得てきたのにもこの本書内に根拠がある。

この題名を*De institutione musica*ととれば、直訳では『音楽のinstitutioについて』となるが、このinstitutioという名詞には「設置」や「慣習」といった意味とともに、「教育・訓練」の語義が含まれる。したがって『音楽教程』という邦語はこの題名を正確に伝えていると言える。ただし、後でも触れるが、本書におけるボエティウスの主眼は音楽についての高度な議論を開陳するというよりも、むしろ音楽の基礎・基本を徹底して考察することにある。したがって西洋諸語の翻訳においては、*Fundamentals of Music*などというように、「音楽の基礎」といった訳語を当てている（英訳や露訳はこの扱いである）。これもまた内容を踏まえた的確な訳名であると言えるが、しかし日本語文献においてはすでに久しく『音楽教程』の名で親しまれてきたものであり、無用な誤解を避けるため当訳書においても従来の名称を用いることとした。

この『音楽教程』こそが、ピュタゴラス以降から自身の時代に至るまでに育まれた音楽理論を詳述し、後世に多大な影響を与えることになったボエティウスの著作である。この書の主眼は、ボエティウスが自らの独創性を開示するということよりも（この点に関しては先行研究においてもさまざまな議論がある）、むしろ先人の教えをまず正しく叙述し、適切な考察を加え、そして形として残すことにあったと言えることは、本文の読解から判断されよう。そしてこの『音楽教程』は六世紀から九世紀にかけては一時期忘却に追いやられたが、いわゆる〝カロリング・ルネサンス〟を契機に再び注目されるところとなった。そして中世全般にわたって、西洋音楽理論を完全に影響下に置いたのがこの『音楽教程』であり、音楽を学ぶ際の最重要基礎文献かつ教科書として使用され続けた。ひと口に〝ヨーロッパ〟といっても地域差や時代の変遷があるわけだが、『音楽教程』は名だたるヨーロッパの諸大学で使用され続け、オクスフォードでは一七世紀まで引き継がれていたと記録されている（リーゼンフーバー、九三頁）。

そして近代以降、音楽理論も確かに中世からの脱却を図り、科学との結びつきを深める形で前進を目指し、『音楽教程』のような中世的、スコラ学的知を無きものにしようとする強力な動向は確かにあった。しかし、近代科学の知力は西洋音楽現象のすべてを説明することを果たせず、したがって中世からの脱却が完全に果たされたと言うことはできない。それは二一世紀の今日においても依然としてそうである。すなわち、現在の西洋音楽、つまり現代のわれわれが享受している音楽の圧倒的大部分のありようは、この『音楽教程』内で展開されている種々の考察がその出発点かつ土台となっているものであり、協和・不協和の考え方、音階や旋法の設定、音程と旋律、オクターヴ、5度、4度、全音、半音、さらにはその他の音程の存立基盤に関する論理など、これらが後の音楽の姿の素地となり、また規定する効力を有していた、ということが歴史的事実として確認されるべきである。

このように、この『音楽教程』の重要性はいくら強調してもし過ぎることはないが、しかし当然の疑問として、ではなぜ古代ローマの政治家として活動していたボエティウスが音楽の著作を残したのか、ということが頭をよぎるのはむしろ自然と言えよう。音楽に関する著作がここまで重要視されるのは、音楽が文化的な娯楽と捉えられている現代の感覚からすれば奇異な感が確かにあろう。しかし音楽にこうした特権的地位を与えたのはボエティウスが初めではない。すでに右で触れたとおり、ボエティウスは古代ギリシャに関する知見を深め、翻訳や注釈を執筆し、実際ボエティウス自身の目論見として、プラトンとアリストテレスの全著作をラテン語に翻訳し、それに注釈をつけるという壮大な試みを胸に抱いていたという。ここからもわかるとおり、ボエティウスは古代ギリシャに深く通暁していたわけだが、その古代ギリシャにおいてすでに音楽の優位は強く説かれており、ボエティウスはその伝統を継承したとみるのが正しい。

そうした伝統に依拠したうえで、ボエティウスが画期的であった点は、自身以前にすでに取り上げられていた音楽、算術、幾何学、天文学の四つに「クゥアドリウィウム quadrivium」という名を与え、まとめ上げたことにある。この名称は「四」を表す「quadr-」という接頭辞と、「道」を表す「via」という語から作られたもので[2]、日本語文献では「四科」あるいは「数学的四科」と訳されてきた。こうした見方が中世へと伝えられ、さらに文法、修辞学、論理学が加わり「アルテス・リベラーレス（リベラル・アーツ）」、日本語ではしばしば「自由七学芸」と呼ばれるものに展開していく歴史が控えていることになる。一二世紀までにはこれらの七科目から成るアルテス・リベラーレスのあり方は確固としたものになったとされている。

「数学的四科《クゥアドリウィウム》」にしても、「自由七学芸《アルテス・リベラーレス》」にしても、これらの諸学科の中に音楽が存在することは、現代人の目からは異質に映ってもおかしくはない。したがってこの辺りの事情をいま少し詳しく見て、『音楽教程』の理解へとつなげることとしよう。

3　数学的四科《クゥアドリウィウム》と自由七学芸《アルテス・リベラーレス》の中の音楽

ピュタゴラスの〝万物は数である〟という認識は有名であろうが、このようにピュタゴラス、そして後に続くピュタゴラス派の人々は、この世界のありようを〝数〟において捉えようとした。この認識において、音楽は特に重要な視座を与えるものであった。というのも、1：2や2：3といった単純な整数比に協和の響きが存することが発見され、確認されたからであった。ここでよく引き合いに出されるのが〝ピュタゴラスの鍛冶屋の伝説〟であり、この伝説の伝承と流布に大きな役割を果たしたのがまさにこの『音楽教程』である。その内実を知るには［本書1・10］の直接の読解が最善であり、そこでは槌の重さによって鳴り響く音程に変化が生じることに気が付いたピュタゴラスが、協和・不協和の諸音程の定礎に着手したことが言及されている。

しかしこの伝説に関して、その内容についてはこれが完全な虚偽であることもまた有名な話であろう。槌で打撃音を発する際に、その槌の重さが音程の高低に影響することはない。例えば鉄琴／ヴィブラフォンなどの楽器を想起できるだろうが、もしも槌の重さが変わるにしたがって音程が変わってしまうなら、演奏実践の場は混乱をきたしてしまうだろうが、実際にはそうしたことはない。鉄琴／ヴィブラフォンという楽器における個々の鉄板の長さや配置から明らかなように、音程の高低の決定因子は鉄板のほうである。したがって「槌の重さの違いが音程考察の起源である」という誤った内容の伝説がその後何世紀にもわたって伝播していったことは、先人の教えを金科玉条的に無思慮、無反省に受け入れていった中世という時代の一つの特徴として語られる[3]。

では、実際に協和音程の考察の土台とされたのは何だったかと言えば、それはこの『音楽教程』でも多くのページが割かれている〝モノコルドの分割〟である。〝一本の弦〟を意味するモノコルドの弦長を二分割、三分割、四分割等にしていくことによって、どういった音程が生じるのかが考察の対象になったのであり、これは科学的にも真であると認められる事象である。これを、1：2、2：3、3：4などの比関係で捉えることによって、協和・不協和の考え方が定位していった。音楽理論が数学との結びつきが強い、と言われるのにはこうした経緯があるが、ここでの数学とは数比の学問のことであり、その発端にはピュタゴラス（派）の認識、あるいは世界観があった。

このように特権視された音楽に加えて、ピュタゴラスは算術、幾何学、天文学を〝数学的諸学〟として区分していたとされるが、ともかくも数比によって音楽を捉える見方はその後脈々と受け継がれていった。例えばプラトンも『国家』第七巻において、自らの理想とする国家において教育されるべき学科科目として、数と計算（算術）、幾何学、音楽、天文学の四つを挙げている。これらの四学科を抽出し、特権視する見立ては例えばプロクロス（Proclus 四一二―四八五年。新プラトン主義の哲学者）によっても継承され、彼の『ユークリッド『原論』第一巻注釈』においても、算術、音楽、幾何学、天文学の四つの区分が明示されている。ボエティウスはこうした認識を継承したと見られるべきだが、これら四つの学問が当『音楽教程』においてどのように叙述されているかに注目しよう。

ボエティウスの『音楽教程』の切り出し方は、第一巻第一章の題名に如実に表れている。すなわち、「音楽はわれわれと自然な仕方で関係しており、道徳をあるいは美しくしたり、あるいは破滅させたりする」とあるように、音楽は人間にとってごく自然な存在であり、また人間の道徳や倫理に影響を与えることが力説される。この中で言及されるエピソードはいずれも興味深いもので、音楽が人を悪い意味で興奮させることもあれば、気持ちを落ち着かせることもあり、それは時にかなり重大な局面で作用することもあることが指摘される。

以上の点を踏まえれば現代のわれわれの音楽観からすれば、音楽という分野にしかるべく携わるべき、つまり作曲や実演に深く関与するのがよいという趣旨に移っていきそうなものだが、しかしボエティウスの論はまったくそうした方向性を見せない。むしろ、楽器の演奏者や実演に携わる者に対する評価が実に低いことは『音楽教程』の中でことさらに目を引く（特に［本書1・34「音楽家とは誰か」］の記述は興味深い）。確かに音楽は倫理に影響力を持ち、人間の行動に作用する力を有する。したがって、それゆえにこそ、作曲や演奏という実践面に従事するのではなく、音楽の本質や構造そのものを知性をもって把握し、理性の力でしかるべく理解することこそが望ましい。ゆえに、音楽現象を生み出す素地となり、音楽作品を作り出すことを可能にしている音関係の考察が必須であり、焦点化されるべきである。この音関係は数的な関係、すなわち数比によって構成され、組成される。だからこそ音楽は〝関係する数＝比〟に関する学問なのである。この学問においては耳という感覚によって捉えられる音現象にというよりも、理性や知性によって把握され理解される関係性のほうにより大きなプライオリティーが付与されている、という点も『音楽教程』内の重要な論旨の一つである。

それでは理性をもって音楽という学に取り組むとは具体的にどういうことか。それが「数学的四科《クゥアドリウィウム》」を説明するボエティウスの言から読み取れる。［本書2・3］における「〈量《クゥアンティタス》〉の違いについて、そしてどの学説に何が割り当てられているか」はこの点で必読の箇所である。その前章である［本書2・2］において、ピュタゴラスが〝存在するesse〟ことを考察することが哲学の使命であると規定したことから説き起こし、それではこの〝存在の考察〟はいかになされるべきかが説明される。そして特に［本書2・3・7］において各学問の割り当てが明らかにされる箇所はきわめて重要である。その内実は本文の読解を通じて理解されるべきだが、しかしここで『音楽教程』よりも前に書かれた『算術教程』において「数学的四科《クゥアドリウィウム》」という用語が使用され、そこでその内実が明らかにされていることを確認しておこう。

『算術教程』の第一巻第一章は「数学の分割について」と題されているが、その冒頭にはこうある。

> ピュタゴラスという指導者によって知性《メンス》のより純粋な理性《ラティオ》で活力に満ちていた、往時の権威のすべての人々の間では、以下の点は明らかに知れ渡っていた。すなわち、哲学的修練においては、もしその創意工夫を考察する者たちにとってまったく気づかれないままでいることはないであろういわゆる数学的四科 quadruvium において、そうした思慮分別の気高さがその者たちによって探求されることがないのであれば、誰であろうとも完璧さの頂点に達することはない、ということである。［Friedlein p.7. *Arith.* p.71. 傍線は引用者］

ここでの「数学的四科 quadruvium」[4] という名称がこの語の初出とされるが、ここからも明らかなように「数学的四科」は学問を完璧に究めようとする者にとってのいわば入り口の、基礎的学科という位置づけである。それらの学科の内実は以下のように説明される。この説明は、言葉遣いは多少異なるものの、『音楽教程』のものとかなり近似している。哲学とは〝本質 essentia〟の考察を旨とするものであり、その〝本質〟とは二つから成るとされる。それはすなわち、〈多数性 multitudo〉と〈大きさ magnitudo〉であると明らかにされ、これらがさらに以下のように細分化されると叙述される。

> これらのうち、それ自体としてある〈多数性〉は算術的完全性が観察し、他のものに対する〈多数性〉は音楽的流れの調和のとれた諸関係性 musici modulaminis temperamenta が詳しく調べ、動かない〈大きさ〉の知識は幾何学が保証し、動く〈大きさ〉の学問は天文学的教説の知識が所有する。［Friedlein p.9. *Arith.* p.72. 傍線は引用者］

ここに算術、音楽、幾何学、天文学の数学的四科《クゥアドリウィウム》が確認される。こうしたテクストがすでにボエティウス自身によって書かれていたわけである。それでは翻って『音楽教程』に再び注目すれば、まず『音楽教程』においては数学的四科《クゥアドリウィウム》という名称は使われておらず、［本書1・1・4］における「数学の四つの学科 quattuor matheseos disciplinae」がこれに相当する。そして［本書2・2］でピュタゴラスが哲学の本分は〈存在すること esse〉の考察にあるとしたことはすでに述べたが、続く［2・3］で考察の中心は〈量 quantitas〉に据えられる。ここで翻って、［本書1・6］において音の「低さと高さは量《クゥアンティタス》に存するもの」と指摘されている点はきわめて重要で、したがって音楽の考察においても〈量〉に焦点があてられることになる。この〈量〉は〈連続する量〉と、〈隔てられた量〉の二つから成るとされる。前者が〈大きさ magnitudo〉であり、後者が〈多数性 multitudo〉である。このように〈隔てられた量〉が〈多数性〉ないし〈数〉と読み換えられていくわけだが、これは換言すれば、〈数〉とは〈量〉のある種の特定の状態である、という大前提の認識が『音楽教程』の読解にも絶対的に必要である。そしてさらに、〈大きさ〉が〝動く〈大きさ〉〟と〝動かない〈大きさ〉〟に、〈多数性〉（これは端的に〈数 numerus〉とも言い換えられている）は、〝それ自体として存在する〈多数性〉〟と〝対比される〈多数性〉〟に分けられる。これをより把握しやすく図示すると次頁の図のようになる。

詳しくは本文を熟読されたいが、つまりこの世の存在のあり方を知るために、諸学はこのように明確に対象を定めて取りかかられるべきであり、ここにおいて音楽は、〝関連づけられた／対比された量〟つまり数比を素地として考察が展開される数学的学問の一分野であることが明らかである。付言しておけば、これらの数学的四科《クゥアドリウィウム》がこのようにことさらに重要視されたことからも窺われるとおり、ボエティウスは音楽のほかにも幾何学、天文学、算術に

量			
連続する量＝大きさ		隔てられた量＝多数性／数	
動かない大きさ 幾何学	動く大きさ 天文学	それ自身で存在する数　算術	対比される数 音楽

関する書物も書き上げていたことが推測されている。しかし現存するのは、完全な形での『算術教程』全二巻と、末尾が欠損してしまった不完全な形でのこの『音楽教程』だけである[5]。

再び音楽に焦点化すれば、このように〝対比され、関連づけられた数〟を扱うのが、「数学的四科《クウアドリウィウム》」ないしは「自由七学芸《アルテス・リベラーレス》」における〝音楽〟であり[6]、これは現代の〝音楽〟とはかなりの隔たりがあることが正しく理解されるべきである。この『音楽教程』の読解を通じて読者は、ボエティウスが音楽実践に携わる演奏家・実演家にはかなり低い評価しか与えていないことを確かに読み取るであろう。概して『音楽教程』全般を通じて指摘できる特徴は、徹底して理性主義的、理知主義的であることであり、物質的なもの、肉体的なものに対してはきわめて低い評価しか与えていない記述も散見される。「中世ヨーロッパの教師」〔リーゼンフーバー、七七頁〕とも称されるボエティウスが中世ヨーロッパにアリストテレス主義を伝えた影響には多大なものがあったとされるが、これもアリストテレス主義からの正統的な継承という流れで捉えられるべきものであろう。現代的観点からすれば、まさに隔世の感があろうが、こうした『音楽教程』の傾向性は、器楽全盛時代を経た現代にあって完全なアナクロニズムと片付けられるであろうか、あるいは何らかの警鐘の響きを持ちうるのだろうか。いずれにせよ、現在われわれがごく自然に思い浮かべる「音楽」のあり方と、「数学的四科《クウアドリウィウム》」ないしは「自由七学芸《アルテス・リベラーレス》」における音楽とを同一視することは正しい認識ではなく、両者のあいだには直接的な関係はないことが理解されるべきである。学としての音楽とは、対比される数／数比を主対象とし、これを駆使して音程、協和、諸音の配置などがいかに調和した状態にあるのかを考察する学問のことである。

4 『音楽教程』の内容と構成

先述のとおり『音楽教程』は、六〜九世紀の間は一度表舞台から姿を消す形になるが、カロリング朝以降に再注目され、その後中世全般にわたって音楽理論の最重要書の一つとして中核を占め続け、その影響は現在にまで及ぶ。純音楽的観点から見て、『音楽教程』内で展開される重要論点をざっと挙げるだけでも、音と音程に関する考察、三種類の音楽（宇宙の、人間の、楽器の音楽）と音楽の効用、協和・不協和の考え方、旋法のあり方と音階の設定、これらを数比や〈中項〉（後述）でどのように捉えるか、モノコルドの分割、など重要項目が続く。そして個々の論点に関し、ときに徹底的なまでに緻密な論証の叙述が重ねられるのが本書の特色と言えよう。

一つ強調しておくべき点は、ボエティウスはこれらの諸点を自らの着想や思惟に基づいて展開し、叙述しているわけではない、ということである。自らの何らかの〝独自性〟を打ち出すことにボエティウスは自身の使命を見いだしてはいない。むしろ自らの使命は、古代ギリシャの古典が失われることを危惧し、それをラテン語で保存し、また世に問い、そして後世に残すことであった。しかし当然、何か書物を残すということにおいて、その執筆者自身の個性が表出してしまうことは必然である。例えば、何を書くかということは、何を書かなかったかということの裏返しであり、またその叙述の順番にも執筆者の考えは反映される。また、ボエティウスの著作に特化すれば、算術、幾何学、天文学、音楽の四分法はボエティウス以前にさかのぼれる一方で、それに「数学的四科 quadrivium/quattuor matheseos disciplinae」の名を与えたのは他でもないボエティウスであったりと、種々の局面で書き手の独自性は、いわばにじみ出るものであり、この点に関しては先行研究でもさまざまな議論が交わされている。このテーマについてここでこれ以上紙幅を割く余裕はないが、しかし踏まえられるべきは、ボエティウス自身の執筆の主眼としては古代ギリシャの伝統の継承と伝播が挙げられるべきであり、自身の独自性の発露は、あったとしても、それは彼の主眼ではなかった、ということである。

それでは『音楽教程』の内容を順を追って概観してみよう。まず第一巻は全体の導入の役を果たしているとも言え、音楽の社会的、倫理的意義が語られ、そこから音楽を考察する際の感覚に対する理性の優位が説かれ、音や音程などの個々の考察に入る。ここでは数の計算などはまだ大々的に展開されておらず、おそらく読者にとってはもっとも読解に支障のない巻であろう。

そして第二巻と第三巻は各論の考察へと移り、ピュタゴラスあるいはピュタゴラス派が残した音楽理論の基礎知識や概念がその対象となっている。種々の中項や数比の計算が縦横無尽に駆使され、徹底的な論証が重ねられており、これらの記述を追うのはおそらく現代の多くの読者にとって骨が折れるだろう。

第一巻から第三巻に関しては、この三つの巻がその後消失してしまったゲラサのニコマコス（Nicomachus 六〇頃―一二〇年頃。新ピュタゴラス派に属するとされる数学者、思索家）の音楽論のボエティウスによる翻訳あるいは翻案であるとする説がある。ここにはボエティウスの『算術教程』のほうはニコマコスの『算術入門《エイサゴーゲー・アリトメティカ》』をラテン語に移し換えたものであることは疑いないという事情もあり、一定の説得力はあるが、これ以上の検証が不可能であるかぎり断定もまた不可能である[7]。ただし、ピュタゴラス（派）の音楽理論を詳述するに際し、ボエティウスがニコマコスのテクストに依拠したであろうことは十分考えられ、ここでもボエティウスが独自の説を開陳しているわけではないことが窺われる。

第四巻で扱われるのは「モノコルドの分割」であり、ピュタゴラス（派）の教説や、エウクレイデス（ユークリッド Euclides/Euclid 紀元前三世紀ごろに活躍したとされる、古代ギリシャの数学者）の『カノンの分割』[8]、プトレマイオス（Ptolemaeus 八三頃―一六八年頃。古代ローマの学者）からの引用などから構成されており、第三巻までの叙述とはかなり趣を異にしている。しかしここでもボエティウスは先人たちを引き合いに出す形で論を展開しており、ここでの記譜の記号や旋法のあり方の叙述、そしてそれらに絡む数比の計算はきわめて詳細にわたるものであり、数学的四科《クゥアドリウィウム》としての音楽のあり方を十全に示していると言えよう。現代人から見れば、これらの諸点にこれだけの知的営為が傾けられていたことに改めて刮目せざるを得ないだろう。

第五巻はおもにプトレマイオスの『音組織論 *Harmonika*』（二世紀中葉）が扱われる対象である。ここでは特にアリストクセノス（Aristoxenus 紀元前三七五―没年不詳。アリストテレスの弟子。逍遥学派の哲学者）が理性を軽視していたことを理由に批判的に検討され、それと対置する形でプトレマイオスの説が高く評価され、重視されている。ここでのボエティウスの主眼はプトレマイオスの著作の内容の紹介と検討であり、何か自説を交えることを目的としていないことはこの巻の直接の読解を通じて明らかとなろう。そして残念なことに第20章以降は消失してしまい、残るのは章名のみである。この消失はおそらくボエティウスが執筆を終えてからかなり早い段階で生じたものと推測されているが、それはこの『音楽教程』の写本のほぼすべてがこの第19章の、しかも同じ箇所で途切れていることが根拠となっている。

そして、先行研究者たちのあいだでは、おそらく第六巻と第七巻が執筆されていたのではという説が有力視されている。その根拠の一つは他でもないこの『音楽教程』内にあるが、［本書1・2「音楽とは三つである」］の中では〝宇宙の音楽〟〝人間の音楽〟〝楽器の音楽〟の特性が描写されるが、最後の楽器の音楽において、ここでは「音の多様性」がよく成されるものであるから、「したがって、この著作ではまず第一に諸楽器のこの音楽についてよく検討されるべきである」（傍線は引用者）と明言されている。この傍線部の表現からして、その後に〝宇宙の音楽〟と〝人間の音楽〟の考察が控えていることを十分推測させるに足る叙述であり、第六巻以降がそれに充てられていたであろうというのも首肯できるところではあるが、これも現在では消失してしまった以上、推測の範囲を出るものではないとされなければならないだろう。

5　『音楽教程』における数比をめぐる用語と協和について

それではその「数学的四科《クウァドリウィウム》」「自由七学芸《アルテス・リベラーレス》」における音楽とは具体的に何なのか。それは端的に言って、「比」を基にした音程関係の考察、と言うことができるであろう。しかしこの「数比による音程関係の考察」という音楽理論における伝統は、一度大きく途絶えてしまったものでもあり、現代の読者のほとんどにはまったく馴染みがないものであろう。したがって、この中で使用される概念や用語は当然、一読では把握困難で読者を悩ませることが予想される。この困難を和らげ、本文の理解につなげるために以下でひと通りの解説を試みる。

〈単位｜unitas〉

数比が諸数を対比し、関連づけることを基とする以上、まず数についての基本について言及されるべきである。ここで、現代の感覚では奇異なことではあるが、古来〈数〉とは「2」から始まり、「1」は数とは見なされず、数を生み出す基となる〈単位一〉として認識されていたことが指摘されねばならない。この点は『音楽教程』の中では例えば、「〈単位一《ユニタス》〉**が複数性《プルラリタス》と諸数の起源である**」［本書2・7・1］といった表現で記されているとおりであり、同種の表現は『音楽教程』内で頻出する。

こうした数に関する認識もボエティウスは伝統を継承する形で陳述しており、元をたどればピュタゴラス（派）の数学観／世界観までさかのぼることのできるものである。その後〈単位一〉という認識は近代初期まで維持されることになるが、ともかく「1は「単位」と呼ばれ、「数」という呼び名は2以上の自然数のみを指す[9]」［『エウクレイデス全集2』解説、一五頁］という理解が『音楽教程』のような音楽理論書の読解にも必要になってくる。まず数比、特に後述する〈多倍比〉〈単部分超過比〉〈複部分超過比〉の考察において〈単位一〉は絶対的に必要不可欠な根源的要素であることが理解されなければならない。

そして〈単位一〉についてはもう少し踏み込んで言及しておきたい。右に引用した『エウクレイデス全集2』の冒頭の解説には「「単位」である1と、「多」である2以上の「数」を区別することには必ずしも意味がなく、かえって不便である場合もある。そしてそのような場合には、実際に区別はなされていないのである」［一八頁］との記述がある。数学の分野でなされる〈単位一〉のこの指摘は、当『音楽教程』にも当てはまるものであり、〈単位一〉のすべてを〝数ではないもの〟として厳密に峻別して読解を進めることはときにきわめて困難であり、また問題となる局面は実際に存在する。

しかしそれでも音楽理論書における〈単位一〉には特別な負荷が掛けられていることは看過されてはならない。ピュタゴラス（派）や古代ギリシャにおいて〈単位一〉は運動でも数でもなく、〝すべてを超越する万物の根源〟と見なされてきた伝統があり、音楽の領域においても〈単位一〉こそが音楽が現出する源であるという認識が音楽理論の土台となり支えとなってきたものだった。特にこの『音楽教程』においては、本書の最重要論点とも言える〝音楽の協和〟を生み出す絶対不可欠の要素として、この〈単位一〉には中心的な位置が与えられている。例えば、「**なぜ〈多倍比〉は他よりも優れているのか**」［本書2・5の章名］、一部の〈単部分超過比〉が特権視される理由、また「**あらゆる不均等性《イナエクゥアリタス》は均等性《アエクゥアリタス》から生じること**」［本書2・7の章名］など、協和をめぐる重要論点は〈単位一〉を土台とし、ここから考察が行われている点は『音楽教程』の核心の一つである。さらにはこうした協和観が後の西洋音楽へと脈々と受け継がれ、〈単位一〉は一八世紀のJ－Ph・ラモー（一六八三―一七六四年）の『和声論』に至るまで引き継がれた経緯もあり、西洋音楽理論史の全般的観点からしてもきわめて重要である[10]。この点が念頭に置かれながら本文の読解にあたられるべきである。

〈比 proportio〉〈比例 proportionalitas〉

さて「数」の関係性、あるいは〝対比〟が「音楽」という学の中枢を占めることは右で指摘したが、まずそもそもの出発点として、〈比〉と〈比例〉について整理されておくべきであろう。『音楽教程』における〈比〉と〈比例〉に関しては［本書2・12］の記述がきわめて重要だが、それを現代の表記を用いて簡潔に説明すれば、〈比〉とはa：bのように二項だけから成るものであり、〈比例〉とはa：b：c、あるいはa：b＝c：dのように三項以上から成るものを指す。『音楽教程』においてはさまざまな用語が入り乱れ、それが読解を困難にさせている面は多分にあるのだが、しかしこの〈比〉と〈比例〉の使い分けは『音楽教程』においてきわめて厳格に峻別されている。

こうした厳格な峻別もボエティウスは先人から継承したものであり、エウクレイデスの『原論』でも同旨の定義が確認される。したがって、ここでも過去の遺産の〝伝承者〟としてのボエティウスの姿勢が確認されるが、『音楽教程』の議論で重要なのは、前者の〈比〉

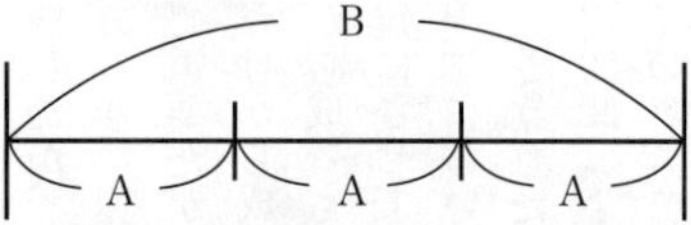

数Aが数Bを測る

が〈多倍比〉〈単部分超過比〉〈複部分超過比〉の議論で、後者の〈比例〉が三つの「中項」の議論の素地となっている点である。これらについては事前の説明が必須であるが、その前に〈比〉と〈比例〉に関する基本操作である「測る」という表現について踏まえておきたい。

〈測る metior〉という表現について

これは現代の数学では「割る」ないしは「割り切る」、記号では「÷」という意味で捉えられる表現である。読みやすさという観点から言えば、この〈測る〉を「割る」ですべて訳し変えてしまうのも一つの方策ではある。しかしこの〈測る〉という表現は、例えばエウクレイデスの『原論』において、特に定義されることなく使用されており、「定義が不要であるほど（あるいは定義ができないほど）基本的な術語である」［『エウクレイデス全集2』解説、一六頁］ことが指摘されており、ボエティウスの〈測る〉の用法もこうした伝統に則っているものである。また特に『音楽教程』の中でも最重要論点の一つである「モノコルドの分割」のテーマにおいてもこの〈測る〉という言葉は理にかなった表現である。

現代風に換言すれば、数Aが数Bを〈測る〉とは、例えば2が4を「割り」、3が6を「割る」ように、BからAを順次取り去っていき、その結果欠落も余剰も生じないことを言う。逆にそれらが生ずれば「測れない」ことになり、この〈測る〉は『音楽教程』内では「切り取る」と表現されている箇所もある。また別の言い方をすれば、数Bが数Aの倍数であり、数Aが数Bの約数であるとき、AはBを〈測る〉と言うことができる。

以上の点は次の〈多倍比〉〈単部分超過比〉〈複部分超過比〉の説明を読む際に念頭に置かれるのが適切だが、この〈測る〉という表現をすべて「割る」と訳し変えてしまうと、〈測る〉という表現が有していた経緯や意味合いが失われてしまう。したがって各節の初出の際に「測る〔割る〕」と表記して、原文のあり方を保持する方策を取った。

〈多倍比〉〈単部分超過比〉〈複部分超過比〉

これらの比の用語あるいは考え方は、西洋音楽理論を考える際にきわめて重要な局面をなす一方、ほとんどの現代の読者にはまったく馴染みのないものであろう。しかしこれらの比は、「協和《コンソナンティア》に関しては〈多倍比〉がより大きな力を保持しているように見られる。そして〈単部分超過比〉はそのあとに続く。〈複部分超過比〉は調和《アルモニア》の均整《コンキネンティア》からは分かたれる」〔本書1・5〕と明確に述べられるように、西洋音楽理論の理解の根幹に関わる。それゆえにこの点に関しては何らかの導入的説明が必要であるが、『音楽教程』内の文字テクストと同じように、ここでも文章で説明を加えてもあまり効果的ではない。したがって、ここで右でも触れた「モノコルドの分割」に範を取り、簡単な線分を用いて視覚的に捉えられるようにすることで、現代の読者の理解に資するような形で例示を試みる。ただし以下の説明は訳者の発意であって、この説明に基づかなければ『音楽教程』の理解が不能というわけでもなく、これがボエティウスの意図するところだというわけでもない。こうした比のあり方について通暁している読者は以下の説明を飛ばしても何ら問題はない。

〈多倍比 multiplex〉

〈多倍比〉とは、ボエティウス自身の言葉では、「より大きな数がより小さな数を自らのうちに完全に有しているとき」［本書1・4］である。〈多倍比〉の中でも音楽理論上、特に重要な〈二倍比〉と〈三倍比〉を下に図示する。

〈多倍比〉

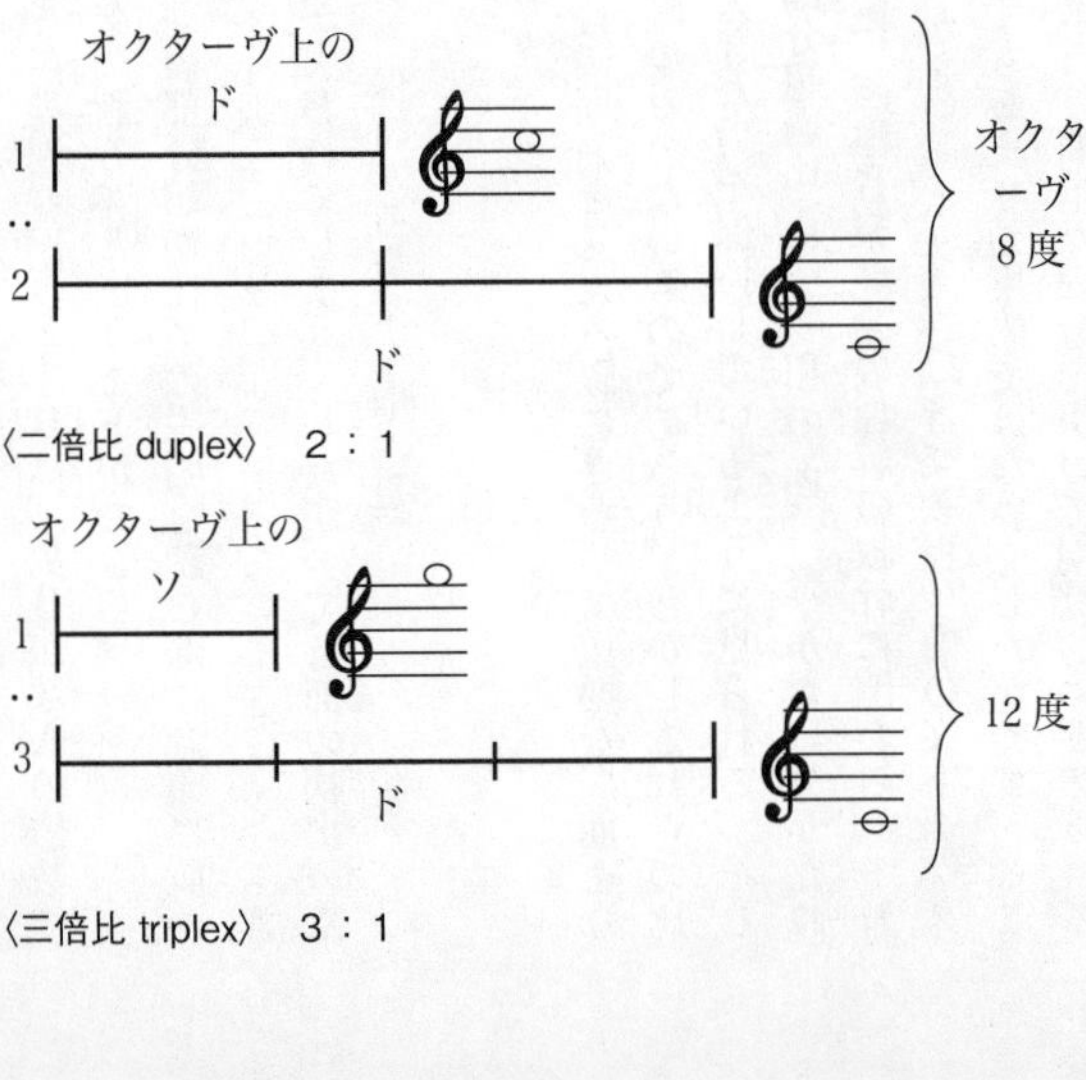

それぞれの弦に付された音名と五線譜は、当該の弦全体が発する現代の音名・音高を示す。

ここで〈多倍比〉の素地になっているのが、線分の一部分、すなわち〈単位一〉であることが重要である。

〈単部分超過比 superparticularis〉

これは「**より大きな数が自らのうちにより小さな数を、その小さな数の全体と、さらに単部分を有しているとき**」［本書1・4］の比である。換言すれば、基になる数と、その数に「＋1」をした数との比となる。『音楽教程』内で特に重要である〈単部分超過比〉を次頁に三つ挙げる。

そこにあるように〈単位一〉あるいは〈一部分〉が突出した形が想定されればよい。あるいは基になる数と、その数に「＋1」をした数との関連づけ／対比によって成立するのがこの〈単部分超過比〉である。この突出した部分が〈単位一〉と見なせる点が、この〈単部分超過比〉がある意味で特権視される所以であるが、ただし協和と見なされるのは〈2の単部分超過比〉（3：2）の5度と、〈3の単部分超過比〉（4：3）の4度の二つのみであって、〈8の単部分超過比〉（9：8）の全音（2度）は協和とは見なされない。この点は［本書1・16］の読解が必須である。

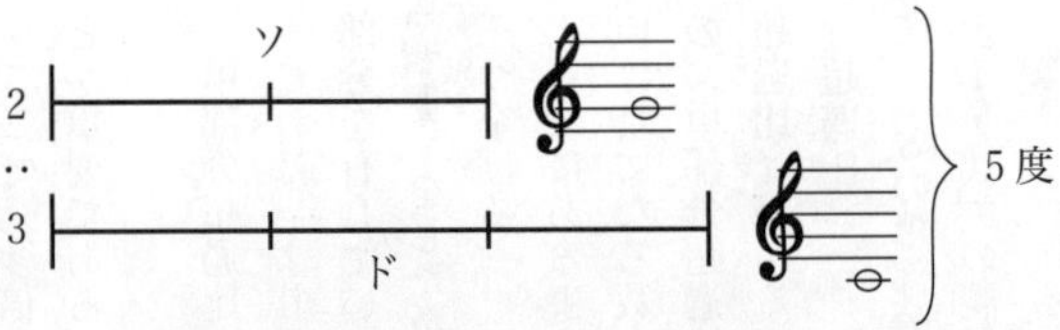

〈2の単部分超過比 sesqualtera proportio〉　3：2　あるいは $\frac{3}{2}$

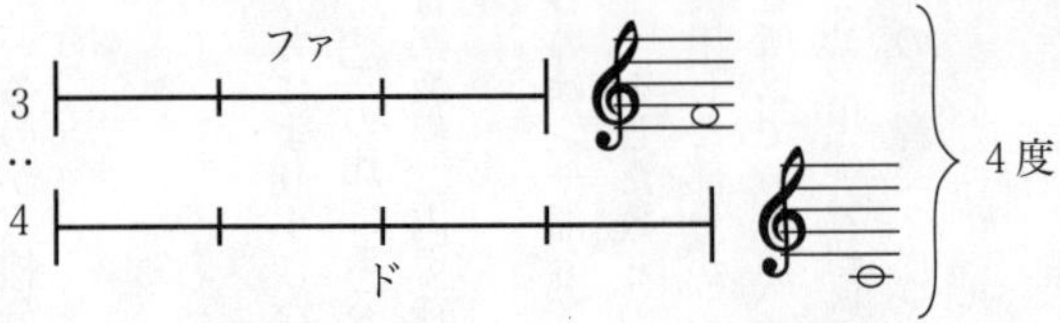

〈3の単部分超過比 sesquitertia proportio〉　4：3　あるいは $\frac{4}{3}$

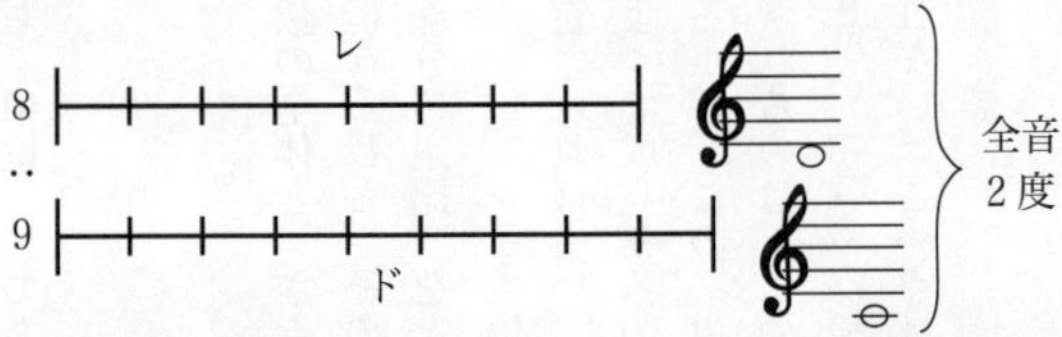

〈8の単部分超過比 sesquioctava proportio〉　9：8　あるいは $\frac{9}{8}$

〈複部分超過比 superpartiens〉

これは「より大きな数が自らの内部に、より小さい数の全体と、さらにいくつかの諸部分を含んでいるとき」［本書1・4］の比である。既述の〈単部分超過比〉においては、突出した部分が「一部分＝単位一」であったのに対し、〈複部分超過比〉においてはその突出した部分が二部分以上から成るものを指す。例えば5：3や8：5のようなものである。前者のように突出した部分が二部分であれば〈superbipartiens〉と表記され、後者のように三部分であれば〈supertripartiens〉となる（下線は引用者）。『音楽教程』内の論理では、この〈複部分超過比〉は協和には基本的に関わらないとされるので、5：3の〈二部分超過比〉のみ下に図示する。

先の〈多倍比〉と〈単部分超過比〉においては〈単位一〉がその重要な根幹的構成要素として存していたことが、この二つの比に協和におけるプライオリティーが付与される根拠とされていたのに対し、〈複部分超過比〉においてはこの〈単位一〉の存在が、いわば後景に退くので、協和からは除外されることになる、というのが『音楽教程』の一つの論理である。しかし、そうすると次の比が問

〈複部分超過比〉

〈3の二部分超過比superbipartiens〉　5：3　あるいは　$\frac{5}{3}$

題となってくる。

〈3の二倍比＋二部分超過比〉

これは音楽理論上、一つのアポリアとされるものであり、『音楽教程』内でも特記されている点であるので、ここで言及しておく。この比は音程幅としては「11度」あるいは「オクターヴ＋4度」に相当する。現代人の感覚では、4度が協和なのだから、オクターヴ＋4度もそれに準じて協和ということになりそうだが、比的にこの音程幅を捉えると、一つの困難が生じる。この比を図示すると下のようになる。

これはまず「3」の〈二倍比〉が取られて「6」が導出され、「8」と「6」の間に〈二部分〉があることから、〈3の二倍比＋二部分超過比〉と定められ、8：3の比として捉えられるものである。音程幅としてはこれは「オクターヴ＋4度」である。突出している超過分が〈二部分〉である以上、先の〈複部分超過比〉の論理に則れば、これは協和と見なされるわけにはいかず、実際のところピュタゴラス（派）はこれを不協和のカテゴリーに含め

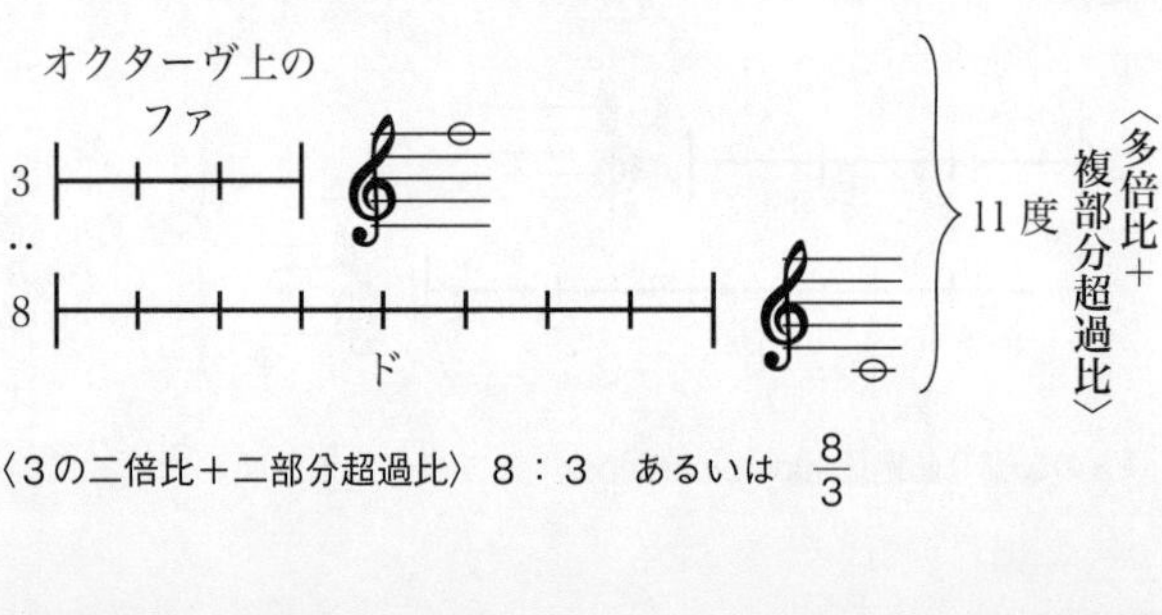

〈3の二倍比＋二部分超過比〉 8：3 あるいは $\frac{8}{3}$

た［本書2・27参照］。しかしプトレマイオスは「もしオクターヴにある協和が加えられても、それは完全で損なわれていない状態を保ち続ける」と考えたがゆえに、オクターヴ＋4度は協和として定めた［本書5・9参照］。実際のところ「オクターヴ＋4度」の定義づけに関してはその後の音楽理論史においても議論は紛糾し続け、一八世紀におけるラモーも『和声論』第二巻第一二章「4度と11度について」において、ことさらに章立てて考察し、プトレマイオスと同じ論法で11度を協和音程と定めている。『音楽教程』においては、両者の主張に同等の負荷がかけられていると見ることも正しくなく、プトレマイオスの主張に分があるとされるべきであろうが、いずれにせよ双方の説が記載されていることが確認されるべきである。

ここで比の計算についても確認しておく。例えば5度（3：2）と4度（4：3）を足すとオクターヴ（2：1）になるが、この比の足し算は分数に換算すれば掛け算（$\frac{3}{2}\times\frac{4}{3}=2$）となる。逆に5度から4度を引けば全音（$\frac{9}{8}$）が残るが、これは分数においては割り算（$\frac{3}{2}\div\frac{4}{3}=\frac{9}{8}$）で導出される。このように比の加法は分数では乗法に、比の減法は分数では除法になることに留意されたい。

以上が〈多倍比〉〈単部分超過比〉〈複部分超過比〉の概略的解説である。このように音程関係を数比で捉える思考形態が「音楽」という学問の枢要であり、こうした基本的な数比から始まって、『音楽教程』ではさらに細かく複雑な比の計算や設定が徹底的に行われることとなる。そして中世の時代からルネサンス期にかけて、こうした多倍比や超過比といった数比の扱いは音程関係だけでなく、拍／リズムなどの設定にも援用されるという展開を見せることにもなる[11]。さらには建築の分野においても、特に大聖堂《カテドラル》の建設に際して数比はその構想の基礎かつ重要な要素として使用された[12]。これほどまでに数比は中世の知識人たちにとって土台であり、核心であった（なぜそうであったかは、この「解題」の末尾「現代から『音楽教程』を読むということ」を参照されたい）。

ただしここで再び強調しておかなければならないが、先の説明は現代の読者を想定した一つの方便であって、『音楽教程』の中には「a：b」のような比の表記はまったくないし、ドレミの音名も、五線譜ももちろんない。したがって、繰り返しだが、先の説明は『音楽教程』を現代の読者が簡便に理解するための一つの便宜にすぎず、ここに絶対的に正当な解釈が集約するわけでは決してない。他の理解の仕方やアプローチも当然ありうるであろう。ゆえに読者は、本文を読み進める中でときに困難に遭遇した際に、一つの参照先として右の説明・図を利用することができる。

しかし実際のところ、これらの比に関する叙述は読者にとってきわめて煩雑であることは疑いない。ゆえにこれらの用語や数の訳出も、関係する文献などを参照し、現代の読者に極力負担の少ないようなものを案出した。たとえば、［本書2・29・4］の箇所を原文に極力即した訳と、現代の読者を想定した訳とでは次のようになる。

「すなわち、もしLVIIII.XLVIIIIがユニタスによって対比され、LVIIII.XLVIIIIの八分の一がそれ自身に付け加えられるとして、LXV.DXXXVIはセスクゥイオクターヴの比を成すことはない。」

「すなわち、もし5万9049が〈単位《ユニタス》〉によって対比され、5万9049の⅛がそれ自身〈5万9049〉に付け加えられたとして、6万5536：5万9049は〈8の単部分超過比〉を成すことはない。」

当拙訳が指針とし、採用したのは後者のほうである。

〈算術中項〉〈幾何中項〉〈調和中項〉

これは〈比例〉、特に三項から成るものに関わる。すなわち現代風に言えば、a：x：bと諸数が設定される中で、a、bの両外項が設定された後に、中央の項xをいかに計算によって導き出すかの問題である。この内実については［本書2・12］においてきわめて詳細に説明されており、その読解を通じてその意図するところは理解されるはずである。実際のところこれらの〈中項〉は、西洋音楽理論史において一八世紀初頭まで使用され続けるものであり、その詳細なあり方が『音楽教程』で説明されているのはきわめて貴重である。その反面、やはりこれらの事項が文字テクストで説明されるのを理解するのは容易ではない。

したがって、『音楽教程』内のものとは別種の説明を以下に試みる。［本書2・12］ではこれらの中項の具体例が下のように示されている。下図を参照しながら、現代における数学の表記を用いてそれぞれの中項のあり方は以下のように表せる。先の三つの項は$a:x:b$に対応するものとし、$a<b$とする。

〈算術中項 arithmetica medietas〉　$x-a=b-x$　または　$\frac{a+b}{2}$

〈幾何中項 geometrica medietas〉　$a:x=x:b$

〈調和中項 armonica medietas〉　$\frac{2ab}{a+b}$

これら中項に関しては、例えば『音楽教程』でもその名が引用されるアルキュタス（Archytas 紀元前四三〇頃―三六五年。古代ギリシャの数学者、政治家。ピュタゴラス派に属するとされる）の文献でも扱われていることが確認され、その後西洋音楽理論の長い歴史においても音程関係の考察においてきわめて重要な役割を果たし続けた。

以上が『音楽教程』における数比の学問としての音楽の基本事項の解説である。数比に関する『音楽教程』の記述全般は実際のところ詳細かつ晦渋《かいじゅう》をきわめており、読者に大きな負担を強いる。この点、ボエティウス自身が第二巻の

算術中項		
1	2	3

幾何中項		
1	2	4

調和中項		
3	4	6

末尾で「いまや私は、読者の不快感を回避するために、この巻を閉じるべきであろう」と書き付けているのは著者自身がこの点を自覚していることを示すものとして興味深い。

6　『音楽教程』と中世の伝統、音楽理論における数比とそれに対する批判とその後

以上のような数比に関する記述に加え、全音や半音、さらにはそれ以上に小さい音程幅に関する考察、四本弦《テトラコルド》のディアトニック、クロマティック、エンハルモニック類のあり方、八つの旋法とそれらの関係性など、詳細かつ徹底的な議論が連綿と続いていくのがこの『音楽教程』であり、すでに言及したとおり、六世紀から九世紀にかけては一度表舞台から姿を消すが、カロリング・ルネサンスを機に復活し、その後中世期において西洋音楽理論をその支配下に置き続けたのが本書である。

しかしこれは、この『音楽教程』がその間の学問としての音楽の唯一の典拠であったという意味では当然ない。ボエティウスのほかにも、有名どころの著者名を挙げるだけでも、アウグスティヌス（三五四―四三〇年）、マルティアヌス・カペラ（三六五頃―四二八年）、セビリアのイシドルス（五六〇頃―六三六年）、フクバルド（八四〇頃―九三〇年）、グイード・ダレッツォ（九九一頃―一〇五〇年）、ヨハネス・デ・グロケイオ（一三〇〇年頃活躍）などといった重要理論家の重要理論書が読み継がれていったものであり、時代を経るご

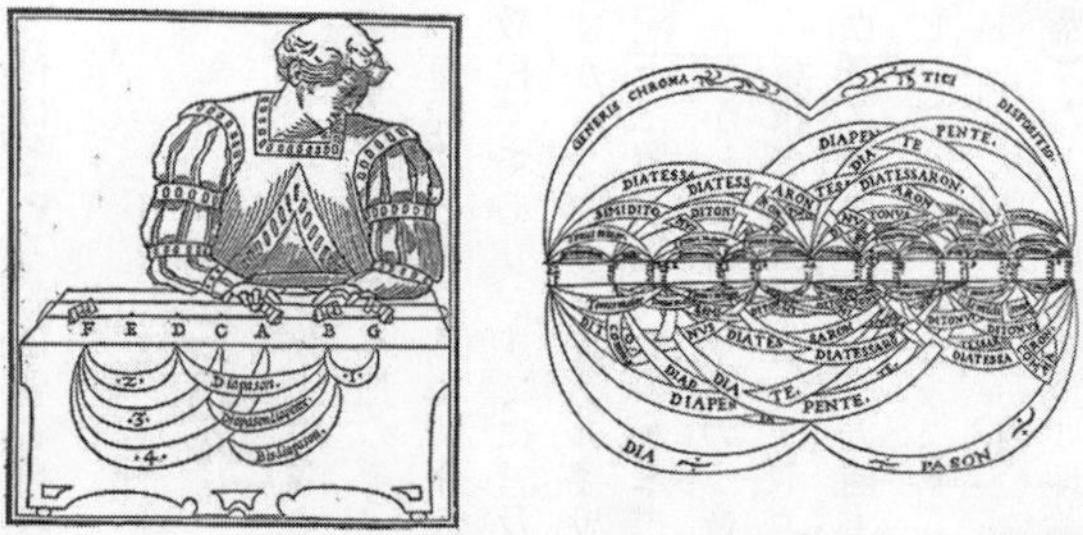

モノコルドの分割の図例
左：ロドヴィーコ・フォリャーニ『音楽理論』(1529)、fol.12v.
右：フランシスコ・デ・サリーナス『音楽に関する七章』(1577)、p.119
参照：［本書４・18］の中の記述とモノコルドの図

とに当然その数は増えていった。しかしそうした中でも『音楽教程』は西洋音楽理論史において最重要理論書の中核を占め続け、圧倒的な影響力を行使し続けた。

こうしたその後の中世における影響を詳述するだけでもそれは一大研究に値し、この「解題」で扱える範囲をはるかに超えてしまうことになる。したがって、多少見方を変えて、意図的に中世末期の音楽理論書に目を向け、ボエティウスの時代から一〇〇〇年以上経った音楽理論書において『音楽教程』の教えがいかに忠実に伝承・継承されていったのかを、いくつかの図版を参照することで簡単に確認することにしよう。『音楽教程』の中でも音楽理論としては〝モノコルドの分割〟による音程関係の考察が後世に甚大な影響を与えたわけだが、それは上と次頁の図が如実に表しているであろう。これらの図と、そこに付記した

『音楽教程』における記述を照らし合わせれば、そのことは一挙に理解されるはずである。

　前述のように、〝モノコルドの分割〟はその後の西洋音楽の中核を占め続け、一六、一七世紀に至っても先のような表象を生み出し続けた。前頁二図の著者がモノコルド上で数比の問題を純粋に扱っているのが確認される一方で、ロバート・フラッド（一五七四―一六三七年）の「神聖なモノコルド」はきわめて印象的な図版となっている。ロバート・フラッド自身が〝オカルトの思想家〟として紹介されることもあり、この図を目にすると奇想のアイディアに基づくものと受け取られる向きもあるかもしれない。しかしここでの描出のアイディアの基本はこの『音楽教程』にも確認されるものであり、フラッド自身は何か自分が奇を衒《てら》ったことをしたというよりも、自らは自身以前の伝統に深く根

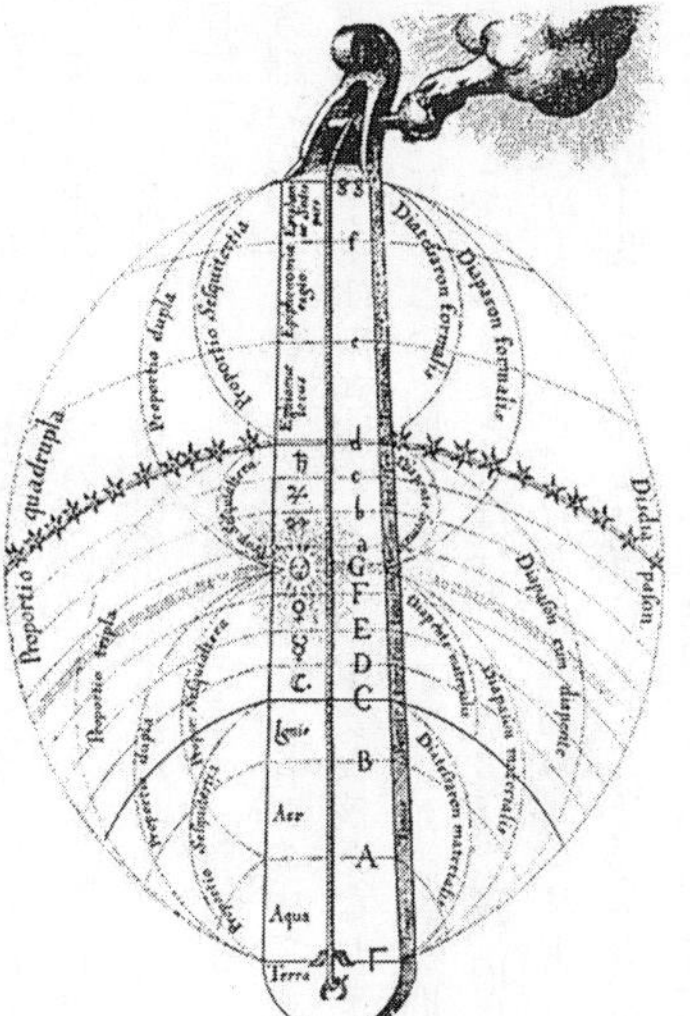

「神聖なモノコルド」(1617)
ロバート・フラッド『大宇宙と小宇宙の双方における形而上学と自然学と工学の歴史』より、第一冊第一論考第三巻「宇宙の音楽《ムシカ・ムンダーナ》について」p.90。参照：［本書１・27］

ざしているものと考えていたとしても何らおかしなことはない。

また数比の伝統については以下のことを確認しておこう。中世最大の西洋音楽理論書の一つとして確固とした位置を占めているG・ザルリーノ（一五一七—一五九〇）の『調和教程』（初版一五五八、改訂版一五七三）では、ボエティウスの『音楽教程』の論旨をほぼ引き継いでいると言って良い。『調和教程』の中でも、〈多倍比〉や〈部分超過比〉といった用語はそのまま使用され、考察の重要な核をなしているし、それは種々の算術・幾何・調和「中項」に関しても同様である。もちろん両者の間にも重要な差異はある。例えばボエティウスにとっては3度と6度はそもそも考察の枠内にも入っていないことは本文の読解を通じて理解されようが、しかし一六世紀のザルリーノにとっては、目の前の音楽的現実からして、長短3度（とそれに付随する形で長短6度）を協和として認知する切実な必要性に駆られていた。したがって、長3度の5：4、短3度の6：5に加えて、長6度の5：3や短6度の8：5も追認する形をとっている。後者の二つの比は〈複部分超過比〉であるにもかかわらず、である。

このようにザルリーノにおいては伝統からの一部の逸脱が確認されるし、またザルリーノ自身がボエティウスに対して疑義を呈している局面は確かにある。しかしザルリーノが使用する用語、駆使する思考形態などは基本的に『音楽教程』の枠内にとどまるものであり、大局的に見てザルリーノは古代ギリシャからボエティウスを経て中世に至る伝統に深く立脚していたとみられるべきである。近年では中世という時代に対して〝暗黒の中世〟といったレッテルを安易に使用しすぎていた反省もあり、中世の豊饒さを強調する研究も数多く提出され、こうしたものから学ぶことも多い。しかし、中世が過去の権威に大々的に依拠し、その忠実な反復に徹していたという傾向性もまたあったことは、やはり看過できないものであることをここで確認せざるを得ない。

また時が一八世紀に至り、現代和声学の基礎を築いたとされるJ－Ph・ラモーの一連の音楽理論書においても、数比の存在は依然として色濃く残り続けた。例えばラモーの理論書第一作にして主著である『和声論』（一七二二年）においては、〈単・複部分超過比〉という名称の使用は確認されないが、モノコルドの分割と〈多倍比〉、そして種々の「中項」は、ラモー理論の重要な核を占め続けている。その後ラモーは、音響物理学、特に上方倍音列という科学的知見を得たことで、こうした中世までの伝統との訣別を図り、その後の理論書においてモノコルドの分割や「中項」に依拠することはなくなる。しかしそれでもやはり、結局ラモーも自らの理論に整合性を持たせるために近代科学の力に依拠するだけでは首尾良くいかず、比の中でも特に〈多倍比〉の論理を使用し続けることになる。

そしてその後、ラモー以降の理論家が今日に至るまで中世の影響から脱却し、近代科学の枠組みによってのみ音楽理論を説明し切ったということもない。西洋音楽は結局のところ数比との関係を完全撤廃するには至らず、西洋音楽理論は数比と科学との奇妙な混合状態にあると認められるべきである。すなわち、ボエティウスの時代から一〇〇〇年以上の時が過ぎた後でも、『音楽教程』は学としての音楽を支配し続けたのである。

近代からの批判

しかし特に二〇世紀の科学史家たちが明らかにし、また現在では歴史的見方として定着したように、中世から近代へと時代は確実に変遷していき、音楽もその例外ではなかった。その変遷の原動力を生みだしたのは、中世の前時代的な閉塞的無知蒙昧さへの近代的批判であり、その克服の必要性が声高に主張され始めたのもまた一七世紀である。

その先駆として、フランシス・ベーコン（一五六一―一六二六年）の『ノヴム・オルガヌム』（一六二〇年）は名高い。ベーコンが主に批判の俎上に載せるのがアリストテレスであるが、アリストテレスの講義録ノートは後に四つに大別され編集された。すなわち、「オルガノン（道具）」「テオリア（観想）」「プラクシス（実践）」「ポイエーシス（制作）」であり、ここでは「オルガノン」が特に問題となる。「オルガヌム」とは学問的思考の「道具」を意味し、具体的にはアリストテレスの『カテゴリー論』『命題論』『分析論前書』『分析論後書』『トポス論』『詭弁論駁論』のことを指す。ボエティウスに引き付けて付言しておけば、これらの書のほぼすべてはボエティウスのラテン語訳によって後世に伝えられたものであり、〝中世の偉大な教師〟としてのボエティウスの存在が今一度確認されるところである。

こうしたアリストテレス主義こそがベーコンにとって克服されるべき一大問題系であった。したがって、〝諸学の大革新〟を目指し、〝新たな思考の道具〟の創出を強硬に打ち出すベーコンの筆は、中世スコラ学に対する批判に関してもまったく容赦ない。ベーコンが諸学の現状を問題視したのには以下の理由がある。すなわち、現在に至るまで学問の形式は命題や第一原因から推論的／演繹的に思考し、個々の事象を考察し検討する、というものである。しかし「命題は言葉から成り立ち、言葉は概念のしるし」である以上、「その上に建てられるものには強固さなど全く存在しない」〔『ノヴム・オルガヌム』、七三頁〕。それはいわば何か土台のない巨大な建物のごとくであり、それゆえに実りが乏しく、大きな前進を見せていないどころか、誤謬にまみれ、有害でさえある現実がある。

したがって、ここで大革新が絶対的に必要であり、「最も深い基礎から建て直しをしなければならない」〔同書、八〇頁〕。すなわち、自然の解明という課題の前では、真の道であるが未だ試みられていない、推論法／演繹法とはまったく正反対の方法、つまり帰納法こそが採用されるべきである。帰納法は、事象の観察や実験に基づき、感覚及び個々的なものから一般命題を引き出し、絶えず漸次的に上昇し、最後にもっとも普遍的なものに到達する。これこそが真理の探究のために求められる方法であり、「ただ一つの希望は真の「帰納法」のうちにある」〔同書、七三頁〕。この演繹法から帰納法への一大転換こそが中世と近代を分かつものであり、こうした帰納法的思考形態こそが近代科学への道を切り拓いたのだった。

こうしたベーコンの批判の趣旨に、『音楽教程』の内実を照らし合わせてみよう。この点では興味深い論点が二つある。

一つは『ノヴム・オルガヌム』内で展開される人間精神の「四つのイドラ」である。この「イドラ」は「幻影・虚妄」というほどの意味を有する語であり、これが自然の解明を妨げる元凶として指弾される。端的にこの四つを示せば、「種族のイドラ（人間という種に本質的に内在する本性や感覚の限界）」「洞窟のイドラ（人間個人に固有で特殊な性質の閉塞性）」「市場のイドラ（言葉を基とした人間相互の関係性や社会生活における歪みや誤り）」「劇場のイドラ（架空的で舞台的な、誤った教説や論証）」〔同書、八三―一一三頁〕となる。『音楽教程』と照らし合わせて興味深いのは最後の「劇場のイドラ」である。ここでピュタゴラスの槌の伝説が想起されよう。既述のようにこの話は内容的には虚偽であるはずが、その後何百年にもわたって伝承され続けた。この虚偽の伝説が『音楽教程』の中で述べられる様子は、ピュタゴラスの生涯のワンシーンを切り取ったかのようであるという点で舞台的であり、また協和関係の話としては虚構であるという意味で、「劇場のイドラ」にまさしく合致する。そして、この「「劇場のイドラ」は本有的ではなく、またこっそり知性のうちに持ち込まれたものでもない、諸学説の作り話と誤った論証規則から公然と導入され、受け入れられたものなのである」〔同書、九九―一〇〇頁〕というベーコンの指摘はまさにこのピュタゴラス伝説を指して書かれたのではないかと思われるほどに一致する。実際のところ『ノヴム・オルガヌム』では、こうした迷信は主にピュタゴラスに明らかでありプラトンにおいてはさらに危険で巧妙、とまで書かれている。そしてこの「劇場のイドラ」批判はさらに鋭さを増し、こうしたイドラには「最大の用心がなされねばならない。というのも、誤謬の「神格化」は最悪のことであり、もしも虚影に崇拝が加わるなら、知性の疫病と見なされねばならないからである」〔同書、一〇六頁〕と指摘されるに至る。こうした面が、人間の前進する歩みを邪魔し阻んできたのだと、ベーコンは近代的精神から中世を攻撃する。

また二点目として、『ノヴム・オルガヌム』にはわずかながらも音楽に関する指摘があることも見逃せない。音楽が中世を通じ、そして近代初頭まで数学的四科《クウァドリウィウム》あるいは自由七学芸《アルテス・リベラーレス》の一部門として扱われてきたこともすでに指摘したとおりだが、『ノヴム・オルガヌム』では数学的四科や自由七学芸といった名称こそ登場しないものの、他の諸学とともに音楽も批判の俎上に載せられる。実際『ノヴム・オルガヌム』には批判されるべき諸学科として、「天文学、光学、音楽、多くの機械的技術そして医学そのもの、さらには（人々がより怪むかも知れぬが）、道徳的および政治的哲学ならびに論理的諸学」〔同書、一二九―一三〇頁。傍線は引用者〕が、まったく深みがなく単に上滑りしているだけ、と痛烈に槍玉にあげられている箇所があるが、他の名だたる諸学に混じってここで音楽が明記されていることは注目に値する。

ここで音楽が批判されるべきその根拠としては、まさに『音楽教程』の中で繰り広げられる数比の計算の叙述のテクストに向けられていると捉えられよう。本書の読解を通じて読者はボエティウスが音程間の考証に徹底的に文字や数字を費やし、微に入り細を穿《うが》つ証明に献身的に取り組んでいる姿を見るであろう。しかしその反面、近代以降を生きるわれわれにはなおさら、これらの考証に一体どのような現実的効能があるかという疑念を払拭できないのもまた無理はない。これこそが命題や第一原理から演繹的に計算を重ねる旧来の学問の問題点であり、ここには確かに精緻さと正確性は見られるが、しかし往時の考察や教説の多様さを追求しているだけであり、真の意味で自然の探究にはなっていない。

ここに音楽を含む諸学の問題がある。これらの学問では、「運動、光線、音、物体の組成ならびに構造、感情および知的把握等の源泉から、また正しい省察とから、それら諸学に新たな力と増進とを、分与し得たはず」〔同書、一三〇頁。傍線は引用者〕だったのだが、現状ではそうなっていない。したがってここでも諸学のあるべき方法としての帰納法が要請され、「思考の道具《オルガノン》」の大革新の必要性が主張されるわけだが、しかしこれらの学問への批判として、「彼らの知恵は言葉には富んでいるが、実地には不毛」であり、「おしゃべりには機敏だが、生み出すことはできない」〔同書、一一八頁〕といった痛烈な批判が寄せられる。実際のところ近代の枠組みの中で生きているわれわれ現代人が『音楽教程』のようなテクストに接する際、こうしたベーコンの言辞には首肯できるところが多いと受けとめられるであろう。

ダランベールによる批判[13]

ここから時代を進め、一八世紀における批判を確認しておきたい。一七世紀に生じた一連の科学革命を通じて、西洋の知は一大転換を遂げることになった。それはまさにパラダイム・シフトであった。ベーコンが声高に主張していた帰納法を取り入れ、現実の観察と実験に従事することで、諸学は変貌を遂げ、劇的な進歩を遂げることになった。その結果、ヨーロッパ各地には科学アカデミーが設立され、こうした知的傾向はさらに増大の道をたどり、西洋科学が人間生活のあらゆる局面を影響下に置くことになったことは歴史の示すとおりである。こうした中、一八世紀フランスの啓蒙主義において、そうした知の業績が『百科全書』として結実したのは画期的事象であった。この『百科全書』こそ、前時代的なスコラ学的な学問のあり方を強く批判し、恣意的な仮説／仮設に基づかず、諸現象の反省的研究を通じて人類の前進に貢献すべきであると声高に主張したものであった。ゆえにこれはベーコンの目指していた大革新の直系の子孫にあたるとも言え、その編集責任者でもあったダランベール（一七一七―八三年）はそうした西洋の科学的精神を体現した存在であったと言えよう。

そのダランベールは音楽理論に関しても研究の手を伸ばし、当時和声学を定礎し推進していたラモーの知己を得て見解を深めていった。一八世紀前半にあって音楽理論は倍音現象という物理科学の後ろ盾を得て大きく前進し、その知見は音楽存在の全解明に寄与するものと思われた。こうした共通の時代精神に支えられながらラモーもダランベールも、当初は同じ目標を目指して進み、ダランベールはラモーの『和声論』をはじめとする和声理論の簡易版『ラモー氏の音楽理論の基礎と実践』（一七五〇年）を発表するなどして、両者の関係は良好に進んでいた。

しかし、時が経つにつれてダランベールの科学的思考はさらなる深化を見せ、ラモー理論に対して懐疑的な姿勢を取り始めるようになる。それは他でもない、音楽理論における数比の存在に関してである。ラモーは『和声論』執筆時は音響物理学の研究についての知識を有しておらず、ピュタゴラス＝ボエティウス的な数比の伝統をまっとうに引き継ぐ形で自らの和声論を展開していた。その後、上方倍音列についての知見を得たラモーは、一気に自らの理論的基盤を数比から科学へと転換しようと画策する。しかし、科学への転換でも種々の問題を克服することができず、音楽理論はどうしても数比と手を切ることができず、数比の存在はラモーの和声理論内に根強く残ることとなった。

このことこそ、科学的精神の権化ともいえるダランベールが問題視した点である。いま一度この『音楽教程』内の数比に関する叙述が想起されるべきだが、この緻密で微細な計算の畳みかけるような叙述は一体何のためか？　計算を果てしなく繰り返し、論証に論証を重ねるこの思考の正確性と徹底性こそスコラ学の典型として認知されるが、しかしそれでは、延々と続く煩雑な比の精緻な計算に拘泥する音楽理論のテクストは、一体現実的に何の役に立つのか？　計算すること自体が悪いわけではなく、また計算に誤りがあるわけでもない。しかしこれこそ現実には何の資するところもない抽象的思弁の悪しき典型ではないのか？
こうした趣旨のもと、ダランベールは先のラモー理論の簡易版の再版（一七六二年）の序に次のように書きつけるに至る。

我々は、第1版の時と同じように、音響体の共鳴の中にラモー氏が見いだそうとした幾何比例、算術比例、調和比例と数列に関するあらゆる考察をこの版から排除した。なぜなら、ラモー氏はこれらの比例をまったく考慮に入れずにすませることができたはずだと我々は確信しているからである。それらの比例は音楽理論ではまったく役に立たないし、あえて言うならば、見せかけにすぎない。［『ラモー氏の音楽理論の基礎と実践』、一七八頁。傍線は引用者］

この文言は音楽理論史において、一八世紀啓蒙主義の下、数比が明確に全否定されたテクストとして特記されるべきものであろう。何世紀にもわたって西洋音楽理論の土台であり、屋台骨であった数比に基づく演繹的思考が完全に無用のものとして宣告されるに至った。先にわれわれはベーコンが推論的／演繹的思考形態を批判し、帰納法を高らかに提唱したことを確認したが、この科学的帰納法、換言すれば実験に基づく科学こそ人類の進歩に寄与する、とダランベールも近代的精神を引き継ぐ形で強調する。それは音楽理論の分野においても同様である。

我々は、哲学者や芸術家たちに対し、音楽理論をより完成度の高いものにするためのさらなる努力をするように励ますと同時に、研究の真の目的であるべきものを取り違えないよう警告しなければならない。実験だけが研究の基盤でなければならない。彼らは、ただ諸事実を観察・比較し、それらを可能ならば唯一の事実に、さもなければごくわずかな数の主要な事実に関係づけるべきである。〔同書、一八二頁。一部改訳〕

ここには近代科学の精神が明瞭に表れており、ベーコンが強力に推進しようとしていた帰納法が確実に引き継がれ、強化されたことがまぎれもなく確認される。一七世紀の科学革命は人類史の一大パラダイム・シフトとして位置づけられ、この巨大な衝撃は今日にまで至るとされるが、この影響を西洋音楽もまともに受けたことが理解されるだろう。『音楽教程』の中で開陳されていた中世的・スコラ学的音楽理論は後にこうした近代的精神によって完膚なきまでに否定される運命にあったことをわれわれは歴史として知っている、と一旦は言うことができるだろう。

現代から『音楽教程』を読むということ

現代の読者が『音楽教程』に接する際、以上のような批判に同調・首肯できる面は多々あろう。それゆえにこそいま一度、こうした近代からの批判を踏まえて、『音楽教程』の性質を確認しておくことは有効かつ有益であろう。

先の批判を簡潔にまとめれば、現実的にはほとんど、あるいはまったく意味や効用がないであろうような抽象思弁の積み重ねは無駄であり、さらに言えば有害ですらある、ということになるだろう。しかし翻って捉えなおせば、これこそが中世スコラ学の一大特徴であったことが正しく認識されるべきである。この特徴は評者によって表現はさまざまに異なるが、対象とされるテーマに対して圧倒的なまでに膨大な思考エネルギーが、厳格すぎるほどの画一的な形式主義に注入される、という点であると言えよう。これらの特徴を読者は『音楽教程』においてもまぎれもなく追体験することであろう。延々と果てしなく続くかと思われる比の計算、ただひたすらに音名を書き連ねることで示される旋法や音階のあり方など、これらをフォローする読解は確かに容易なことではない。

ではなぜボエティウスはこうした書法に依拠したのか？　このような重厚なテクストの存在意義は何だったのか？　それはまさに、こうした「真剣で厳密な思索と偉大な事柄の熱心な追究」［グラープマン、二〇頁］こそが人間を真理に至らしめるものであるという確固たる信念あるいは信仰であったと指摘されるべきである。この世界の、宇宙の、神の真理を把握せんとする信仰は、まさに理性の力によって成就されるとするこうしたボエティウスの姿勢は、後続する時代において一つの範型と見なされることとなった。ボエティウスの理性・知性重視の姿勢についてはすでに触れたが、ボエティウスが目指していたのは、この世の真理に到達するために信仰と理性を合一させることに他ならなかった。この点は本書の範疇を超えてしまうが、ボエティウスがキリスト教の神を信奉していたことは彼の他の著作（特にボエティウスの著作の第三期に属する著作。本解題の「2『音楽教程』について」の冒頭部分を参照）に明らかであり、また現在では先行研究においてもおおよそのコンセンサスとなっているところである。また理性に関しては『音楽教程』において理性に相当する〝ratio〟という語が多数使用され強調されていることを読者は自身の目で確認するであろう。

このような真理探究を志向する信仰と理性の合一において、圧倒的な知性の働きが型にはまった形式主義に落とし込まれることになったのが中世スコラ学であった。時代を経るにしたがいこうした特色が極端へと走り、無味乾燥で空疎な形骸化に転化していった面があったことは従来の研究においてつとに指摘されてきたとおりである。だからこそ近代的精神はこれを問題視し、近代初期の知の巨人たちは信仰から理性を切り離し、人間の理性が生み出す科学の力をこそ前面に押し出した。これを裏返しの言い方で捉えなおせば、近代がなぜこれほどまでに宗教や信仰を否定し、人間理性による科学を声高に唱道するに至ったかと言えば、それは逆に、そもそもボエティウスから中世に至るスコラ学において信仰と理性の合一が強力に目指されていた経緯があってこそのことであったと言えるだろう。

そしてこの信仰と理性の合一の先に見据えられていたものこそ「調和」であった。つまりボエティウスにとって、この世界、この宇宙の調和がいかに保たれているのかについての考察こそ、数学的四科《クウァドリウィウム》の主目的であったわけであり、「音楽」はこの調和を音と数比の関係性を領野として考察する一学問分野であった。具体的に事例を挙げれば、1∶2や2∶3といったごく単純なものから、極度に微細な比に至るまで、神の摂理はかくも緻密な細部にまで敷《ふ》衍《えん》されており、実に計算し尽くされた調和の状態にあるではないか、というのが数学的四科《クウァドリウィウム》あるいは自由七学芸《アルテス・リベラーレス》における「音楽」という学が見据えていた展望であった。われわれの目からすれば度を越して厳格で重厚なテクストであるこの『音楽教程』をボエティウスは、先人の教えに依拠する形で、この世の調和の証明のために執筆したのである。

確かにこのテクストを熟読するのは容易なことではないし、ときに読みは停滞することであろう。この際、右記のようなボエティウスの執筆動機と『音楽教程』の特質を思い起こすことは読者の助けとなるであろう。この点を中世哲学・思想史研究の碩学《せきがく》リーゼンフーバーは『中世哲学の源流』の中で、「数と比率の理解を通じて、神によって授けられた世界の秩序に対する洞察が開かれ、それによって魂は神への愛へと飛翔するのである」〔リーゼンフーバー、八七頁〕と述べているが、これこそ数学的四科《クウァドリウィウム》に通底するボエティウスの意識であり、音楽という学はその一角を成す学問である。そのことをボエティウス自身の言葉で確認しておこう。魂、身体、そして音が比によって秩序付けられた調和の状態にあるとする次のフレーズは、『音楽教程』の執筆動機の明記としてきわめて重要な箇所である。

われわれの魂《アニマ》と身体《コルプス》の状態はほぼ同じ比《プロポルティオ》によって秩序づけられているものと見られていることに疑念の余地はありえず、この後に続く議論は、そうした比によって調和の状態にある音の並び《モドゥラティオ》が結び合わされ、連なっていくことを証明するだろう。〔本書1・1・21〕

またさらに、純音楽理論的に見ても、『音楽教程』の全体が時代遅れの過去の遺物であるという見方はまったく正しくない。実際、ここに記述される多くの点が時代の波にもまれ、歴史の中に埋没していったことは事実である。しかし近代科学が勃興した後の時代にあっても、『音楽教程』内のすべてが過去に葬り去られたわけでは決してない。確かに近代以降、音楽理論も科学を標榜し、帰納的思考法を駆使することで音楽現象の解明を目指した。それは上方倍音列に依拠したラモーや百科全書派しかり、また結合音や加音を発見しそれを音楽理論に適用を図ったゲオルク・ゾルゲ（一七〇三—七八年）やジュゼッペ・タルティーニ（一六九二—一七七〇年）らもしかりである。しかし、いずれの科学的試みも、西洋音楽の存在を説明する統一原理になりえず、ことごとく失敗してきた。もし仮に科学が西洋音楽のすべてを説明しつくすことができたのであれば、『音楽教程』のようなテクストはもはや過去の無用の長物として捨て去られたとしてもそれには一理あろう。実際のところ一八世紀の近代人は、〝先人たちは科学を知らずに、本能的に行動していたが、しかし実のところ当該の現象には昔の人には知る由もなかった科学的根拠や背景があったのである〟という論法を用いたし、音楽理論においてもそうした主張はなされていた。

しかし現実には科学は音楽現象を説明するのに必ずしも万能ではないとされている今日、西洋音楽の成立の経緯として『音楽教程』はその最初期の考察や思索の軌跡をとどめるきわめて重要な著作として現代でも受けとめられるべきものである。確かに『音楽教程』内で展開される多くの概念や数学的手法、また音階や旋法のいくつかのあり方も現代までには残らず、歴史に埋もれた。だがまず、このように歴史の波にさまざまにもまれたという事実こそがまさに、西洋音楽とは古代ギリシャに端を発し、古代ローマからヨーロッパ史を経て試行錯誤の上に形を成してきた、一つの〝ローカル・システム〟であることを如実に示している点は重要である。

そして、およそ音楽が複数の音を用いた現象である以上、例えばオクターヴという音程幅をいかに分割するのか、最小の協和音程である4度の内部の諸音の配置はいかなるものであるべきか、全音や半音などの隣接する音関係の音程幅はどのようなものであるべきなのか、旋法・音階の設定はいかにしてなされるべきなのか、などといった根幹的な諸問題は、音楽の永遠の命題ともいうべき問題である。したがって音楽構造に関し理解を深めようとするのであれば、そもそもの基礎あるいは出発点として、この『音楽教程』において音楽理解にこれだけの知力が傾けられ、これほどの試行錯誤が重ねられたということを実際に踏まえ、また改めて再確認されることが無意味であるはずがない。

以上のように、『音楽教程』は数比を通じてこの世の調和を探求する学の書であるわけだが、本書が網羅する射程はさらに広いということも指摘できるだろう。つまり本書は音楽理論の詳述に終始徹しているわけではなく、その内容は理論に限定されない深みも見せている。ピュタゴラスから古代ギリシャ哲学の知見、倫理や道徳のテーマ、知性／理性と身体／感覚の関係、この世のあり方は一体どうなっているのか、という問題系など、さまざまな興味や視角からアプローチされうる広がりも有している。それも本書が音楽を通じて世界や宇宙、そして人間の考察を目指し、真理を希求するものであるからと言えよう。『音楽教程』はそうした先人の叡智を現代まで伝承する、古典中の古典の書である。

当翻訳について

本書の訳出に際し、訳者としてさまざまな訳文を試行したうえで、今回は現代の読者に資する翻訳に仕上げる方針を徹底することとした。歴史的に重要な音楽理論書を訳すにあたっては、その時代的画期性を確認するためにも、原語・原文のあり方を日本語に可能なかぎり直截《ちょくせつ》的に反映させることにはきわめて意義があると考えている。しかし、このポエティウスの原文においては、ある箇所では過剰なまでに言葉に言葉が重ねられ、また別の箇所では大幅に省略が施されており、これをそのまま日本語に移し換えては現代の読者には読解困難な訳文が目の前に広がるだけになると判断した。

したがって以下訳出した本文は、とにかく日本語の文章として自然なものになるように腐心し、原文では使用されていない数字、記号、図表などを用い、読みやすさを追求した。ただし原文の言葉遣いに注目するであろう読者を想定し、キーワードとなる語にはフリガナを振り、そのあり方を示した。詳細に関しては冒頭の「凡例」を参照されたい。

また、一五〇〇年ほども前に完成されたと思われる本書が現代まで引き継がれるに際し、数多くの写本が作成されてきた。およそ一五〇の写本が確認されており、その中でも特に重要なものは一〇弱あるとされる。古代や中世のテクストを扱う際には、これら写本間の差異を確認する異校研究が重要であり、［Friedlein］では詳細なフォローがなされている。しかしこの『音楽教程』に関するかぎり、それらの異稿間においてはほとんど本質的な違いは見られず、目につく違いと言えば図表が異なることや、またいくつかの用語の綴りの違い（例えば「リカノス」という音名が、licanos, lichanos, lychanos 等と表記される）ほどであると指摘されてきている[14]。したがって、煩雑を避けいたずらに字数を消費しないために、本文の内容に密接にかかわることだけを注で触れることとした。

さらには、先にも触れたとおり、音楽（音程関係）を数比で捉えるという伝統が途絶えてしまった現代において、本書の記述はかなり縁遠いものであり、その十全な理解のためには、さらに注や解説（特に姉妹編ともいうべき『算術教程』との関係性についてなど）、また現代の五線譜や音楽用語を用いての説明を加える方策も訳者としては念頭に置いていた。しかし今回この『音楽教程』を日本語で初めて、文庫版というフォーマットで提示するにあたり、こうした注や説明を極力抑えることを指針とした。

その理由としては二つあり、まずそのようにすれば紙数がさらに相当量増えることになり、先を読もうとする一般読者の意欲を削ぎ、辟易させるであろうこと（訳者が参照した各国語訳では、英・独・露訳は注や解説で紙数が大幅に増えており、他方仏訳は対訳を旨としたものとなっている）。また、あらゆることをすべて現代的視点から捉えようとすることは、絶対悪とは言わないまでも、さまざまな視座からの批判があるのはもっともであり、まずはこの『音楽教程』のテクストそのものに親しめるように提示するのが今回のあるべき方向性であろう、という判断である。確かに読解から即理解へと繋げることが困難な箇所は多々あるであろうが、しかし他方でこの書が中世の数百年にわたって現代の数式や楽譜なしに読み継がれてきたこともまた歴史的事実である。さらに深く、専門的な知見に関しては別個の論文や著作が適切であろう[15]。

音楽教程

[第一巻]

第1章　導入　音楽はわれわれと自然な仕方で関係しており、道徳をあるいは美しくしたり、あるいは破滅させたりする

1　あらゆる感覚《センスス》による知覚は、ある種の生き物たちにとって、本質的で自然なものとして備わっており、そうした感覚を有さない生き物というものは思い浮かべられない。しかしそれらの諸感覚をしっかりと知覚し認識することが、精神《アニムス》の探求によって結び付けられるのはそれほど簡単なことではない。なぜなら、感覚で捉えられる諸物の知覚のために、われわれが感覚を利用するのはごく当然のことだからだ。一体、われわれが行動の指針としている諸感覚の本性とはいかなるものなのか？　感覚で捉えられる諸物の特性とは何なのか？　こうしたことはありふれたことではないし、もし熟考による真理の適切な探求が導きとならないのであれば、誰しもが明確に説明することができるわけではない。

2　なぜならば、死すべき運命にあるすべての者には視力《ヴィスス》がある。視力とは、あるいは視野に入ってくる形によって、あるいは感覚《センスス》で捉えられる諸物へと放たれる光線によって、成立させられるものだが、〔そのいずれなのかについては〕識者たちの間では疑わしいものとさ

れている。その一方で一般大衆はこの疑いそのものを見過ごしている。また、三角形、あるいは四角形に関心を払う者であれば誰でも、視力によって捉えられたものを容易に識別する。しかし三角形あるいは四角形の本性とは一体いかなるものなのか？　これは数学者に頼らざるを得ない。

3　同じことは同様に、その他の諸感覚《センスス》で捉えられる諸物についても言及されうる。これはとりわけ聴覚《アウリス》の判断についてあてはまる。聴覚の力は以下のように諸音《ソヌス》を把握する。もし音の並び《モドゥス》が甘く、そしてよく合わせられたものであるならば、聴覚の力は単に自らの判断について理解し、違いを認識するだけでなく、しばしば喜びを与えられるものである。他方、もし音の並びがばらばらで支離滅裂なのであれば、聴覚能力は苦しみを与えられるものである。

4　したがって以下のようになる。すなわち、数学の四つの学科[16]があるがゆえに、それら〔のうち三つ〕は真実の探求に腐心するものであるが、他方で音楽は観察にだけでなく、道徳にも結び付けられている。なぜなら、甘美な音の並び《モドゥス》によって和らげられたり、あるいは〔それとは〕反対の音の並びによって鼓舞されたりすることほどに、人間らしさの特性というのはないからである。そしてこのことは個々の学問や世代に留まるものではない。そうではなく、探求心全体を通じて広げられていくものであり、子供も青年も、そして老人も、きわめて自然な仕方で、音楽のある種の自然に生み出される音の並びの気分に結び付られているので、甘美な歌《カンティレナ》の娯楽から切り離された世代というのは決して存在しない。

5　さらにここから、以下のようにプラトン〔Platon 紀元前四二七―三四七年。古代ギリシャの哲学者〕によって言われたことは間違いではないことが見分けられうる。すなわち、世界の魂《アニマ》は音楽の調和《コンヴェニエンティア》と結び付けられているということである[17]。確かに、われわれの中で結び付けられ、調和した仕方で適合させられているものによって諸音の中で適切かつ調和した仕方で結び付けられたものをわれわれが受けとめ、そしてそのことによって喜びを受けるときに、われわれはまた同様にそれらの諸音が同じ類似した仕方で配置されているのを確認する。なぜなら類似性は好ましいものであり、非類似性はその反対で不快なものだからである。

6　さらにここから道徳のもっとも重要な変化も生じる。なぜなら、あるいは気ままな精神《アニムス》はそれ自身としてより気ままな音の並び《モドゥス》によって喜ばせられるものであり、またあるいはそれらの同じ音の並びを聴く者はしばしば穏やかにされたり、和らげられたりするからである。これに反して、より粗野な知性は、あるいはより興奮させる音の並びによって喜びを得たり、また粗野にされたりするからである。

7　ここから以下のようになる。すなわち、音楽の諸旋法《モドゥス》は諸民族の名称によって表示されたということである。それはリディア旋法、フリギア旋法のようにである。なぜなら、ある民族が喜びを得たという理由で、その旋法自体がその名前で呼ばれたからである。確かに人々は諸旋法の道徳観との類似によって喜びを得る。そして以下のようになされることは不可能である。すなわち、柔らかいものが硬いものによって、そして硬いものがより柔らかいものによって結び付けられ、喜びを与えるということである。しかし、前述のように、類似は愛と喜びをもたらす。

8　こうしたわけでプラトンは、音楽が良い状態から離れることで、誰かが変化を被らないように最大限に警戒するべきだと考えた。それゆえにプラトンは、慎み深く抑制された音楽から徐々に正反対のものに変えられることと同程度の大きな道徳上の損害が国家の事業にあることを否定している。したがって同様に、あるいは気ままな調べ《モドゥス》を通じて、あるいは粗野な調べを通じ野蛮な意図によって、節度を欠いた者が堕落するのであれば、聴覚《アウリス》を有する精神《アニムス》は即座に同じ状態にされ、そして次第に道を逸れていき、高潔さや誠実さの痕跡をまったく有さなくなる[18]。

9　規律《ディスキプリナ》によって精神《アニムス》に対するときに、聴覚《アウリス》によるよりも明瞭な方法はない。それゆえに、聴覚自身をつうじてリズムと調べ《モドゥス》は精神に向かって絶えず深く沈潜するものだから、以下の点に疑いを持つことは不可能である。すなわち、リズムと調べのあり方に従って、それらリズムと調べが同様の仕方で知性《メンス》に働きかけ、また教化する、ということである。このこともまた複数の民族において認められることである。というのも、より荒々しい民族たちはゲタイ人たち〔ドナウ川流域に定住したとされるトラキア系の民族のこと〕のより粗野な調べを楽しみ、穏やかな民族たちは中庸の調べを楽しむからである。しかしながら、こうしたことは今ではめったにない。なぜなら人間のあり方はいまや軽薄で弱々しいものなので、舞台や劇場の調べによって占められているからである。

10　音楽は、単純な諸楽器でなされるかぎりは、まさに慎み深く、抑制されたものだった。そして音楽が多様に、そして粗雑に扱われたときに、音楽は威厳と美徳を有する調べ《モドゥス》を失ってしまい、堕落した醜さにおいて以前の美しさを最低限保持するのみである。それゆえにプラトンは、子供たちがすべての旋法《モドゥス》に対して教育されるのは最低限であるべきであり、むしろ力強く、簡素な旋法に対して教育されるべきだと説いている。ここで述べられたことは最大限に遵守されるべきである。なぜなら、まずなんらかの仕方で、最小限の変化を通じて何かが置き換えられると、その直後では確かに最小限にしか感じられないが、後になると実のところ大きな相違が作り出され、聴覚を通じてたえず精神のほうへすべり落ちていく。それゆえに、プラトンは最大限に上品で、慎み深く親密な音楽を、国家の事業の最大の関心事と判断している。したがって、音楽は謙虚で簡素、そして男性的であるべきであって、女性的で未開、そして移り気であるべきではないと[19]。

11　まさにこのことをラケダイモン人たち〔古代スパルタ市民のこと〕は、高く評価されて招待されたゴルテュンのタレタス〔Thaletas Cretensis Gortynius ゴルテュンはクレタ島中央部に位置する都市。タレタスはおそらく紀元前七世紀に活躍したとされる音楽教師〕がラケダイモン人たちのところで子供たちを音楽技芸の訓練によって教化していた間、全力で守ろうとしていたのだった。なぜならこのことは以前の慣習においてそうであったのであり、長い間浸透していたからだ。

12　実際、このミレトスのティモテオス〔Timotheus Milesius ミレトスは現トルコ領内に位置する都市であり、ティモテオス（紀元前四四六—三五七年）は詩人かつキタラ[20]奏者〕[21]によって、彼以前に作り出されていたものの上に一本の弦が加えられ、複雑な音楽が作り上げられると、〔ティモテオスを〕ラコニアから追放すべきという彼に関する決議がなされた。以下はそのギリシャ語の記載である。ここではCという文字がPという文字に変えられている[22]。彼に関するこの決議がギリシャ語の表現に追加された。

〔以下、本文はギリシャ語〕

13　ティモテウスがわれわれの街に到着すると、彼は古代のムーサに敬意を表さず、七弦のキタラの演奏を放棄し、多くの音を導入すると、若者たちの耳に多数の弦と旋律の物珍しさで害を与えた。彼はムーサに、簡素で均整のとれた衣服の代わりに、下品で雑然とした衣服を着させ、アンチストロペ[23]の交代を用いながらエンハルモニックの代わりにクロマティックで旋律を作り上げた。

14　また他方で、エレウシスのデメテル〔エレウシスは古代ギリシャの都市。デメテルは穀物と豊穣の女神〕に捧げられた音楽のコンクールで、彼〔ティモテオス〕はその場にそぐわない音楽を作り上げた。というのもセメレの苦しみに関する物語[24]を畏敬の念も礼儀正しさも伴わせずに描写して、若者たちに不適切な思考のイメージを植え付けたのだった。

15　こうしたことの結果、王と監督官はティモテオスに叱責を下した。つまり彼らは、ティモテオスの十一本の弦から余計な弦を切断し、七本を残すこと、そしてこの街の荘重さに鑑みて、このスパルタには不道徳なもの、また美徳の誉れの助けにならないものは何であれ持ち込むのを控えるように命じた。

〔ここまでギリシャ語〕

16　この決議に明らかに含まれているのは以下のことである。つまりミレトスのティモテオスによってスパルタの人々が激怒させられたということであり、それは彼が子供たちの精神《アニムス》に複雑な音楽を繰り返すことによって、彼がその教育を引き受けた者たちの妨げとなり、また謙虚さの美徳から逸らさせたからである。そしてまた、彼が謙虚であると考えていた調和《アルモニア》[25]を、より柔和な類《ゲヌス》であるクロマティック類に変えてしまったからである。以上のように、スパルタ人たちのところでは音楽がこれほどまでに尊重されていたのであり、なんらかの仕方で音楽が精神を保持していると信じられていたのである。

17　実際広く知られていることであるが、なんと頻繁に歌謡《カンティレナ》が怒りを抑制し、身体《コルプス》と精神《アニムス》への作用においてなんと多くの驚異を達成してきたことか。というのも、以下のことを知らない者などいないからだ。すなわちピュタゴラスが、フリギア旋法《モドゥス》の下で興奮し酔っ払ったタウロミナの若者を、スポンデイ[26]で歌うことで、より穏やかで彼自身の意識がはっきりした状態へと戻したことを。というのも、その若者がライヴァルの男の家に遊女[27]が留め置かれているのを見た際に、激怒したその若者はその家を燃やすことを欲した。その時ピュタゴラスは、彼にとっての習慣だったのだが、夜の流れ星を観察していた。そして、フリギア旋法の音によって興奮したこの若者が、友人たちの多くの助言によっても、悪行をなすことをやめようとしなかったことを理解した時、ピュタゴラスは旋法を変えるように指示を出し、興奮した若者の精神をきわめて平穏な知性《メンス》の状態へと和らげたのだった[28]。

18　この話についてマルクス・トゥリウス〔キケロ。Marcus Tullius Cicero 紀元前一〇六―四三年。共和制ローマ末期の政治家、哲学者〕は彼の著作において言及しており、『自らの意図について』[29]の中で、確かに叙述の仕方は異なるが、まとめていた。それは次のようなものである。いくらかの類似に基づきながら、できるかぎり最小に圧縮したものを引用する。「ワインとそして、実際にそうだったのだが、葦笛の歌に感情をかき立てられた若者たちは貞淑な女たち[30]の扉を壊していたのだが、ピュタゴラスは葦笛を吹く女にスポンデイを演奏するように助言したと言われている。女がそのようにしたとき、その調べ《モドゥス》の緩慢さと、演奏の荘重さによって、若者たちの荒れ狂う乱暴さは落ち着いた」。

19　しかし手近で同様の例を集めたところでは、テルパンデル〔Terpander 紀元前七一二—六四五年。レスボス島で活躍した詩人、キタラ奏者〕[31]とメーテュムナーのアリオン〔Arion Methymneus メーテュムナーはレスボス島の都市。アリオンは紀元前七世紀に活躍した音楽家、キタラ奏者〕は、レスボス島の人たちとイオニア人たちを、歌《カントゥス》の助力によってきわめて重い病気から解放した。またさらに、テーバイのイスメニアス〔Ismenias Thebanus テーバイは古代ギリシャの都市。イスメニアスは紀元前三世紀に活躍したと思われるアウロス奏者〕は諸旋法《モドゥス》によって、坐骨神経痛の痛みの苦悩で健康を損なっていた多くのボイオティア〔Boeotia。中央ギリシャの一地方〕の人たちから、その煩わしさをすべて追い払ったと言われている。またさらにあるときエンペドクレス〔Empedocles 紀元前四九〇頃—四三〇年頃。古代ギリシャの自然哲学者、医者、詩人、政治家〕に、彼がある客と一緒にいたときに、怒り狂っていたある男が剣で襲い掛かってきた。というのはその客がその男の父親を告発によって非難したからであった。それゆえにエンペドクレスは歌の調べ《モドゥス》の調子を変え、その若者の怒りを抑えたと言われている。

20　これほどまでに、古来の哲学の学問において音楽技芸の力は知られるようになった。したがってピュタゴラス派の人々は、日中の不安を夢の中で解消しようとする際、悩みなく穏やかな熟睡を見いだすことができないときに、なんらかの歌《カンティレナ》を利用していた。また同様に、目を覚ました者たちは別のなんらかの調べ《モドゥス》によって眠気による自失と当惑の状態を取り除いていた。それはなぜなら、彼らは確かに、われわれの精神《アニムス》と身体《コルプス》の結びつきの総体が、音楽の結合力によって繋がれていることを知っていたからだ。というのも身体の状態は心の状態に影響を有するように、心拍は混乱によって刺激されるからだ。このことは、デモクリトス〔Democritus 紀元前四六〇頃―三七〇年頃。古代ギリシャの哲学者〕は狂ってしまったと考えた市民たちが彼を拘留していたときに、彼を治療する目的でやってきた医師ヒポクラテス〔Hippocrates 紀元前四六〇頃―三七五年頃。古代ギリシャの医師〕にデモクリトスが伝えたと言われている。

21 しかしこれらは何のためなのか？ というのも、われわれの魂《アニマ》と身体《コルプス》の状態はほぼ同じ比《プロポルティオ》によって秩序づけられているものと見られていることに疑念の余地はありえず、この後に続く議論は、そうした比によって調和の状態にある音の並び《モドゥラティオ》が結び合わされ、連なっていくことを証明するだろう。それゆえに、甘美な歌謡《カンティレナ》は幼児たちをさえ楽しませるものであり、また別の粗雑で未熟な歌謡は聞くことの喜びから距離を取らせる。このことは確かにすべての世代と性別に関わる。これらの世代と性別は自らの行いによっては分け隔てられているが、しかしながら音楽の楽しみによって一つに結び付けられている。

22 というのも、なぜ喪に服して涙しているときでさえ、嘆き悲しんでいる者たちは調子を合わせて歌を歌うのか？ なんらかの歌《カンティクム》を用いて悲しみの原因をより甘美なものとするのはきわめて女性的なことである。実際のところ、古代の慣習においては、悲嘆の嘆きを笛の音が先導するということがあった。このことはプブリウス・スタティウス〔Publius Papinius Statius 四五頃—九六年頃。ローマ帝政期の詩人〕が次の詩で証言している。

23 曲がった角の形で葦笛は低く鳴り響く
その葦笛にとっては柔和な死者の魂を先導するのは手慣れたことだ

24 また、甘美に歌うことができない者がいるが、それでもやはりその者は自分に対して別の歌を歌う。それはその者が歌っていることがなんらかの喜びの感情でその者に影響を与えるからではない。その者にもともと植え付けられている快い気持ちを、どのような仕方でなされるかにかかわらず、心から生み出す者が、喜びを享受するからだ。

25 したがって、対立の争いにおいては管が真っ直ぐに伸びた笛の調べ《カルメン》によって精神《アニムス》が高揚させられるのもまた明らかなことではないだろうか？ このことがもっともらしいことであるのなら、精神の平穏な状態からある種の激情や怒りへと運ばれることは可能であり、かき乱された知性《メンス》の怒りや節度を欠いた野心はより穏やかな調べ《モドゥス》によって制することが可能であることに疑いはない。

26 一体どうして、ある者が喜んで歌《カンティレナ》を聴覚《アウリス》と精神《アニムス》で捉えるとき、そちらのほうへと無意識のうちに、あたかも耳で捉えられた歌とある種類似した動きを身体《コルプス》が模倣するように、向きを変えることができるのか？ また一体どうして記憶し続けている精神自身が、以前に耳にされた旋律《メロス》を自らのために完全な仕方で選びとるのか？

27　こうしたすべてのことから明瞭に、そして疑いなく明らかであるように、音楽は自然な仕方でわれわれと密接な関係にあるのであり、たとえわれわれがそう望んだとしても、音楽がない状態のままでいることはわれわれには決してできない。それゆえに、知性《メンス》の力が差し向けられるべきである。それはなぜなら、自然によってもともと植え付けられたものは、知《スキエンティア》によって理解されたものとしても、心に留め置かれることが可能だからだ。それは視覚《ヴィスム》においてもまた、色と形を認識することだけに終始し、それらの特性が探求されることがないのであれば教養のある者たちにとって十分ではないのと同じように、音《ヴォクス》がいかなる比《プロポルティオ》によって互いに結び付けられているのかを聞き知ることなしに、音楽家たちが歌《カンティレナ》によって喜びを得るということもない。

第2章　音楽とは三つである。これら三つにおける音楽の力について

1　したがってまず最初に、音楽について論じている者に対しては以下のことが言われるべきであると思われる。すなわち、われわれはどれほどの類《ゲヌス》の音楽が音楽を探求する者たちによって表現されているのを認識するだろうか、ということである。さてそれらは三つある。第一はまさに宇宙の音楽《ムンダーナ》である。第二は実に人間の音楽《フマーナ》であり、第三はある種の諸楽器《インストゥルメントゥム》において打ち立てられるものであり、それは例えばキタラや葦笛などにおけるようなもので

あり、歌謡《カンティレナ》を助けるものである。

2　この第一のもの、それは宇宙の音楽《ムシカ・ムンダーナ》であるが[32]、これは天空そのもの、あるいは四大〔地、水、火、風のこと〕の結合、あるいは季節の多様性において看取される事象において、もっともよく確認される。というのも、天空の構造が物音ひとつ立てることのない静かな流れで、これほどまでに敏速に動かされているということが、どのようにしてなされうるのか？　たとえわれわれの聴覚にその音が届かないとしても、このようになされるのは多くの理由から必然であり、これほど巨大な物体のきわめて敏速な動きがまったく音を生み出さないことはありえないからだ[33]。特にそうしたときには星々の運行が、いかなる結合も、またいかなる企ても認識されないような結び付きによって繋がれているのである。もちろんあるものはより高く、またあるものはより低く運ばれ、すべては等しい駆動力によって回転させられるので、さまざまな不均等性《イナエクゥアリタス》を通じてそれらの運行の一定の規則正しさが導き出される。したがって、この天空の回転から、諸音の並び《モドゥラティオ》の一定の規則正しさを引き離すことはできない。

3　もし四大の多様性と相反する力とをある種の調和《アルモニア》が結合させることがないのであれば、どうやったらそれらが一つの物体や構造において結合するようになすことが可能なのか？　そうではなく、この多様性全体が季節の変化と果実の変化を生み出すのであり、一年の一つの総体を産出するのである。したがってもしあなたが、これほどの多様性を諸物に配するものの何かを、精神と思考力によって損なおうとするなら、すべては台無しになり、私の言い方では、いかなる協和《コンソヌム》も維持されない[34]。

4　音《ヴォクス》の低い諸弦《コルダ》においては、その低さが漸次的に無音へと落ちていかないような仕方になっている。そしてまた、音の高い諸弦においてその最高音域のあり方が管理されている。それは張り詰められた音の緊張感によって弦《ネルヴス》が破裂することのないようにするためにであり、またすべてが自らと適合し、また同調するためである。このように、特殊な過剰性によって他のものを駄目にしてしまうような過多は、宇宙の音楽においてはありえないことをわれわれは一望のもとに理解する。

5　実際のところすべてはこうであるので、そのすべては自らの果実を生み出すか、あるいは果実を生み出すように他のものを助ける。というのは、冬が制限をし、春が解放し、夏が燃え上がらせ、秋が成熟させるもの、そしてこれらの季節自身が、あるいは順々に自らの果実を生み出すか、あるいは他の季節が果実を生み出すように促進するからである。この点については後でより入念に検討されるべきである[35]。

6　人間《フマーナ》の音楽は、自ら自身に深く沈思する者であれば誰でも理解する[36]。ある種の結合や、あるいは、例えば、低い音《ヴォクス》と高い音をあたかも一つの協和《コンソナンティア》のようになす調律でないのであれば、実体のない理性《ラティオ》の活発さと物体とを結び付けるものは一体何なのか？　魂《アニマ》の諸部分をそれらの間で結び付けている別のものは一体何なのか？　魂とは、アリストテレスによれば、理性的なものと非理性的なものから結び合わされているものであるが[37]。そして一体、物体の諸元素を合体させ、諸部分を自ら自身へと一定の結合力で繋ぎとめているものは何なのか？　このことについてもまた私は後で述べよう[38]。

7　第三の音楽というのは、ある種の諸楽器《インストゥルメントゥム》において生じると言われるものである。この音楽は、あるいは弦《ネルヴス》楽器におけるように弦の張りによって、あるいは笛の楽器や水に対して反応するような楽器におけるように空気によって、あるいは内部が空洞の銅が打たれる楽器におけるように叩くことによって、扱われる。これらの点から音の多様性が生み出される。したがって、この著作ではまず第一に諸楽器のこの音楽についてよく検討されるべきである。

8　しかし手始めとしては十分である。いまや音楽の諸要素そのものについて論じるべきである。

第3章　音《ヴォクス》と音楽の諸要素について

1　協和《コンソナンティア》というのは、音楽の音の配列《モドゥラティオ》の全体を導くものであり、音《ソヌス》に反して生じることは不可能である。音というのはある種の打つこと《プルスス》と叩くこと《ペルクッシオ》に反してもたらされることはなく、また打つことと叩くことは、運動が先行することがないのであれば、決して存在しない。したがって全体が不動なのであれば、ある物がある物によって動かされるように、ある物とある物が衝突することは不可能である。また全体が静止しており、動きが欠けているのであれば、何の音も生み出されないのは必然である。こうした理由から音とは、聴覚《アウディトゥス》に至るまでずっと溶けて消えてしまうことのない大気の打撃《ペルクッシオ》と定義される。

2　動きの中ではあるものはより敏速であり、あるものはより緩慢である。同じ動きの中でも、あるものはよりまばらであり、あるものはより矢継ぎ早である。もし誰かが連続性における動きに注意を払うなら、そこにおいて敏速さあるいは緩慢さを把握することは必然である。一方、もし誰かが手を振るなら、その者はその手を素早い動きで動かすか、あるいは緩慢な動きで動かすだろう。

3　そして確かに緩慢でまばらな動きがなされるなら、〔動きの〕緩慢さとまばらさ自体によって重たい諸音《ソヌス》が生じるのは必然である。しかしもし動きがより俊敏で矢継ぎ早なものであるのであれば、高い諸音《ソヌス》をもたらすのは必然である。

4　それゆえに、同じ弦《ネルヴス》があって、それがより強く引っ張られると、高い音《ソヌス》を鳴らす。その同じ弦が緩められると、低い音を鳴らす。もちろん弦がよりピンと張れば、より敏速な拍動《プルスス》を生み、よりすばやく反復し、より頻繁かつ俊敏に空気を刺激する。弦がより緩いのであれば、それは間隔が広く緩慢な拍動を生み出し、自らの無力さによってまばらな拍動を生ずる。そして長時間にわたって振動するということはない。

5　弦《コルダ》が打たれるたびに一つの音《ソヌス》だけが想定されるべきではなく、また一つの打撃《ペルクッシオ》だけが想定されるべきではない。そうではなく、大気が刺激されるのと同じだけ、振動する弦が大気を打つのである。しかし諸音の俊敏さが結び付けられるやいなや、聴覚《アウリス》によってはいかなる中断も感じられず、ある一つの音が感覚を打つのは、たとえそれがどれほど多くの音から成っていたとしても、高いか低いかの音としてである。低い音はより緩慢で、より間隔の空いたものから構成され、高い音はより俊敏で、より間隔の密なものから構成される。

6　例えば、かぶとの尖頭の円錐形、これは渦巻きのらせんと呼ばれるものであるが、これを入念に作り上げ、そしてこれに赤色か他の色の一本の筋が引かれ、可能なかぎりの俊敏さで回転させると、この円錐形全体が赤色に染められたものとして見られる。それは全体がそのように赤色になっているからではなく、赤色の筋の速さが、色が付けられていない部分を占領し、それらが目に見えるようになることを許さないからである。この点については後述する[39]。

7　したがって、高い諸音《ヴォクス》は間隔がより密で、より俊敏な動きによって奏されるのだから、低い諸音はより緩慢で、間隔がより空いている動きによって奏される。それゆえに、低いほうの動きのいくらかの追加によって高い音は強められ、高いほうの動きのいくらかの除去によって低い音は緩められる。なぜなら高い音というのは低い音よりも、より多くの動きから構成されるからだ。

8　ここにおいては、複数性《プルラリタス》が差を生み出しており、複数性は一種の多数性《ヌメロシタス》に存在することは必然である。少数であることは多数であることに対してこのような関係にある。それは数《ヌメルス》が数に対して対比《コンパラトゥス》されるのと同じようなものである。数にしたがって比べられるものの中で、あるものは均等であり、あるものは不均等である。その結果、音《ソヌス》もまた同様に、あるものは均等であり、あるものは不均等性《イナエクゥアリタス》によって異なっている。しかしいかなる不均等性によっても違いが生じない諸音《ヴォクス》においては、概して協和《コンソナンティア》というものはない[40]。なぜなら協和とは互いに異なる諸音が一《ウヌム》なるものへと還元された調和《コンコルディア》であるからだ。

第4章　不均等性《イナエクゥアリタス》の種類《スペキエス》について

1　不均等であるものは、自らのうちに不均等性《イナエクゥアリタス》のあり方の五つのカテゴリーを保持している。あるいはあるものは別のあるものを多倍性によって上回り、あるいは単部分、あるいは複数の諸部分、あるいは多倍性と単部分、あるいは多倍性と複数の諸部分によって上回る。

2　不均等性《イナエクゥアリタス》の第一の類《ゲヌス》は、〈多倍比 multiplex〉と呼ばれる。この類があるのは、より大きな数がより小さな数を自らのうちに完全に有しているときであり、二倍、三倍、四倍と続き、欠落しているものは何もないし、過剰なものも何もない。これらはドゥプルム、トリプルム、クゥアドルプルムとも呼ばれ、この順序で無限に進む。

３　不均等性《イナエクウアリタス》の第二の類《ゲヌス》は〈単部分超過比 superparticularis〉と呼ばれるものである。つまり、より大きな数が自らのうちにより小さな数を、その小さな数の全体と、さらに単部分を有しているときであり、それは２に対する３のように、その全体と半分のようにであり、これは〈２の単部分超過比〉と呼ばれる。あるいはその３に対する４のように、その全体と⅓のようにであり、これは〈３の単部分超過比〉と呼ばれる。そしてこの方式にしたがって後続する諸数に対しては、ある単部分というのは、より小さな数を超えた、より大きな数によって保持されている。

４　不均等性《イナエクウアリタス》の第三の類《ゲヌス》は、より大きな数が自らの内部に、より小さい数の全体と、さらにいくつかの諸部分を含んでいるときである。もし自らに加えて二つの部分を含んでいるなら、それは〈二部分超過比 superbipartiens〉と呼ばれる。それは３に対して５があるようなものである。しかしもし、さらに三つの部分を含んでいるなら、〈三部分超過比 supertripartiens〉と呼ばれる。これは４に対する７があるときのようなものである。この後は同様の類例がありうる。

５　不均等性《イナエクウアリタス》の第四の類《ゲヌス》は〈多倍比〉と〈単部分超過比〉が結び付けられたもののことである。つまりこれは、より大きな数が自らのうちにより小さな数の二倍、三倍、そしてこれを何度となく続け、そしてさらに、その単部分を有しているときである。もし二倍とその半分を有しているなら、〈二倍比＋２の単部分超過比〉と呼ばれる。これは２に対する５のようなものである。さらにもし、二倍とその1/3の部分をもっているなら、〈二倍比＋3の単部分超過比〉と呼ばれる。これは3に対する7のようなものである。さらにもし、三倍とその半分の部分が含まれるのであれば、〈三倍比＋2の単部分超過比〉と呼ばれる。これは2に対する7のようなものである。そしてこの方式にしたがって後続の諸数においては、〈多倍比〉と〈単部分超過比〉の名称は変化する。

6　不均等性《イナエクウアリタス》の第五の類《ゲヌス》は〈多倍比＋複部分超過比〉と呼ばれ、これはより大きな数《ヌメルス》が全体として自らのうちに、より小さな数を一倍よりも多く有しており〔つまり二倍以上ということ〕、さらにその一つの単部分よりも大きい部分を有している〔つまり二部分以上ということ〕ときのことである。もしより大きな数がより小さい数の二倍を含み、そして二部分を有しているとき、これは〈二倍比＋二部分超過比〉と呼ばれ、8に対する3のようなものである。また他方では〈三倍比＋二部分超過比〉と呼ばれるものがあり、これは11に対する3のようなものである。

7　ここでは短く簡潔に説明することにしよう。なぜなら算術の教程に関してわれわれが書いた書物において、細心の注意を払って解説したからである[41]。

第5章　不均等性《イナエクウァリタス》のいかなる種類《スペキエス》が協和《コンソナンティア》としてみなされるのか

１　これらの不均等性《イナエクウアリタス》の類《ゲヌス》のうち、最後の二つに関しては言及されない。なぜならこれらの二つはそれより前の諸類から混合されたものだからだ。最初の三つから考察はなされねばならない。協和《コンソナンティア》に関しては〈多倍比〉がより大きな力を保持しているように見られる。そして〈単部分超過比〉はそのあとに続く。〈複部分超過比〉は調和《アルモニア》の均整《コンキネンティア》からは分かたれる。それは、プトレマイオスを除く者たちによって、そのように思われているとおりである[42]。

第６章　なぜ〈多倍比〉と〈単部分超過比〉は協和《コンソナンティア》とみなされるのか

１　自然な仕方でより簡素である事象そのものは、結合に適したものであることが証明される。なぜなら低さと高さは量《クウアンティタス》に存するものであり、隔てられた量の特性を管理することのできるものごとこそが、均整《コンキネンティア》の本質を最大限に維持するものと見なされるであろうからである。

２　というのも、確かに隔てられた量《クウアンティタス》もあれば、連続する量もある。隔てられた量は最小において限りがあるが、より大きな量を通じて無限に進行する。なぜなら量において〈単位一《ユニタス》〉は最小であり、そしてそれはまた限界であるからである。複数性《プルラリタス》のあり方は、数《ヌメルス》と同じように、無限に増やされる。数は限界づけられた〈単位一〉から始まり、増大を続けながらも限界を有さない。

3　これに反して、連続する量《クゥアンティタス》は全体として限界づけられている。しかし無限に小さくされる。例えば線は、これは連続するものだが、その全体、あるいは長さの単位、あるいはその他の明確な尺度があるときには、つねに分割によって無限に分けられる。それゆえに数《ヌメルス》はつねに無限に増え、連続する量は無限に小さくなる。

4　したがって〈多倍性 multiplicitas〉は、増大の終わりを有さないので、数《ヌメルス》の本性を最大限に維持する。しかし〈単部分超過比〉は、より小さいものを無限に小さくするので、連続する量《クゥアンティタス》の特性を維持する。〈単部分超過比〉がより小さいものを小さくするのは、それがつねに自ら自身と、そしてまたその½、⅓、¼、⅕を保有しているからである。なぜなら、〔分母が〕より大きな数によって表示される諸部分は、それ自身が減少する。例えば⅓が3によって表示され、¼が4によって表示されるとき、4は3を上回り、¼は⅓よりも小さいことが見いだされる。

5　〈複部分超過比〉はすでにある程度、簡潔さから遠ざかっている。というのもこれは二つ、三つ、四つの部分をほかに有し、簡潔さから遠ざかることで諸部分のある種の複数性《プルラリタス》へと向かう豊饒な状態にあるからだ。

6　これに対してすべての〈多倍比〉は損なわれていない状態で保持されている。なぜならドゥプルムはより小さな全体の二倍を有し、トリプルムはより小さな全体の三倍を有し、そしてその後は同じ仕方で続く。〈単部分超過比〉は損なわれていない状態をなんら維持せず、$1/2$、$1/3$、$1/4$、$1/5$の差でさらに上回る。しかしそれでもやはり、これは個々単一の諸部分《パルス》によって分割を生み出す。

7　しかし不均等性《イナエクウアリタス》の〈複部分超過比〉は損なわれていない状態を維持もしないし、個々の諸部分《パルス》を取り去りもしない。そしてそれゆえに、ピュタゴラスによれば、音楽の協和《コンソナンティア》には最小限度に適用されるものである。しかしプトレマイオスはふたたびこの比《プロポルティオ》を協和の中に置いた。それは後に示すとおりである[43]。

第7章　いかなる比《プロポルティオ》がいかなる音楽の協和《コンソナンティア》にふさわしいものとされるか

1　以下の点が認識されなければならないが、すべての音楽の協和《コンソナンティア》はあるいは二倍、あるいは三倍、あるいは四倍、あるいは〈2の単部分超過比〉、あるいは〈3の単部分超過比〉の比《プロポルティオ》の中に存する。数《ヌメルス》における〈3の単部分超過比〉は音《ソン》において4度《ディアテッサロン》と呼ばれる。数における〈2の単部分超過比〉は音《ヴォクス》において5度《ディアペンテ》と呼ばれる。〈二倍比〉にあるものは協和においてオクターヴと呼ばれ、〈三倍比〉はオクターヴ＋5度、〈四倍比〉は2オクターヴと呼ばれる。今は全般的かつ分けへだてなく述べられるままにしておこう。比のすべての理論《ラティオ》は後に明白になるであろう。

第8章　音《ソヌス》とは、音程《インテルヴァルム》とは、協和《コンソナンティア》とは何か

1　音《ソヌス》とは旋律的《エンメレース》な、すなわち旋律《メロス》に適した声《ヴォクス》が、ある一つの長さの伸びに落ち込むことである。いまわれわれは概括的な音を定義することは望まない。ただし音とは、ギリシャ語で φθόγγος（フォンゴス）と言われるものであり、これは「話すこと」を意味するギリシャ語、つまり φθέγγεσθαι（フェンゲスタイ）との類似性から、そのように言われるものである。
2　音程《インテルヴァルム》とは、高い音と低い音《ソヌス》の距離《ディスタンティア》のことである。
3　協和《コンソナンティア》とは、聴覚《アウリス》へと甘美に、そして統一した形で届く、高い音と低い音《ソヌス》の混合のことである。不協和《ディソナンティア》とは、二つの音がそれらのみで混ざり合って聴覚へと達する、粗雑で不愉快な打撃《ペルクッシオ》のことである。なぜなら、まさにそれら二つの音が一つに結合することを望まず、一方が他方を妨げている際に、その双方がいわば手つかずのままで到達しようと努めるならば、その双方は感覚《センスス》に対して不快なものとして送られるからである。

第9章　すべての判断は感覚《センスス》にゆだねられるべきではなく、理性《ラティオ》により信頼がおかれるべきこと。諸感覚の何に誤謬が存するのか

1　この点についてわれわれは、すべての判断を感覚《センスス》にゆだねるわけではないと説明するも

のである。しかしながら、まさにこの聴覚《アウリス》の感覚からこの技芸の起源全体が得られる。というのも、もし何も耳にされないならば、音《ヴォクス》に関する議論はまったく存在しないからだ。

2　しかし聴覚《アウリス》が有しているのは、ある程度の起源と、なかば助言のような役割である。最終的な完全性と認識の力は理性《ラティオ》に存し、確固たる諸規則によって自らを保持する完全性は、決していかなる誤りも犯すことはない。

3　というのも、すべての人の同じ知覚力も、また同じ一人の人間の知覚力も、つねに同じようであるとは限らないのに、諸感覚《センスス》の誤謬について何が長々と語られるべきであるのか？誠実に探求することを切望する者にとっては、さまざまに変化する判断能力に身をゆだねるのはむなしいことである。

4　こうした理由でピュタゴラス派の人々は、ある種の中庸の道によって前に進む。というのも、彼らはすべての判断力を聴覚《アウリス》にゆだねたりはしないが、しかし聴覚を通じてでなければいくつかの事柄は彼らによって探求されることはない。そうしたいくつかの協和《コンソナンティア》自体は耳によって計測されるが、協和は互いの間にある距離《ディスタンティア》によって異なるのであり、それはいまや聴覚にゆだねられるのではない。聴覚の判断力は鈍いものである。聴覚の判断にではなく、基準《レグラ》と理性《ラティオ》にゆだねられる。それはなぜなら聴覚はなかば従順で、ある種のしもべのように仕えるものだからであり、他方理性は審判者であり統治者であるからである。

5　たとえほぼすべての技芸と、それら技芸そのものの生命力が、諸感覚《センスス》を契機として生み出されるのだとしても、理性《ラティオ》の判断が切り離されているのであれば、それらの中にはいかなる確固とした判断力もないし、いかなる真実の理解もない。

6　この感覚《センスス》自体は最大のものによっても、最小のものによっても、等しく損傷を受ける。というのも最小のものは、この感覚自体の微小さにしたがって感知することができないばかりか、しばしばより大きなものと混同されてしまうからである。それは例えば声《ヴォクス》におけるのと同じようなもので、それが最小であれば聴覚《アウディトゥス》がそれをつかもうとするのは困難であり、それが最大であればその騒音自体の密集した力によって耳が聞こえなくなる。

第10章　どのような仕方でピュタゴラスは協和《コンソナンティア》の比《プロポルティオ》を探求したのか

1　したがってこれが、ピュタゴラスが聴覚《アウリス》の判断力をわきに置いて、諸原則の重要な局面に移行した理由である。

2　ピュタゴラスはいかなる人間の聴覚《アウリス》も信じることはなかった。聴覚というのは、部分的には自然に、部分的には外在的な偶然性によって変化させられるものであり、また部分的には年齢によって変化が生じるものだからである。

3　さらに彼はいかなる楽器にも傾倒することはなかった。楽器の下ではしばしば数多くの多様性や不安定さが生み出されるものである。もし望むのであれば、弦楽器を例にとってみよう。より湿気を帯びた空気は振動を鈍らせ、より乾いた空気は振動を駆り立て、弦の太さはより低い音を生み出し、弦の細さはより繊細な音を細くする。このようにして、なんらかの仕方で以前の安定した状態を変化させる。これはまた、他の諸楽器においても同じである。

4　こうしたすべてを問題とせず、最低限の信頼しか置かず、長いあいだ熟考していたピュタゴラスは、なんとかして協和《コンソナンティア》の重要な諸点を着実かつ強固に、理性《ラティオ》の力を通じて、徹底的に習得しようとした。

5　そうこうしている間に、ある種の神聖な意向によって、鍛冶屋の仕事場のそばを通りかかったピュタゴラスは、打ち付けるいくつかの槌がなんらかの仕方で、種々さまざまな音《ソヌス》の中からある均整《コンキネンティア》を鳴り響かせているのを耳にした。長い間探求していたものを目の前にして驚いたピュタゴラスは、彼らの仕事に近寄り、しばらく考え、打ち付ける諸音《ソヌス》の多様性を生み出す力に決定要因があると考え、このことをより明瞭にするために、槌を次々に変えてみるように要求した。しかし諸音の特性は人間の腕の力にあるのではなく、取り代えられた槌に付随していたのだった。このことに気が付いたとき、彼は槌の重さを調べた。

6　槌の数は偶然にも五つであったのだが[44]、互いにオクターヴの協和《コンソナンティア》の反応を示す槌〔①と②〕は重さにして〈二倍比〉であることが見いだされた。片方の槌〔①〕に対して〈二倍比〉であるその槌〔②〕は、さらに別の槌〔③〕の〈3の単部分超過比〉が含むものであるが、これに対しては4度を響かせていた。さらにまた別の槌〔④〕に関してであるが、5度の協和で結び付けられている槌があり、これは前述の二倍の槌〔②〕がこの槌〔④〕の〈2の単部分超過比〉であることをピュタゴラスは見いだした。これら二つの槌〔③と④〕は、これらに対して前述の二倍の槌〔②〕が〈3の単部分超過比〉と〈2の単部分超過比〉であることが証明されたが、これらの間には互いに〈8の単部分超過比〉を保持する比があることが入念に計られた。第五の槌〔⑤〕は、他のすべての槌と不協和《インコンソナンス》であり、除外された。

7　ピュタゴラス以前に音楽の協和《コンソナンティア》は、あるものはオクターヴ、あるものは5度、あるものは4度、これが最小の協和であるが、と呼ばれていたが、いかなる比《プロポルティオ》によって諸音のこうした協調関係《コンコルディア》が結び付けられているのかをこのように見いだしたのは、ピュタゴラスが最初であった。すでに述べられたことをより明瞭にするために、例として四つの槌の重さを挙げよう。これらは次に記された数字によって連ねられている。

12　9　8　6

重量にして12と6の重さになる槌は二倍の均整《コンキネンティア》にあるオクターヴを鳴り響かせていた。12の重さの槌は9の重さの槌に対して、また8の重さの槌は6の重さの槌に対して三長一短格《エピトリトス》〔4：3〕の比にしたがって4度の協和《コンソナンティア》で結び付けられていた。9の重さの槌は6の重さの槌に対して、12の重さの槌は8の重さの槌に対して5度の協和を一体のものとしていた。9の重さの槌は8の重さの槌に対して〈8の単部分超過比〉の比における全音を響かせていた。

第11章　いかなる方法でピュタゴラスによってさまざまな協和《コンソナンティア》の比《プロポルティオ》が熟考されたか

1　家に戻ったピュタゴラスは、さまざまな計量で重さを詳細に吟味した。それは響和《シンフォニア》のすべてがこれらの比《プロポルティオ》に存在するのかを確かめるためであった。時には均等なおもりを弦《ネルヴス》で備え付け、それらの協和《コンソナンティア》を耳で確認し、ときには葦笛の長さを二倍に、そしてまた元に戻したりしてそれらの比を調節し、さまざまな試みによってもっとも完全な確証を得ようとしていた。また測定の方法として、同じ重さのひしゃくの液体を小鉢へと何度も注いだ。そしてまた、それらのさまざまな重さによって調整された小鉢を、青銅か鉄の棒で何度も叩き、そのことによって何も矛盾することがないことが明らかとなったことに、ピュタゴラスは喜んだ。このように導かれたので、ピュタゴラスは弦の長さと太さを吟味することに着手した。

2　このようにしてピュタゴラスは規則《レグラ》を発見したのだが、この規則については後述することにしよう[45]。この規則がこの名称〔つまり〝規則 regula〟という名称〕を得ることになったのは、この規則が弦の大きさと音を計測するのに使われる木の棒《レグラ》だからではなく、ある種の規則というのはこうした類のことを不変にかつ確実に考察することだからである。それは虚偽の報告によって、探求する者が一人も誤って導かれることのないようにするためである。

第12章　諸音《ヴォクス》の区分とその説明について

1　しかし以上のことについてはここまでである。それでは諸音《ヴォクス》の違いについて考察しよう。すべての音はあるいは*συνεχης*（スネクセス）、つまり連続しているものか、あるいは*διαστηματικη*（ディアステマティケ）、つまり音程《インテルヴァルム》によって隔てられていると言われるものである。

2　連続している音《ヴォクス》とは、その音によってわれわれが話し、散文の発言を読み上げている際に、それらの単語をざっと声に出すようなものである。このとき音は、高い音《ソヌス》や低い音に留まらないように先を急ぎ、単語をきわめて敏速にざっと声に出すようにする。そして判断すべき語義と、明瞭に発音されるべき会話によって、この連続している音《ヴォクス》の勢いは生み出される。

3　これに対して*διαστηματικη*は、歌うことによってわれわれが保持するような音であり、会話によってというよりも、音のあり方《モドゥス》によって、その中に入っていくような音のことである。そして この音《ヴォクス》自身は、より緩慢で、節をつけて歌うべき多様性を通じて、ある種の音程《インテルヴァルム》を生み出すものである。この音程とは、沈黙を守る音程ではなく、緩慢に保たれた歌《カンティレナ》の音程である。

4　これらの音《ヴォクス》には、アルビヌス[46]が主張しているように、第三の区分が加わる。この区分は中程度の諸音を含むことのできるものである。それはつまり、英雄たちの詩をわれわれが朗読するのが、散文を朗読するように連続している流れによってではなく、また歌《カンティクム》を歌うように保持されて緩慢な声の動きによってでもないときのことである。

第13章　人間の本性が諸音《ヴォクス》の際限のなさに制限を施したこと

1　連続している音《ヴォクス》と、他方の音〔つまり音程によって隔てられている音〕、これらによってわれわれは旋律《カンティレナ》を駆け抜けるものであるが、これらはもともとは際限のないものである。なぜなら、深い考察が明らかにしたように、散文の言葉によっても、あるいは高まっていく高音、そして低くなっていく低音によっても、制限は一切加えられることはないからである。しかし両者のいずれの場合に対しても、人間の本性が固有の限度を成す。なぜなら、連続している音の境界は、人間の息が作り出す。いかなる手段を用いても、その境界を超える力はない。各々の人間は、自然な息が許容するだけ、音をつなげて話し続ける。また、

διαστηματική な音〔隔てられた音〕に対しても同様に人間の本性が境界を成す。その本性が人間の高い声と低い声の境界を定める。というのも、その音の自然なあり方が許容するだけ、各々の人間にはあるいは高さを高め、あるいは低さを低める力がある。

第14章　聞くということのあり方はいかなるものか

1　さてそれでは、聞くということのあり方はいかなるものか、論ずることにしよう。音《ヴォクス》においては、静かな水や沼に遠くから石が投げられたときに生じるようなことが起こる。まず石はきわめて小さな輪の形に波を集め、その後さらに大きな輪によって波のかたまりをまき散らし、それはそのようにして引き起こされた流れによって弱められた動きが止まるまでずっと続く。そしてつねに、より後に生じるより大きな波が、より弱い拍動《プルスス》によってまき散らされる。もし増大する波に衝突することがありえるとすれば、ただちにその動きは引き返していき、もとの前進運動が生み出された中心へと同じ波となって戻っていく。

2　このように衝撃を加えられた空気が音《ソヌス》を成すとき、その空気は別の、もっとも近くの空気を打ち、いくぶん丸い空気の波を生じさせる。このように拡張していき、周囲に立っている者たちすべてに即座に聞こえるようにされる。遠くに立っている者にとっては音《ヴォクス》はより不明瞭である。なぜならその者に対して空気の拍動《プルスス》の波はより弱まって達するからである。

第15章　諸見解、つまり諸観察の秩序について

1　以上のことがこのように提示されたので、以下の点に言及するのが適当と思われる。つまり、あらゆる歌《カンティレナ》がどれほどの類《ゲヌス》によって紡ぎだされるのか、調和の学説《ディスシプリナ》が考察するのは考案されたいかなる類なのか、ということである。それらは以下のようなものである。すなわち、ディアトニック類、クロマティック類、エンハルモニック類、である。もしそれ以前にわれわれが四本弦《テトラコルド》について、そしてどのように、今では複数である弦《ネルヴス》の数が絶えず増大し、現在に至るかを議論するのであれば、ようやくこれらについて説明されるべきである。しかしこれが生じるのは、それ以前に音楽の響和《シンフォニア》がいかなる比《プロポルティオ》によって組み合わされているかをわれわれが思い起こすときである。

第16章　諸比《プロポルティオ》の協和《コンソナンティア》と全音と半音について[47]

1　オクターヴの響和《シンフォニア》は〈二倍比〉において成される。それは下のようなものである。

2　5度《ディアペンテ》は下の数字によって構成される。

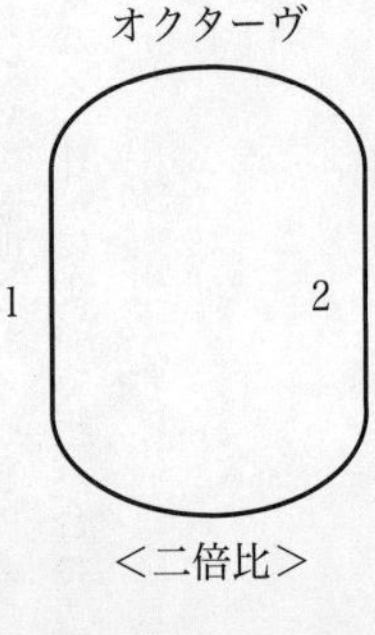

<二倍比>

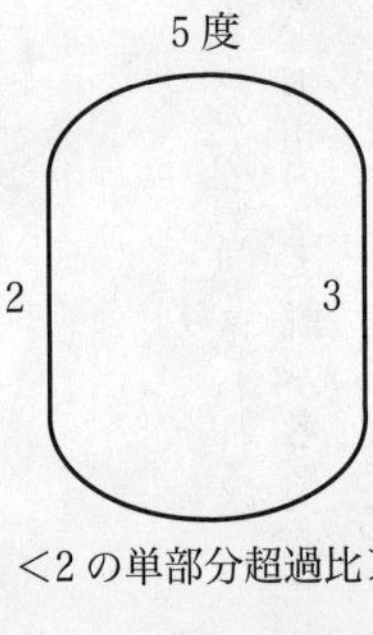

<2の単部分超過比>

3　4度《ディアテッサロン》は下の比《プロポルティオ》に存する。

4　全音《トヌス》は〈8の単部分超過比〉に含められる。しかしこれは協和《コンソナンティア》ではない。

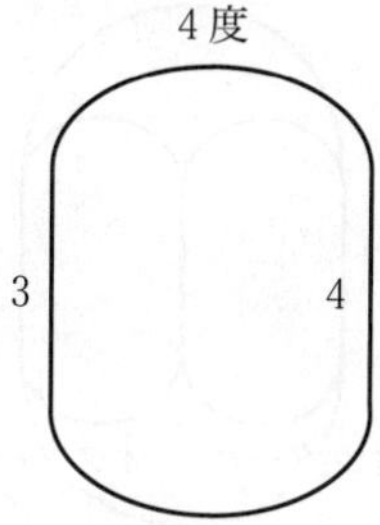

＜3の単部分超過比＞

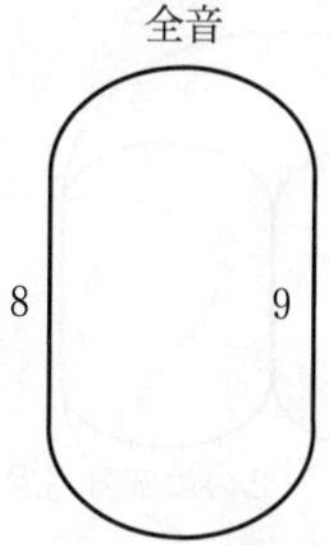

＜8の単部分超過比＞

5　オクターヴ＋5度は〈三倍比〉の対比《コンパラティオ》によって得られる。それは下のようにである。

6　2オクターヴは〈四倍比〉の対比《コラティオ》によってもたらされる。それは下のようにである。

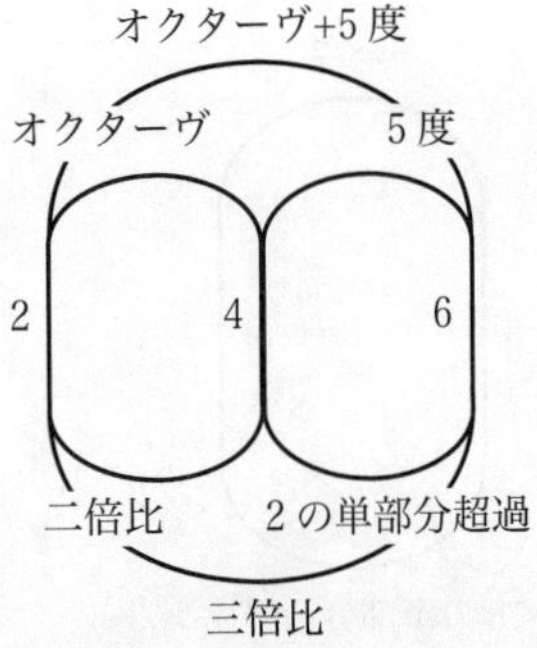

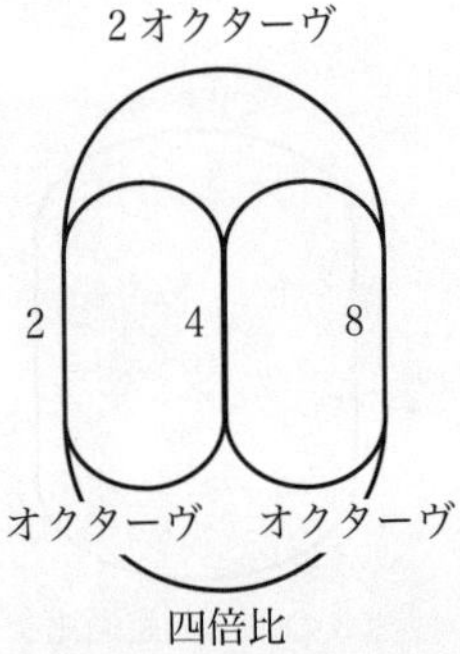

7　5度＋4度は1オクターヴをもたらす。それは下のようにである。

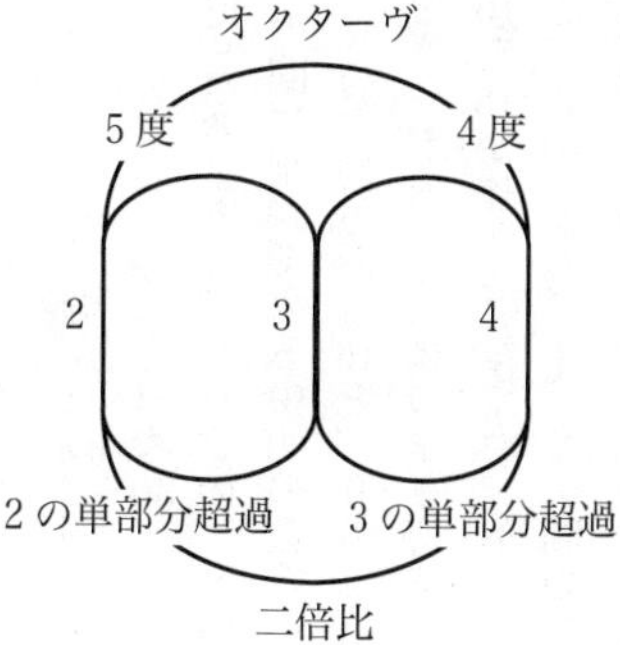

8　例えばある音《ヴォクス》が二倍によって高く、あるいは低くあるのであれば、オクターヴの協和《コンソナンティア》が生じる。もしある音が〈2の単部分超過比〉、〈3の単部分超過比〉、〈8の単部分超過比〉にある音に対してより高い、あるいはより低いのであれば、5度、4度、全音の協和をもたらす[48]。

9　同様に、2と4のようなオクターヴと、6と4のような5度が結び付けられると、〈三倍比〉が生ずる。これはオクターヴ＋5度であり、響和《シンフォニア》を生み出す。またもし2と4、4と8のような二つのオクターヴが作られると、〈四倍比〉の協和《コンソナンティア》が生まれる。これは2

オクターヴである。またもし〈2の単部分超過比〉と〈3の単部分超過比〉、つまりこれは5度と4度であり、2と3、3と4のようなものであるが、これらが結び付けられると、〈二倍比〉、これは当然ながらオクターヴであるが、その均整《コンキネンティア》が生まれる。というのも、4は3に対して〈3の単部分超過比〉を保持し、3は2なるものに対して〈2の単部分超過比〉によって結び付けられている。2なるものに付加された同じ4なるものは〈二倍比〉で結ばれている。また、〈3の単部分超過比〉は4度の協和を、〈2の単部分超過比〉は5度の協和を作り出し、〈二倍比〉はオクターヴの響和をもたらす。それゆえに、4度と5度は1オクターヴの均整を合体させる。

10　さらに、全音は均等に分割することはできない。しかしそれがなぜなのかは後で明らかになるだろう。今ここでは、全音は決して均等な二つの部分に分けられることはないということを知ることで十分としよう。そしてきわめて簡単に確認されるように、8：9の〈8の単部分超過比〉の比《プロポルティオ》を取ろう。当然のことだが、これらの間に割って入る中間の数というものはない。これらを2によって倍化してみよう。すると8の二倍である16と、9の二倍である18を成す。さてこれらの16と18の間には当然、一つの数がある。それはつまり17である。これらは16、17、18の順で配置される。したがって、16と18が比較されると、〈8の単部分超過比〉の比が保持され、それゆえにそれは全音である。しかしこの比《プロポルティオ》を中間の数である17が均等に分割するということはない。16と比較される17は自らのうちに16の全体と、その1/18の部分、つまり〈単位一《ユニタス》〉を有する。そして17に対して、3番目の18という数が対比されると、18は自らのうちに17の全体と、その1/17の部分を有する。したがって同じ部分によって、17はより小さい数を超えていないし、より大きな数によって超えられていない。より小さな部分は1/17であり、より大きな部分は1/16である。

11　しかしながら、いずれの場合でも半音《セミトニウム》という名が付けられる。それは半音が〈全音の〉均等なものの中間であるからではなく、全一性にむかって達することのないものを半分と呼ぶのが習わしだからである。ただし、それらの半音の中には大半音と名付けられるものがあり、別のものは小半音と名付けられる[49]。

第17章　いかなる初めのほうの整数に半音は存するか

1　欠損していない半音とはいかなるものか、あるいは、いかなる初めのほうの諸数に半音が存するのか、いまや私はより明瞭に説明しよう。全音の分割について述べられたことは、われわれが半音のあり方を示したいと思っていることとは関係はなく、むしろ全音を均等な二部分に分けることはできないと述べていたことに関連する。

2　協和《コンソナンティア》であるところの4度は、その音《ヴォクス》は四つであり、三つの音程《インテルヴァルム》である。他方で4度は、二つの全音と、欠損している半音から構成される。配列は次の範疇に収められる。

3　192という数が256と比較されると〈3の単部分超過比〉が生じ、4度の均整《コンキネンティア》が鳴り響く。しかし216と192を比較すると〈8の単部分超過比〉である。ゆえにそれらの間の差は24であり、これは192の$1/8$である。したがってこれが全音である。さらに243と216が比較されると、また別の〈8の単部分超過比〉となるであろう。というのも、それらの差は27であり、これは216の$1/8$であることが証明される。残る対比《コンパラティオ》は256と243であり、それらの差は13である。この8倍がなされると、それは243の半分に達しているとはみられない。したがってこれは半音ではなく、半音よりも小さい。半音が欠損していないと正当にみなされるのは、それらの差である13の8倍がなされたときに、それが243という数の半分と等しくなることが可能である場合である。このように243と256が比較されると、それは真の半音よりも小さい。

192	216	243	256

第18章　4度は5度から全音の差で離れていること

1　さらに、5度の協和《コンソナンティア》はまさに五つの音《ヴォクス》であり、四つの音程であり、三つの全音と、一つの小半音である。というのも、同じ192という数が置かれ、その〈2の単部分超過比〉が得られると、それは192に対して5度の協和を成すからである。それは288という数であるはずである。したがってこの数と右で確認された192の間にある数は以下のものである。216、243、256。配列は下のように形成される。

2　前章の配列において192と256は、二つの全音と、一つの半音を含んでいることが示されている。残るは256と288を対比《コンパラティオ》することであるが、これは〈8の単部分超過比〉であり、つまり全音である。それらの差は32であり、つまり256の1/8である。以上のように、5度の協和《コンソナンティア》は、三つの全音と、一つの半音から構成されることが示される。

3　さて、4度の協和《コンソナンティア》は長い間、192と256の二つの数に由来するものとされていた。いまや同じ192から、288に至るまでの二つの数の間には5度が広がっている。したがって、5度は4度をこの比《プロポルティオ》によって、つまり256と288の二つの数の間に含まれている比によって上回っている。そしてこれは全音である。ゆえに5度の響和《シンフォニア》は4度から全音の差で上回っている。

192	216	243	256	288

第19章　オクターヴは五つの全音と二つの半音によって一体とさせられていること

1　オクターヴの協和《コンソナンティア》は、五つの全音と、二つの半音から構成される。しかしこれらの二つの半音は、一つの全音を満たしてはいない。なぜなら、すでに明らかにされたとおり、オクターヴは4度と5度から構成され、4度は二つの全音と一つの半音から構成され、5度は三つの全音と一つの半音から構成され、一方ではそれらが結び付けられると五つの全音をもたらすことが証明される。しかし他方で、それらの二つの半音は欠損していない全音の半分ではなく、それらの統合は完全な全音へは達せず、全音の半分は超えているが、全音全体からは隔たっている。

2　この論理《ラティオ》にしたがえば、オクターヴは五つの全音と二つの半音から成っており、これらの二つの半音は欠損していない全音に達しておらず、また欠損していない半音を超えている。しかし、これらの論理はいかなるものなのか、またいかなる仕方で音楽の協和《コンソナンティア》自身が認められるのかについては、以下でより明瞭に説明されるだろう。今のところは、先に提示された議論の理解は適度な信頼のもとに置かれるべきである。なぜなら各々の点は適切な論証によって明らかにされるからだ。

3　以上のように整理されたので、しばらくの間キタラの諸弦《ネルヴス》についてと、それらの名称について、いかなる仕方でそれらの弦が加えられ、またそれらの弦の名称の根拠はいかなるものなのかについて論ずることにしよう。なぜなら前述のことが理解《ノティティア》へと達せられたのだから、以下に続く知識《スキエンティア》を把握することは容易であろうからだ。

第20章　諸弦《コルダ》の追加とそれらの名称について

1　ニコマコス[50]が言及しているところによると、音楽は当初、四本の弦《ネルヴス》によって存していたほどに簡素なものであった。そしてこれはオルフェウス〔ギリシャ神話の登場人物で、アポロンとミューズの息子とされる〕に至るまでずっと続いており、第一の弦と第四の弦はオクターヴの協和《コンソナンティア》を響かせていた。他方で中間の弦はそれぞれ、両端の弦に対して4度と5度を響かせていた。これらの弦においては不協和なものは何もなく、これは宇宙の音楽《ムシカ・ムンダーナ》の模倣を目指していた。この宇宙の音楽は四大〔火、空気、水、土〕から構成されるものである。この四弦の考案者はメルクリウス〔マーキュリー。ギリシャ神話のヘルメスの変身あるいは同化とされる〕だと言われている。第五の弦はのちにリディア民族の王であったアテス〔Atys 紀元前九八九―九六三年に在位していたとされる、ローマ神話に登場する伝説上の王〕の息子トロエブス〔詳細不明〕が付け加えた。ここに第六の弦を置いたのがヒュアグニス・フリュクス〔Hyagnis Phryx 生没年不詳。フリギア王国の都市ケライイナイの伝説上の音楽家。ギリシャ人にアウロスを教えたとされる〕であった。そして第七の弦は、七つの天体との類似性にしたがって、レスボスのテルパンデル[51]によって付け加えられた。
2　そしてこれらの中でもっとも低い弦《コルダ》はヒュパテーと呼ばれるが、それはこの弦がより大きく、より尊重に値するからである。このためにユピテル〔ゼウス〕もヒュパテーと呼ばれている。また同様にローマの執政官もその威厳の卓越性ゆえに同じ名称で呼ばれている。またヒュパテーは、その動きの遅さと音の重さゆえに、土星にも付与されている。
3　パルヒュパテーは第二〔の弦〕であり、それはヒュパテーのすぐそばに置かれ、配されているからである[52]。
4　リカノスは第三〔の弦〕であるが、その理由はリカノスといわれるのは指のことであり、それはわれわれが人差し指と呼ぶ指のことである。ギリシャ人は「舐める」ことからリカノスと命名した。そして音楽が奏されるときには、ヒュパテーから三番目であるこの弦に対して人差し指、つまりリカノスが相当することが見いだされた。したがってこの弦にリカノスという名称が与えられた。
5　第四〔の弦〕はメーセーと呼ばれる。なぜなら七本の弦の間でつねに中間であるからだ。
6　第五〔の弦〕はパラメーセーである。それは中間のそばに置かれているという理由による[53]。

7　第七〔の弦〕はネーテーと呼ばれる。それは *νεάτη*、つまりもっとも下だからである。

8　ネーテーとパラメーセーの間に第六〔の弦〕があり、それはパラネーテーと呼ばれる。その理由は、それがネーテーのそばに置かれているからだ。

9　パラメーセーはネーテーから三番目であり、この弦はトリテーという語でも命名されている。配列は下のようになる[54]。

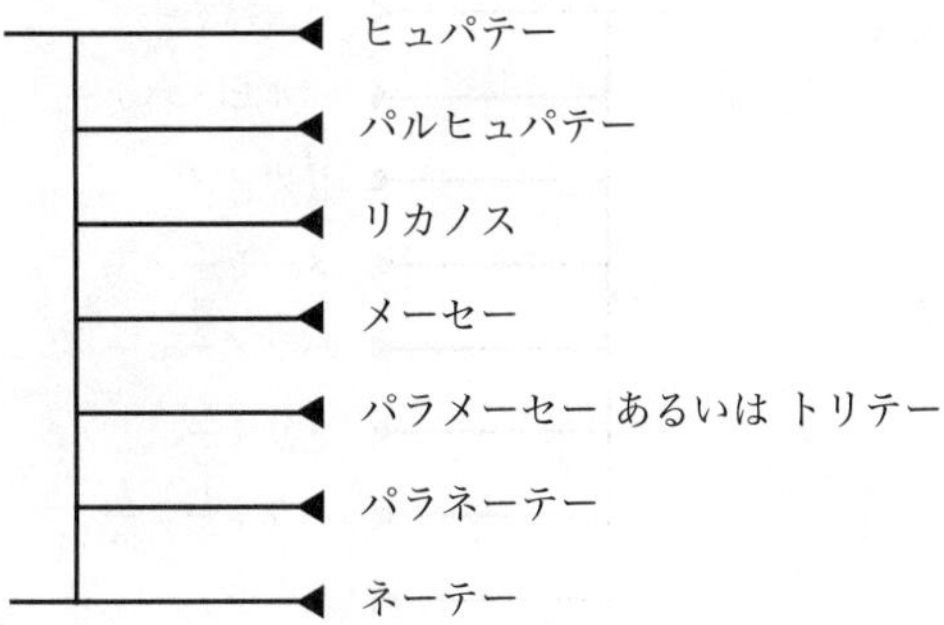

10　これら〔の弦〕にサミウス・リカオン〔Samius Lycaon 詳細不明〕は第八の弦を追加し、パラメーセー、つまりトリテーと、パラネーテーの間に中間の弦を適合させた。それはネーテーから第三番目になるようにであり、この中間の弦が置かれた後は、パラメーセーとだけ呼ばれた。トリテーという名称は、この弦とパラネーテーの間に弦が置かれた後には、失われた。この間の弦がトリテーという名称を引き継ぐのはふさわしいことである。こうしてリカオンの追加にしたがった八本弦《オクタコルド》は下のようになる。

11　これらの七本弦《ヘプタコルド》と八本弦《オクタコルド》の二つの配列において、七本弦はシュネムメノンと呼ばれる。つまり結合型である。八本弦はディエゼウグメノンと呼ばれる。つまり分離型である。七本弦においては一つの四本弦《テトラコルド》はヒュパテー、パルヒュパテー、リカノス、メーセーであり、もう一つの四本弦はメーセー、パラメーセー、パラネーテー、ネーテーである。これはわれわれがメーセーの弦を

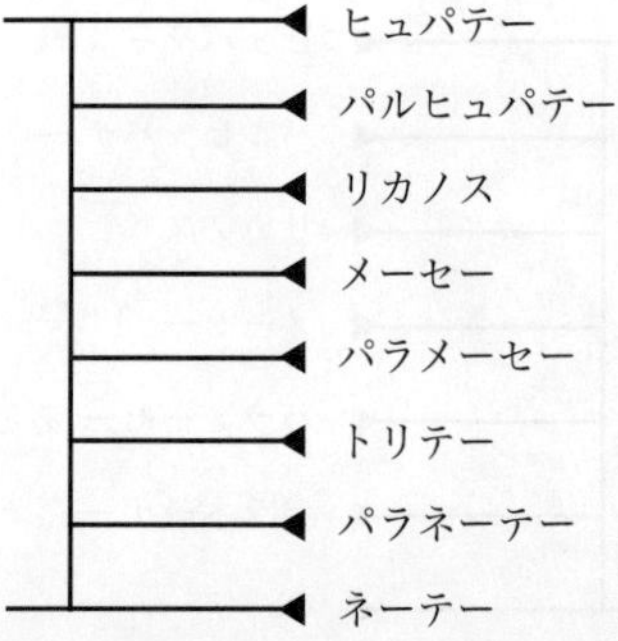

二回数えたときのことである。それゆえに二つの四本弦はメーセーによって連結されている。

12　八本弦《オクタコルド》においては弦が八本あるので、上のほうの四本、つまりヒュパテー、パルヒュパテー、リカノス、メーセーが一つの四本弦《テトラコルド》を満たしている。このことを基として、分離して欠けたところのない四本弦がパラメーセーから始まり、トリテー、パラネーテーを通じて前へ進み、ネーテーで終わる。ここには分離があり、それは διάζευξις（ディアゼウクシス）と呼ばれるものであり、メーセーとパラメーセーの間の隔たりは全音である。この状況においてはメーセーはただその名称を保持しているに過ぎない。メーセーは場において中間ではない。なぜなら八本弦においてはつねに二つの中間が見いだされるからであり、一つの中間が見られることは不可能だからである。

13　さらにピエリアのプロフラストゥス〔Prophrastus Periotes ピエリアはギリシャの、オリンポス山のそばの都市名。プロフラストゥスについては詳細不明〕が低音の部位に一本の弦を加え、全体として九本弦《エネアコルド》となるようにした。ヒュパテーを超えて追加されたものが、ヒュペルヒュパテーと命名された[55]。当初、キタラが九本の弦であった間は、ヒュペルヒュパテーと呼ばれていたが、しかしいまや、ほかの弦が追加されたので、この弦は低音域リカノス《ヒュパトン》といわれている。これは、現在の順序と配列において人差し指のところに相当するので、リカノスと呼ばれている。しかしこの点は後に明らかとなるであろう。ここで九本弦の順序は下のとおりである。

14　コロポンのヒスティアエウス〔Histiaeus Colophonius コロポンは古代ギリシャのリディア地方に紀元前一〇〇〇年ごろから存在したとさ

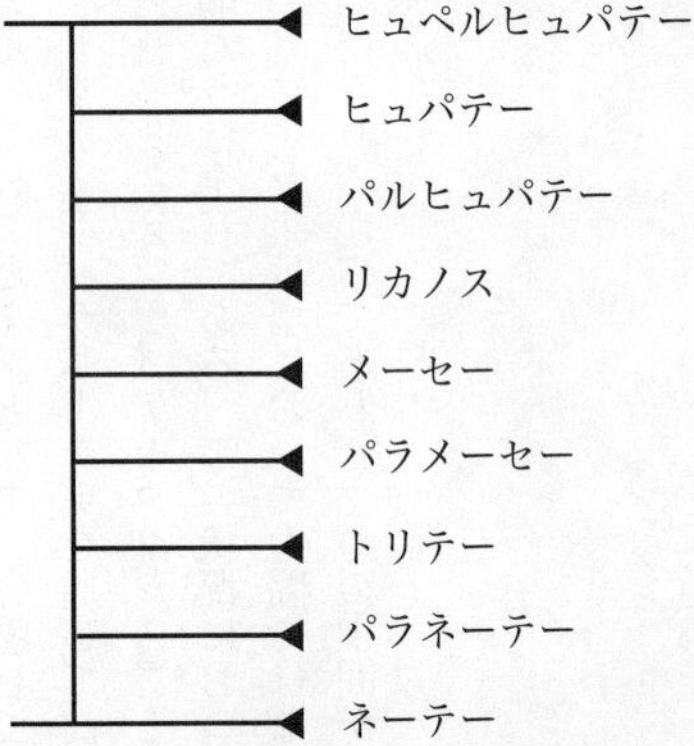

れる、イオニア同盟における十二の都市のうちの一つ。人物については詳細不明〕が低音の部位に第十〔の弦《コルダ》〕を、そしてミレトスのティモテオス[56]が第十一〔の弦〕を結び付けた。これらはヒュパテーとパルヒュパテーの上に追加され、低音域《ヒュパトン》ヒュパテーと呼ばれる。それは大いなるものの中の最大のもの、低いものの中のもっとも低いもの、卓越したものの中のもっとも卓越したものだからである。ただし十一の弦の中で第一のものが低音域ヒュパテーと、そして第二のものが低音域パルヒュパテーと呼ばれる。なぜなら低音域ヒュパテーのそばに置かれているからだ。以前は九本弦《エネアコルド》においてヒュペルヒュパテーと呼ばれていた第三の弦は、低音域リカノスと名付けられた。第四の弦は昔の名称であるヒュパテーを保持している。第五はパルヒュパテー、第六はリカノス、つまり昔の名前を有しており、第七はメーセー、第八はパラメーセー、第九はトリテー、第十はパラネーテー、第十一はネーテーである。

15　したがって一つの四本弦《テトラコルド》は低音域《ヒュパトン》ヒュパテー、低音域パルヒュパテー、低音域リカノス、ヒュパテーであり、もう一つの四本弦はヒュパテー、パルヒュパテー、リカノス、メーセーである。これらは結合《コンユンクト》された四本弦である。第三の四本弦はパラメーセー、トリテー、パラネーテー、ネーテーである。しかしながら、上のほうの四本弦、すなわち低音域ヒュパテー、低音域パルヒュパテー、低音域リカノス、ヒュパテーと、最下部のほうの四本弦、すなわちパラメーセー、トリテー、パラネーテー、ネーテーの間に、中間の場としての四本弦が作られる。それはすなわちヒュパテー、パルヒュパテー、リカノス、メーセーであり、この中間の四本弦全体は中音域《メソン》と呼ばれている。それは中間の諸弦から成っているからである。この追加に伴い、以下のように呼ばれる。中音域ヒュパテー、中音域パルヒュパテー、中音域リカノス、メーセー。この中間の四本弦と、下の四本弦の間には分離《ディスユンクティオ》がある。それはすなわちメーセーとパラメーセーの間である。下方にある分離の四本弦全体は分離域《ディエゼウグメノン》と呼ばれ、この追加に伴い、以下のとおりとなる。分離域パラメーセー、分離域トリテー、分離域パラネーテー、分離域ネーテー。配列は下のような様式となる。

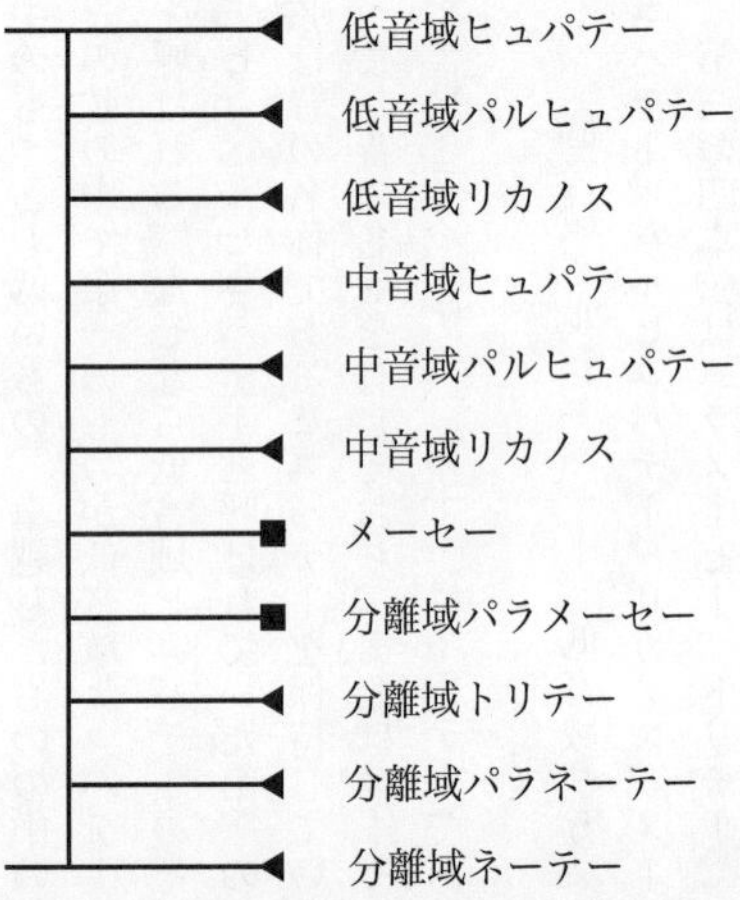

16 したがって、パラメーセーとメーセーの間のこの場所には分離《ディスユンクティオ》があり、それゆえにこれは分離型《ディエゼウグメノン》の四本弦《テトラコルド》と呼ばれる。もしパラメーセーが取り除かれ、メーセー、トリテー、パラネーテーがあるのであれば、三つの四本弦が結合され《コンユンクト》る、つまり結合型《シュネムメノン》とされる。そしていちばん端の四本弦は結合域《シュネムメノン》の四本弦と呼ばれる。それは下のとおりである。

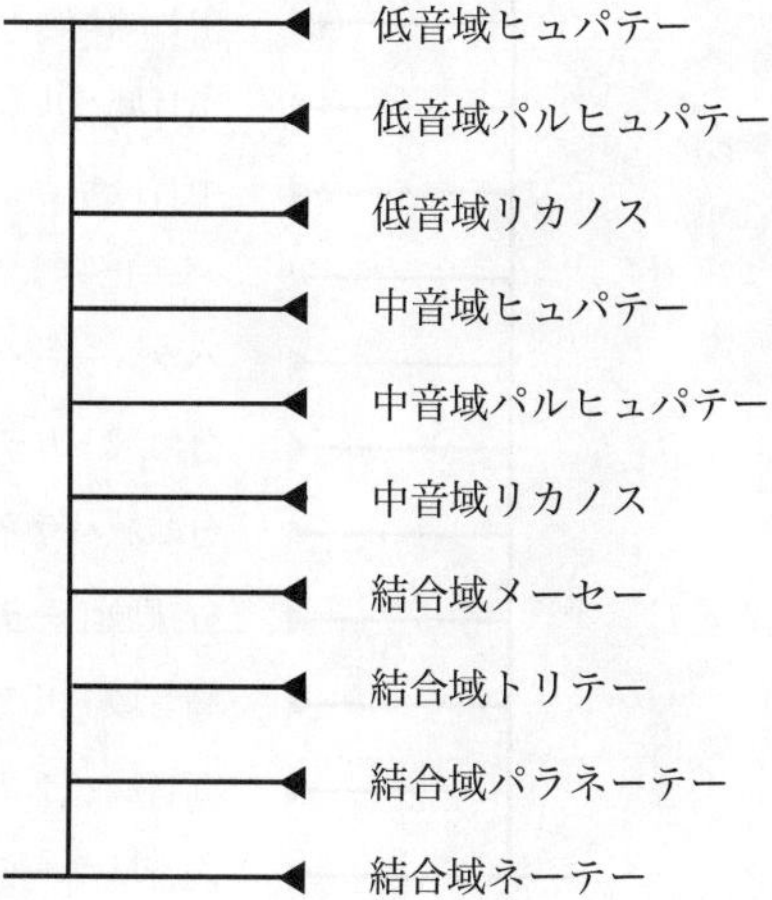

17　しかしながら、この配列と、あるいは前掲の十一弦の配置においては、メーセーというものは、中間に置かれていることにしたがってこのように呼ばれているものであるが、ネーテーにほど近いところにあり、そして反対側の端のヒュパテーからは遠く離れており、自らの場を占めてはいない。また別の一つの四本弦《テトラコルド》が分離域《ディエゼウグメノン》ネーテーの高いほうに結合されている。この四本弦は上に置かれたネーテーを先端として超えているので、その全体が高音域《ヒュペルボレオン》と呼ばれている。それは下のとお

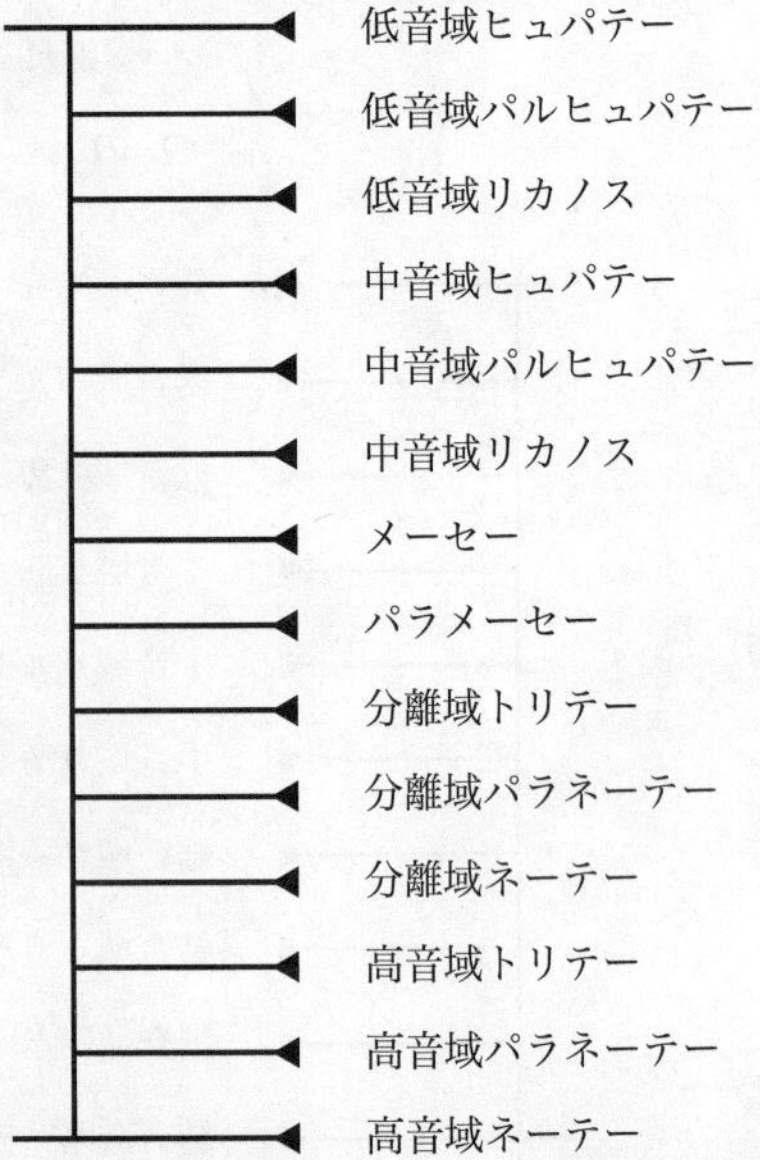

りである。

18　しかしながら、他方でメーセーは場所として中間ではなく、ヒュパテーのほうにより接近していたので、それゆえに低音域《ヒュパトン》ヒュパテーの上に一本の弦が追加された。それはプロスラムバノメノスと呼ばれる。——これをプロスメロドスと呼ぶ者たちもいる。そして低音域ヒュパテーから全音隔たっている。まさにこのプロスラムバノメノスはメーセーから八番目であり、メーセーとオクターヴの響和《シンフォニア》を響かせる。さらに、低音域リカノス、すなわち第四番目に対しては4度を響かせる。また低音域リカノスはメーセー、すなわちそれは第五番目であるが、これに対しては5度の響和を響かせる。他方でメーセーはパラメーセーから全音隔たっており、同じこのメーセーは第五番目の分離域《ディエゼウグメノン》ネーテーに対して5度の協和《コンソナンティア》を成す。分離域ネーテーは第四番目の

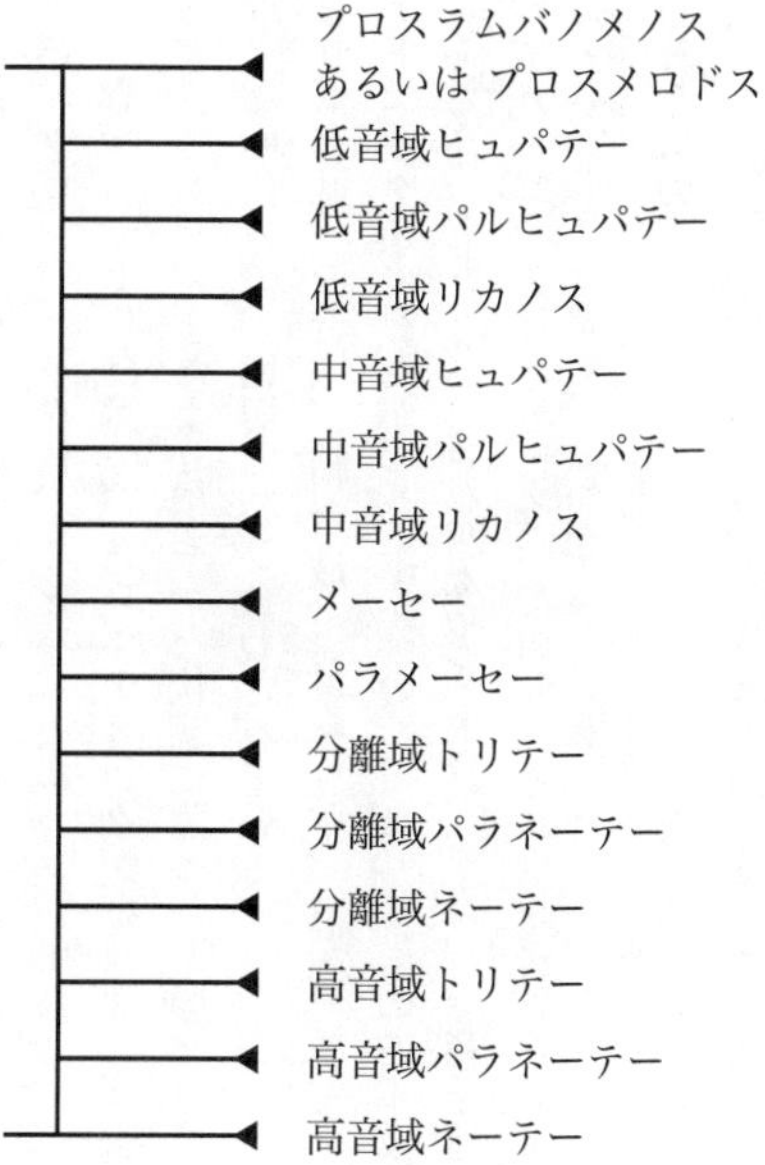

高音域《ヒュペルボレオン》ネーテーに対して4度の協和を成す。プロスラムバノメノスは高音域ネーテーに対しては2オクターヴの協和を生み出す。

第21章　歌謡《カンティレナ》の類《ゲヌス》について

1　以上のように検討されたので、旋律《メロス》の類《ゲヌス》について言及されるべきである。さて旋律は三つである。すなわちディアトニック類、クロマティック類、エンハルモニック類である。ディアトニック類はわずかにより張りがありかつより自然で、クロマティック類は自然な緊張状態からはあたかも遠ざかっているようであり、またより穏やかな状態に陥ったかのようである。エンハルモニック類はこれ以上ない仕方で、適切に結び合わされている。

2　五つの四本弦《テトラコルド》があるとき、つまり低音域《ヒュパトン》、中音域《メソン》、結合域《シュネムメノン》、分離域《ディエゼウグメノン》、高音域《ヒュペルボレオン》であるが、これらすべてにおいてディアトニック類にしたがった歌謡《カンティレナ》の音《ヴォクス》は、一つの四本弦において半音、全音、全音を通じて連なり、また再び別の四本弦で半音、全音、全音を通じ、次に続いていく。それゆえにディアトニックと言われるのであり、それは全音、そして全音を通じてさらに進んでいくからである[57]。

3　クロマティックは〝色〟と言われるものだが、これは前述の〔類の〕あり方からの最初の変化《ムタティオ》だからであり、半音、半音、そして三つの半音を通じて歌われる。というのも4度の協和《コンソナンティア》の全体は二つの全音と一つの半音からなるからであるが、しかしその半音は十全なものではない。クロマティックと呼ばれるこの名称が引き合いに出されたのは、変化が及ぼされたときに他の色に変わる肌の色からである。

4　エンハルモニックというのはさらにより密集して結合させられたものであり、それはすべての四本弦《テトラコルド》においてディエシス、ディエシス、そして二つの全音を通じて歌われる。ディエシスというのは半音の半分である。

5　すべての四本弦《テトラコルド》に通じるこれら三つの類《ゲヌス》の配列は次のように展開する。

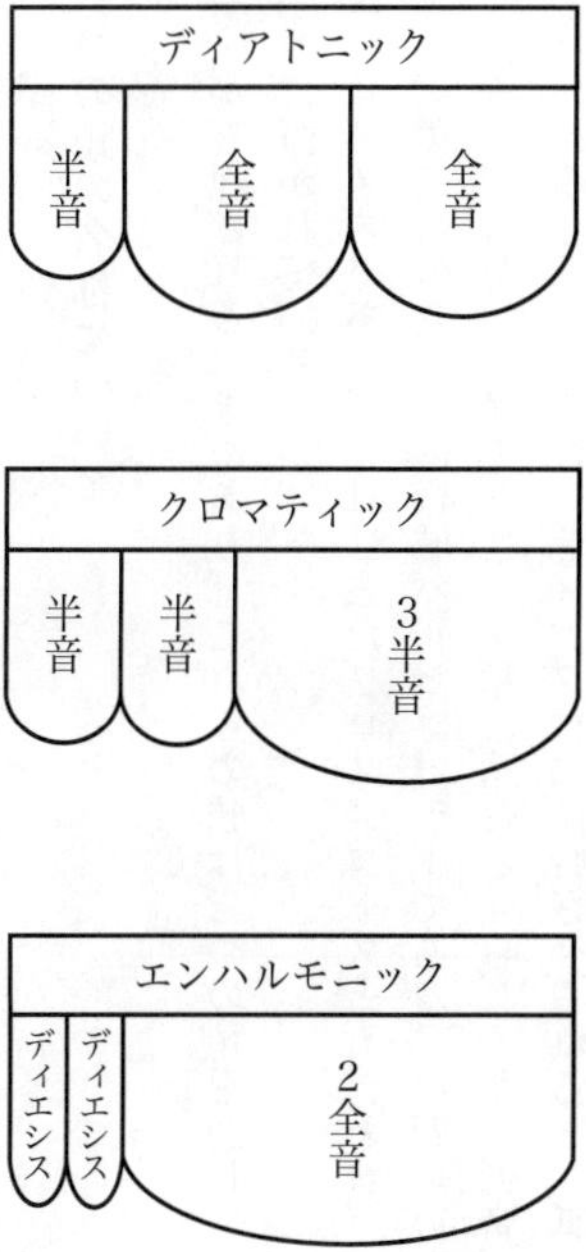

第22章　諸弦《コルダ》の順序と三つの類《ゲヌス》の名称について

1　さていまやすべての弦《コルダ》の順序が整理されるべきであり、これらの弦は三つの類《ゲヌス》を通じて変化するか、あるいは不変の順序に置かれている。

2　第一〔の弦《コルダ》〕はプロスラムバノメノスであり、これはまたプロスメロドスとも言われ、第二〔の弦〕は低音域ヒュパテー《ヒュパトン》、第三〔の弦〕は低音域パルヒュパテーである。第四〔の弦〕は普遍的にリカノスと呼ばれるが、しかしディアトニック類に適合させられると、低音域ディアトニック・リカノスと言われる。そしてクロマティック類に適合させられると〔低音域〕クロマティック・ディアトニック〔・リカノス〕[58]あるいは低音域クロマティック・リカノスと言われる。さらにエンハルモニック類に適合させられると、エンハルモニック低音域リカノスあるいは低音域エンハルモニック・ディアトニック〔・リカノス〕と言われる。

3　この次に続く〔弦《コルダ》〕は中音域《メソン》ヒュパテーと呼ばれ、その次は中音域パルヒュパテー、そしてその次は中音域リカノスであるが、これはディアトニック類においては単に中音域ディアトニック〔・リカノス〕であり、クロマティック類においては中音域クロマティック・リカノス、あるいは中音域クロマティック・ディアトニック〔・リカノス〕であり、エンハルモニック類においては中音域エンハルモニック・ディアトニック〔・リカノス〕あるいは中音域エンハルモニック・リカノスである。

4　これらの後にメーセーが続く。

5　この次には二つの四本弦《テトラコルド》があり、一つは結合型《シュネムメノン》、もう一つは分離型《ディエゼウグメノン》である。結合型というのはメーセーの後に置かれるものであり、つまりまず結合域《シュネムメノン》トリテーがあり、その後に結合域リカノスがある。これはディアトニック類においては結合域ディアトニック〔・リカノス〕であり、クロマティック類においてはあるいは結合域クロマティック・ディアトニック〔・リカノス〕か、あるいは結合域クロマティック・リカノスであり、エンハルモニック類においてはあるいは結合域エンハルモニック・ディアトニック〔・リカノス〕か、あるいは結合域エンハルモニック・リカノスである。この後に結合域ネーテーが続く。

6　もしメーセーの弦に結合型四本弦《シュネムメノンテトラコルド》ではなく、分離型《ディエゼウグメノン》四本弦が加えられたのであれば、メーセーの後にはパラメーセーがある。そこから分離域《ディエゼウグメノン》トリテー、そして分離域リカノスが続くが、これはディアトニック類においては分離域ディアトニック〔・リカノス〕であり、クロマティック類においてはあるときは分離域クロマティック・ディアトニック〔・リカノス〕であり、またあるときは分離域クロマティック・リカノスであり、エンハルモニック類においてはあるときは分離域エンハルモニック・ディアトニック〔・リカノス〕であり、あるときは分離域エンハルモニック・リカノスである。またこの同じ弦〔リカノス〕はパラネーテーとも呼ばれ、これにディアトニック、クロマティック、エンハルモニックが付加される。

7　この上には分離域《ディエゼウグメノン》ネーテー、高音域《ヒュペルボレオン》トリテー、そして高音域パラネーテーが続く。これはディアトニック類においては高音域ディアトニック〔・パラネーテー〕であり、クロマティック類においては高音域クロマティック〔・パラネーテー〕であり、エンハルモニック類においては高音域エンハルモニック〔・パラネーテー〕である。これらの弦《コルダ》〔音〕の中で最後のものは高音域ネーテーである。

8　配列は次のとおりであり、それはここで三つの類《ゲヌス》が含められているとおりである。ここにおいて、あなたはこれらの名称の類似と差異に注意を払うだろう。もしすべての種類において同じ弦《ネルヴス》が、異なる弦と共に数え上げられたら、それは総じて全部で28になるだろう[59]。そのことは次の〔次頁の〕配列が示している。

第23章　それぞれの類《ゲヌス》における諸音《ヴォクス》にはいかなる比《プロポルティオ》があるのか

1　このような仕方で、類《ゲヌス》の諸特性においてそれぞれの四本弦《テトラコルド》にわたって分割が成される。ディアトニック類のすべての五つの四本弦は〔それぞれ〕二つの全音と一つの半音で分割される。そしてこの類における全音は「非合成の」全音と呼ばれる。なぜならこの全音は損な

ディアトニック類		クロマティック類		エンハルモニック類	
プロスラムバノメノス		プロスラムバノメノス		プロスラムバノメノス	
低音域	ヒュパテー	低音域	ヒュパテー	低音域	ヒュパテー
	パルヒュパテー		パルヒュパテー		パルヒュパテー
	ディアトニック・リカノス		クロマティック・リカノス		エンハルモニック・リカノス
中音域	ヒュパテー	中音域	ヒュパテー	中音域	ヒュパテー
	パルヒュパテー		パルヒュパテー		パルヒュパテー
	ディアトニック・リカノス		クロマティック・リカノス		エンハルモニック・リカノス
メーセー		メーセー		メーセー	
結合域	トリテー	結合域	トリテー	結合域	トリテー
	ディアトニック・パラネーテー		クロマティック・パラネーテー		エンハルモニック・パラネーテー
	ネーテー		ネーテー		ネーテー
パラメーセー		パラメーセー		パラメーセー	
分離域	トリテー	分離域	トリテー	分離域	トリテー
	ディアトニック・パラネーテー		クロマティック・パラネーテー		エンハルモニック・パラネーテー
	ネーテー		ネーテー		ネーテー
高音域	トリテー	高音域	トリテー	高音域	トリテー
	ディアトニック・パラネーテー		クロマティック・パラネーテー		エンハルモニック・パラネーテー
	ネーテー		ネーテー		ネーテー

われていない状態で置かれ、なんらかの他の音程《インテルヴァルム》がこれに結び付けられるということはなく、これらの損なわれていない全音はそれぞれの音程の中にある。

2　クロマティック類《ゲヌス》において分割は、半音、半音、そして「非合成の」三つの半音によって定められる。この三つの半音を「非合成」とわれわれが呼ぶのは、これが一つの音程《インテルヴァルム》の中に置かれているからだ。したがってこの三つの半音をディアトニック類における一つの半音と一つの全音と呼ぶことは可能だが、これは非合成のものではない。なぜなら後者は二つの音程によって形成されているからである。

3　エンハルモニック類《ゲヌス》においても同じことである。この類はディエシス、ディエシス、そして「非合成の」二つの全音から成る。これをわれわれは右と同じ理由で「非合成」と呼ぶ。なぜなら〔これら二つの全音は〕一つの音程《インテルヴァルム》の中に置かれているからだ。

第24章　シナフェとは何か

1　さてこのように配置され、構成された四本弦《テトラコルド》にシナフェがある。これはラテン語の語義では〝結合〟ということのできるものであるが、一方の端である中央が二つの四本弦を続け、結び付けているたびごとにあるものである。それは次の四本弦の中のようなものである。

2　一つの四本弦《テトラコルド》はヒュパテー、パルヒュパテー、リカノス、中音域《メソン》ヒュパテーである。もう一つの四本弦は中音域ヒュパテー、中音域パルヒュパテー、中音域リカノス、メーセーである。これらの双方において中音域ヒュパテーが数え上げられている。上部の四本弦においてはもっとも高く、下部の四本弦においてはもっとも低いものである。そしてこの結合は同じ一つの弦によってなされる。それはつまり、前述の配列において、二つの四本弦を結び付けているのと同じ中音域ヒュパテーが低音域《ヒュパトン》と中音域の四本弦を繫いでいる、ということである。これがシナフェであり、これが結合《コンユンクティオ》と呼ばれるものであり、二つの四本弦の中間の音《ヴォクス》であり、上部の四本弦の最高音、下部の四本弦の最低音である。

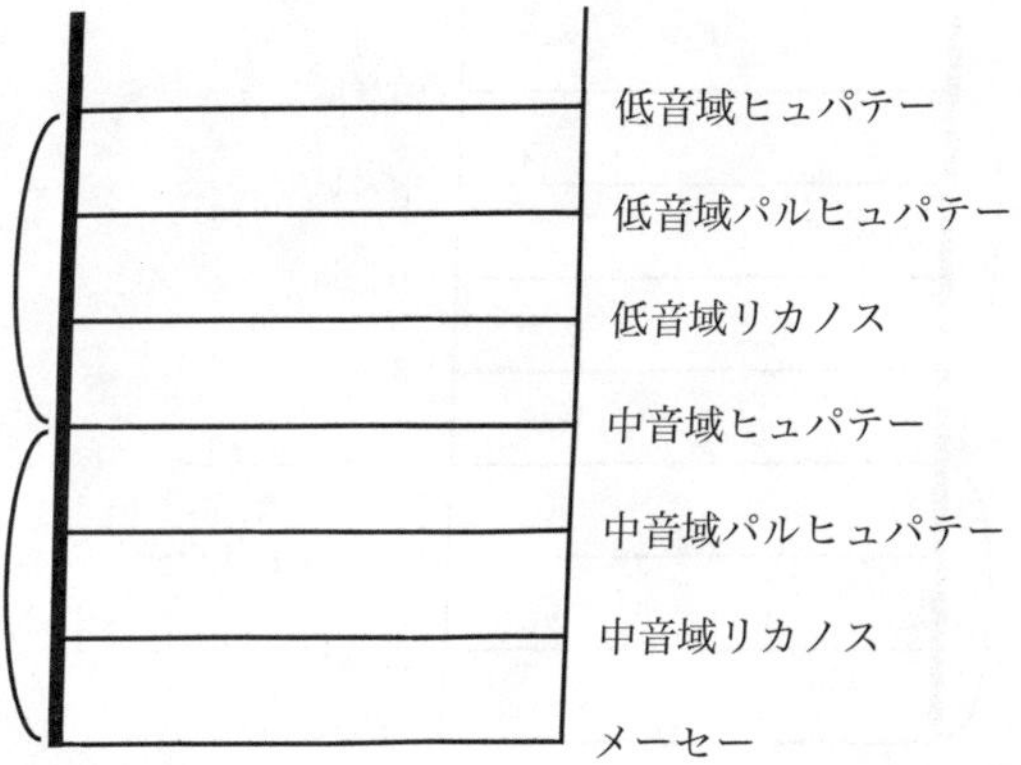

第25章　ディエゼウグメノンとは何か

1　ディエゼウグメノンと呼ばれるのは、分離と呼ばれうるものであり、全音が介在することによる中間によって二つの四本弦《テトラコルド》が分離させられているたびに生じるものである。それは下の二つの四本弦に見られるようなものである。

2　二つの四本弦《テトラコルド》があることは目に見えて明らかであり、それゆえに八本の弦《コルダ》がある。そしてディエゼウグメノン、つまり分離が、メーセーとパラメーセーの間にある。それらの間では損なわれていない完全な全音の差の隔たりがある。

3　この点については、以下での考察が個々の説明しなければならない点をより詳細に付け加える際に、より明瞭に述べられるだろう。しかしながらより入念に注視する者にとっては四本弦《テトラコルド》は五つ

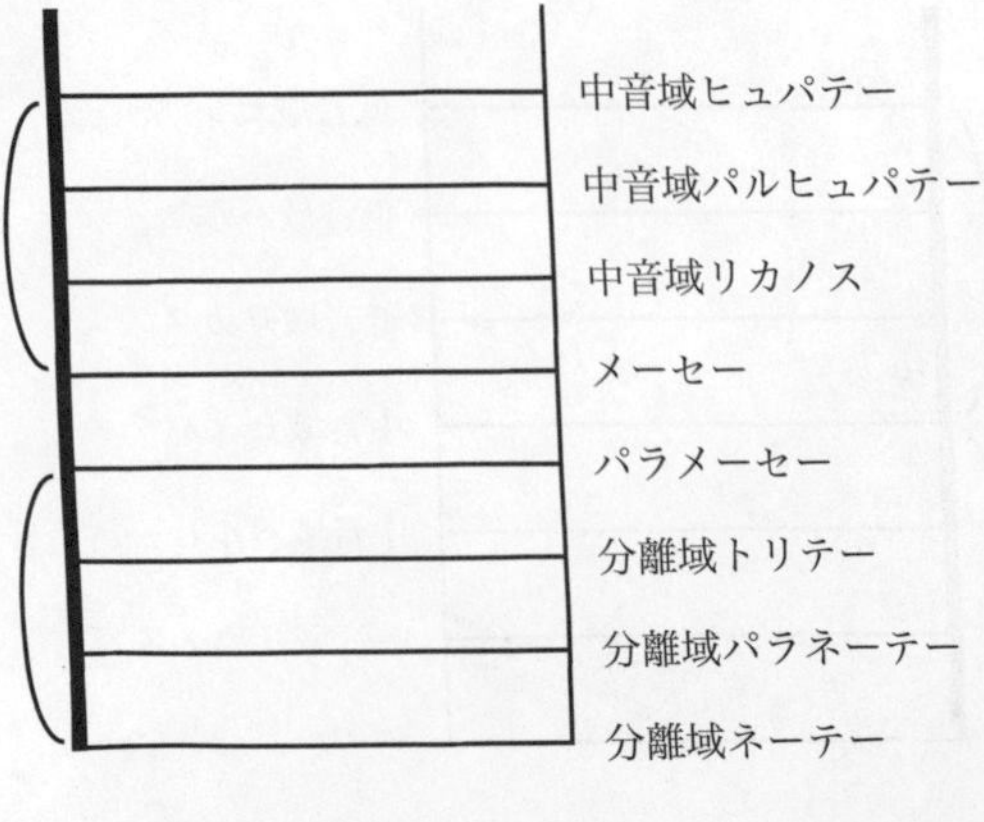

であって、それ以上ではないことが見受けられる。それは低音域《ヒュパトン》、中音域《メソン》、結合域《シュネムメノン》、分離域《ディエゼウグメノン》、高音域《ヒュペルボレオン》である。

第26章　アルビヌスはいかなる名称で諸弦《ネルヴス》を呼んだか

1　ア[illegible]は諸弦《ネルヴス》の名称をラテン語の言い回しで以下のように翻訳した。すなわち[illegible]弦を「主要弦 principais」と呼び、中音域《メソン》の弦を「中間弦 media」、結合域《シュネムメノン》の弦を「結合弦 conjuncta」、分離域《ディエゼウグメノン》の弦を「分離弦 disjuncta」、高音域《ヒュペルボレオン》の弦を「高音弦 excellens」と呼んだ。しかし、われわれは他者の作品に関わりあうべきではない。

第27章　いかなる弦《ネルヴス》がいかなる天体と対照されているか

1　前述の四本弦《テトラコルド》に関しては以下のように付け加えられるべきことが見受けられる。すなわち、中音域《メソン》ヒュパテーからネーテーに至るまでの間には、天体の並びと区分のある種の原型があるということである。というのも、中音域ヒュパテーには土星が割り当てられ、パルヒュパテーは木星の軌道に酷似している。中音域リカノスには火星があてがわれる。太陽はメーセーの場を占めている。結合域《シュネムメノン》トリテーを有しているのは金星であり、結合域パラネーテーを統治するのは水星である。ネーテーは月の軌道の原型を保持する。

2　しかしながらマルクス・トゥリウス〔・キケロ、参照：〔本書1・1・18〕〕は反対の並びを提示している。というのも『国家について』の第六巻にはこうある。「片方の端からは低く、もう片方の端からは高く響くように自然は促した。こうした理由から一番高い天空の、星を有する運行は、その回転はよりすばやいものであるが、高く強烈な音によって動かされるものである。他方月やもっとも低い運行はもっとも低い音によって動かされる。他方で不動のままに留まる第九番目の地球はつねに一つの座を占め続けている[61]。」したがって彼〔キケロ〕は地球をあたかも静寂、つまり不動のものとしてみなしている。その後に静寂にもっとも近いものとして、月にいちばん低い音を与え、月はプロスラムバノメノスということになり、水星が低音域《ヒュパトン》ヒュパテーである。金星は低音域パルヒュパテーであり、太陽は音域リカノス、火星が中音域《メソン》ヒュパテー、木星が中音域パルヒュパテー、土星が中音域リ

3　これらの天空／天蓋がメーセーである。[illegible]なものはどれか、あるいは全体として動くものはどれか、あるいは不動と動くものとの間にあるものは何かについては、モノコルドの分割の規範について考察する際に、その説明のためのより適した場があるであろう[62]。

第28章　協和《コンソナンティア》の本性はいかなるものか

1　協和《コンソナンティア》を決めるのは聴覚《アウリス》の感覚《センスス》に許されていることであるが、しかし理性《ラティオ》がそれを慎重に吟味する。二本の弦《ネルヴス》があり、そのうちの一本がより低くなるように引っ張られ、そして同時に打ち鳴らすと、それらはいくぶん混成され、快い音《ソヌス》を生み出す。それは二つの声《ヴォクス》が一つに、あたかも結び合わされたもののように、合体する。このとき生じるのが協和と言われるものである。しかしながら、同時に打ち鳴らされることによって、各々が自らの道を進むことを欲し、聴覚に対して快い音を生み出さず、また二つの音から一つの合成された音を結び付けて生み出さないとき、このときに生じるのが不協和《ディソナンティア》と言われるものである。

第29章　いかなる場で協和《コンソナンティア》は見いだされるか

1　高さと低さのこれらの比較において、互いに計量可能とされる協和《コンソナンティア》が明らかにされるべきである。すなわちすでに知られている共通の尺度を有することのできるような協和のことである。〈多倍比〉においては、2と4の間のように、二つの項の間にある差が二倍となっている際には、双方が〈二なるもの binarius〉で測られる〔割られる〕。2と6の間には三倍があるが、双方が〈二なるもの〉で測られる。9と8の間には同じ〈単位一 unitas〉があり、これによって双方が測られる。

2　他方、〈単部分超過比〉においては、もし4と6のような〈2の単部分超過比〉があるとすると、ここには〈二なるもの〉があり、これが双方において切り取られ、これが双方の差である。もし8と6が対比されるような〈3の単部分超過比〉があるなら、同じ〈二なるもの〉が双方を切り取る。

3　このことは不均等性《イナエクウアリタス》の他の類《ゲヌス》には生じない。それは〈複部分超過比〉におけるようなものであり、この点についてはすでにわれわれは言及した[63]。というのも、もしわれわれが5と3を対比するのであれば、それらの差である2はそのどちらも測らない〔割らない〕。2が一度3と対比されると、それは3より小さく、2の二倍は3を超える。2の二倍が5と対比されると、それは5より小さく、2の三倍は5を上回る。こうした理由からこの類の不均等性は協和《コンソナンティア》の本性からは区別される最初のものである。

4　さらに以下の点がある。協和《コンソナンティア》を形成するものにおいては多くの共通点がある。他方それら以外においては共通点はほとんどない。このことは以下のように証明される。例えば、二倍というのはある一つの数に2をかけたものに他ならず、三倍というのはある一つの数に3をかけたものに他ならず、四倍というのはつまりある一つの数に4をかけたものに他ならない。〈2の単部分超過比〉とは半分の二倍〔と半分〕に他ならず、〈3の単部分超過比〉とは⅓の三倍〔と⅓〕に他ならない。こうしたことが不均等性《イナエクゥアリタス》の他の種類において見いだされることはまったく簡単なことではない[64]。

第30章　プラトンはいかなる仕方で協和《コンソナンティア》は生じると言ったか

1　プラトンは協和《コンソナンティア》が耳でなされるのは以下のような仕方であると言っている[65]。彼が探求したところによれば、必然的により速い音《ソヌス》がより高い音ということになる。このより高い音は低い音に対して先行し、耳にすばやく入り込む。そしてその耳の骨組みの端の部分に衝突すると、その衝撃はあたかも反復運動のように繰り返し生じる。しかし、もはやより遅くなってしまい、そして最初の衝突によって放たれたほどには速くない音は動きが鈍くなり、その結果その各々がより低くなる。したがってより低くなって戻っていく音は、こちらに向かってくるもともと低かった音によってその低い音と同じようになり、その低い音と混ざり合い、そしてプラトンが断言したように、一つの協和を作り出す。

第31章　プラトンに反してニコマコスはどのように考えたか

1　しかしニコマコス〔「解題」三八頁参照〕は右で述べられたことを真実だと判断せず、

類似したものが協和《コンソナンティア》であるのではなく、むしろ類似しないものが同じ一つの一致《コンコルディア》に入っていくのが協和なのだと考えた。実際、もし低さ〔低い音〕が低さ〔低い音〕と混ぜ合わされたとしても、いかなる協和も生み出されない。なぜならこの鳴り響く一致というものは、類似性ではなく、非類似性が生み出すからである。この非類似性は、各々の音《ヴォクス》の中で互いに隔たっているとしても、混ぜ合わされることで結合させせられるものである。

2 むしろ以下のことが協和《コンソナンティア》を成すものだとニコマコスは考えた。彼が探求したことによれば、諸音《ヴォクス》の単純な動きを放つのはただ一つの拍動《プルスス》ではなく、一度打ち鳴らされた弦《ネルヴス》が何度も空気を打ち、多数の音《ヴォクス》を生み出す。しかしこの打ち鳴らす速さは、ある音《ソヌス》が別の音を包含してしまうほどのものなので、その違いが感じられず、あたかも一つの音《ヴォクス》が耳に達するかのようである。したがって、低い諸音《ソヌス》の打撃《ペルクッシオ》が高い諸音の打撃によって、われわれが既に言及したように、諸比《プロポルティオ》におけるように、計量可能なのであれば、以下の点に疑いはない。すなわち、この計量可能性自体が互いに混合しあって、諸音《ヴォクス》の一つの協和を生み出すのである。

第32章　いかなる協和《コンソナンティア》が利点において勝るものであるか

1 協和《コンソナンティア》についてわれわれが言及したすべてのことの間では判断力が保持されるべきで

ある。それは耳においてと同様に、理性においてもであり、それらのうちのいずれがより良いものであるかがしかるべく判断されるべきである。というのも耳が諸音《ソヌス》によって、あるいは目が視界によって影響を与えられるのは、精神《アニムス》の判断力が数《ヌメルス》と連続する量《クウァンティタス》によって影響を受けるのと同じ仕方であるからだ。なぜなら、数あるいは線によって提示されたのであれば、目や精神によってその二倍のものを見分けることよりも簡単なことはないからだ。

2　同じように、二倍の後には½の判断力が続き、½の後には三倍が、三倍の後には⅓が続く。同じ理由によれば、二倍の描写というのはより簡単なものであるから、ニコマコスはオクターヴの協和《コンソナンティア》を最上のものと判断した。そしてその後には5度であるが、これは½を保持している。その後はオクターヴ＋5度であり、これは三倍を保持している。他のものをニコマコスは同じ仕方と方法で判断した。プトレマイオスの判断の仕方は同じではない。そのすべての見解は後段で説明しよう[66]。

第33章　以上で述べられたことはいかなる仕方で理解されるべきか

1　これからより詳細に検討されるべきすべてのことに、いまわれわれは短くかいつまんで注意を払うことにしよう。それは当面の間、いわば表面的に、これらのことが読者の精神《アニムス》に慣れるようにするためにであり、その精神は以下の考察によって学問《スキエンティア》のより内部へと沈潜していくだろう。

2　こうしたことはピュタゴラス派の人々の慣習にあったことである。すなわち、師ピュタゴラスによって語られたことで、その理由を追求しようとあえてする者はその後いなかった。そうではなく、教義の説明こそが彼らにとっては権威だったのである。こうしたことは、より確固とした教義によって補強された学習者の精神《アニムス》が、教師がいない状態において同じ事柄の説明を見いだすまで続いた。

3　このようにしていまやわれわれは、われわれが差し出すものを読者の信頼にゆだねる。その結果、オクターヴは〈二倍比〉に、5度は〈2の単部分超過比〉に、4度は〈3の単部分超過比〉に、オクターヴ＋5度は〈三倍比〉に、2オクターヴは〈四倍比〉に存することが判断されるだろう。以下ではより詳細に協和《コンソナンティア》の理論と、音楽の協和が数え上げられるのは耳のいかなる仕方によってであるのか、またいかなる判断力によってであるのかが説明されるだろう。そして右で述べられた他のすべてのことはより十全な考察が詳細に吟味するだろう。それは例えば、〈8の単部分超過比〉は全音を生み出し、そしてそれを二つの均等な部分に分けることはできないといったことであり、それはまさに同じ種類の比《プロポルティオ》、つまり〈単部分超過比〉のどれもがそうであるということである。さらには4度の協和は二つの全音と一つの半音から成ること。半音には二つあり、大半音と小半音であること。他方5度は三つの全音と一つの小半音を含むこと。またオクターヴは五つの全音と二つの小半音によって満たされ、なんらかの仕方で六つの全音に達するということはないこと。これらすべてのことを私は以下で数《ヌメルス》の論理《ラティオ》によって、また聴覚《アウリス》の判断力によって確認しよう。これらの点についてはここまでとする。

第34章　音楽家《ムシクス》とは誰か

1　さて、いまや以下のことが吟味されるべきだが、すべての技芸《アルス》とすべての学識《ディスシプリナ》は、当然のことながら、職人の手と努力によって実行される巧みな技術よりも尊敬に値する理由を有している。というのも、他の誰かが作り出しているものを知ることは、その他の誰かが知っていることを自分が生み出すことよりも、はるかに重要で大きなことだからである。そして実際、身体上の技術というのはあたかも奴隷のように仕えるものであり、他方理性《ラティオ》はあたかも女主人のように統治する。もし手が、理性が是認することにしたがって成し遂げないのであれば、それは無益であろう。

2　したがって音楽の学問《スキエンティア》は、成し遂げられた作品や実技よりも、理性《ラティオ》の認知においてのほうが大いに光り輝いているのである！　それはつまり、知性《メンス》が身体《コルプス》を上回っているのと同じである。したがって理性に関わりを有さない者は隷属状態で時を過ごす。他方理性は支配力を有し、正しいほうへと導く。理性の指示に従わないのであれば、理性と関わりを有さない作品は衰退する。
3　以上のことから以下のようになる。すなわち、理性《ラティオ》の考察は制作の行動を欠いて窮するということはなく、手による作品は、もし理性によって導かれないのであれば、無価値であるということである。
4　今ではすでに、理性《ラティオ》の栄光と功績がいかなるものかということは、他の者たち、つまり身体上の巧みな職人たちと言われる者たちが教説からではなく、むしろ諸楽器自身から名称を選択したという事実から理解することが可能である。例えば「キタラ」から「キタラ奏者」が、「葦笛」から「葦笛の伴奏で歌う歌手」などであり[67]、他の者たちも自らの楽器の名称によって名付けられている。他方で音楽家《ムシクス》というのは、理性で考察することによって音の鳴り響きの学問《スキエンティア》を、努力の隷属状態を通じてではなく、考察の支配力を通じて手にする者のことである。われわれはこの点をまさに建築と軍事の業績に見るが、ここでは名称は正反対の命名になっている。例えば、建造物に記名されたり、また勝利が名付けられるのは、それらを打ち立てた理性と支配力を有する者たちの名によってであり、それらが成し遂げられた努力と隷属状態を差し出した者の名前ではない。
5　したがって、音楽の技芸《アルス》に携わる者たちには三つのグループがある。一つは楽器によって表現する者たち、もう一つは歌《カルメン》をつくる者たち、最後は楽器と歌の業績を判断する者たちである。

6　しかしキタラ奏者や、オルガンや他の楽器によって巧みな技芸《アルス》を証明しようとするような、諸楽器に身を置き、そこですべての努力を費やす者たちは、音楽の学問《スキエンティア》の理解からは切り離される。なぜならそれらの者たちは、先述のとおり、隷属状態で使われるからである。それらの者たちの誰も理性《ラティオ》を役立てず、概して考察とは関わりを持たない。

7　音楽に携わる者たちの第二の者たちは詩人たちのグループである。このグループは考察《スペキュラティオ》や理性《ラティオ》によってというよりも、自然に備わったある種の本能によって歌《カルメン》へと導かれている。したがってこのグループも音楽からは切り離されている。

8　第三のグループは判断する知識《ペリティア》を手にする者たちである。それはリズムと歌謡《カンティレナ》を、そして歌《カルメン》の全体を熟考することができるようにするためである。なぜならこのグループ全体が理性《ラティオ》と考察《スペキュラティオ》に根付いており、このことが音楽的であるとみなされるのは正当なことである。これが音楽家《ムシクス》であり、この者にこそ、音楽に運命づけられ、音楽に適した考察と理性に沿った能力がある。その能力とは音の並びとリズムの音楽上の一致《コンヴェニエンティア》について、歌謡の類《ゲヌス》について、〔諸音の〕混合《モドゥス》について、以下で説明されることすべてについて、そして詩人たちの歌について判断する能力のことである。

［第二巻］

第1章　導入

1　右の第一巻はすべてのことを分類して述べたものだが、以下ではそれらのことを詳細に提示しようと思う。個別の諸理論《ラティオ》によって徹底的に享受されるべきことがらの恩恵に与《あずか》る前に、私は多少のことを前もって言っておきたい。その多少のことによって、より多くの苦労を重ねた読者の精神《アニムス》が、これから述べられるべきことに対して受け入れられるような状態に達するであろう。

第2章　ピュタゴラスは哲学とは何であると規定したか

1　すべての者たちの中で英知の学問を哲学と呼んだのはピュタゴラスが最初であった。つまり彼は適切かつ正当に、「存在すること esse」と呼ばれるものを、哲学の主題の知識《ノティティア》と学説《ディスシプリナ》と定めていた。

2　「存在する」とピュタゴラスがみなしていたのは、伸長によって増加せず、縮小によって減少せず、なんらかの偶然によって変化させられることのないものである。そうしたものとは〈形相 forma〉〈大きさ magnitudo〉〈質 qualitas〉〈状態 habitudo〉であり、また他の、それ自体を通じて観察されて不変のものである。これらのものは物質と結び付くと変化を被り、変わりやすい諸物との密接な関係によってさまざまに変化しやすい多様性とみなされるようになる。

第3章　〈量《クゥアンティタス》〉の違いについて、そしてどの学説に何が割り当てられているか

1　ピュタゴラスによればすべての〈量 quantitas〉はあるいは連続しているか、あるいは隔てられているかである。連続しているものは〈大きさ magnitudo〉と呼ばれ、隔てられているものは〈多数 multitudo〉と呼ばれる。

2　これらの特性はさまざまであり、ほとんど正反対でさえある。〈多数《ムルティチュド》〉は有限の〈量《クゥアンティタス》〉から始まり、無限に増大してさらに進む。それゆえにこの増大に終わりは現れない。そして最小に向かっては限界が定められており、最大に向かっては果てがない。その初めは〈単位一 unitas〉であり、これより小さいものはない。この〈量〉は数《ヌメルス》を通じて増大し、無限に引き伸ばされ、この増大に対していかなる数も限界を成すことはない。

３　他方で〈大きさ《マグニチュド》〉は自ら自身の測定の有限の〈量《クウアンティタス》〉を受け入れるが、無限に減少する。例えばもし1ペス〔約30㎝〕の長さの線か、あるいは何であれそれとは異なる尺度の線があるとすると、それは均等な二つに分割されることが可能である。そしてその半分を半分で分割することも可能であり、さらにその半分をまた別の半分で分割することも可能である。その結果、〈大きさ〉を分割するなんらかの限界が生ずるということは決してない。

４　したがって〈大きさ《マグニチュド》〉は、より大きなほうへ向かうかぎりにおいては限界があるが、減少を始める際には無限である。それに対して数《ヌメルス》はより小さなほうへ向かうかぎりにおいては限定されたものだが、増大すると無限であることを開始する。したがってこれらのことがらは無限ではあるのだが、しかしながら哲学はこれらを、有限のことがらについてのように、詳細に扱う。哲学は無限のものの中にある種の限界を見いだし、そのことについて自らに固有の鋭い考察を正当な仕方で適用することができる。

５　例えば、〈大きさ《マグニチュド》〉の中でも、あるものは不動のものである。それは四角形や三角形、あるいはまた円である。また、あるものは動くものである。それは宇宙の天空や、そこで突進するような速さで回転するあらゆるものである。

６　隔てられた〈量《クウアンティタス》〉の中では、あるものはそれ自体で存在する。それは3や4、あるいは他の数《ヌメルス》である。また、あるものはあるものに対する形で存在する。それは二倍、三倍、あるいは対比《コンパラティオ》から生じるものである。

7　不動の〈大きさ《マグニチュード》〉の考察は幾何学が保持し、動く〈大きさ〉の学問《スキエンティア》は天文学が探求する。それ自体として存在する、隔てられた〈量《クウァンティタス》〉に関しては算術が権威であり、あるものに対して関連づけられた〈量〉に関しては音楽が知識《ペリティア》を有していることが認められている。

第4章　さまざまに関連づけられた〈量《クウァンティタス》〉について

1　それ自体で存在する隔てられた〈量《クウァンティタス》〉に関しては、われわれは『算術教程』で十分に言及した。さて、あるものに対して関連づけられた〈量〉に関してはそれぞれ三つの類《ゲヌス》がある。一つは〈多倍比〉であり、もう一つは〈単部分超過比〉であり、第三は〈複部分超過比〉である。〈多倍比〉が〈単部分超過比〉あるいは〈複部分超過比〉と組み合わされるとき、それらからは別の二つが作られる。すなわち〈多倍比＋単部分超過比〉と〈多倍比＋複部分超過比〉である。

2　これらすべての規則は以下のようなものである。もし〈単位一《ユニタス》〉を自然数におけるすべてと対比することを望むのであ

1	1	1	1	1	1	1
2	3	4	5	6	7	8

れば、その組み合わせによって〈多倍比〉の一定の並びが作られる。1に対する2は二倍であり、1に対する3は三倍であり、1に対する4は四倍であり、その他の残りにおいても同じ仕方である。それは前頁の図が示すとおりである。

3 もし〈単部分超過比〉が探し求められるのであれば、自然数を、そこから〈単位一《ユニタス》〉が差し引かれた自然数と対比せよ。すると3を2と対比すれば〈2の単部分超過比〉であり、4を3と対比すれば〈3の単部分超過比〉であり、5を4と対比すれば〈4の単部分超過比〉であり、そして他の残りにおいても同じ仕方である。このことは下の図が示している。

<table>
<tr><td colspan="2">〈2の単部分超過比〉</td><td colspan="2">〈4の単部分超過比〉</td><td colspan="2">〈6の単部分超過比〉</td></tr>
<tr><td>2</td><td>3</td><td>4</td><td>5</td><td>6</td><td>7</td></tr>
<tr><td></td><td colspan="2">〈3の単部分超過比〉</td><td colspan="2">〈5の単部分超過比〉</td><td></td></tr>
</table>

4 〈複部分超過比〉は次の仕方で見いだされるだろう。3から始まる自然数の並びを配置せよ。もし一つの間を空けるなら〈二部分超過比〉が生み出されることに注意せよ。もし二つの間を空けるなら〈三部分超過比〉が、もし三つの間を空けるなら〈四部分超過比〉が生み出され、残りにおいても同様である。この配列を吟味することによって、注意深い読者は〈多倍比＋単部分超過比〉と〈多倍比＋複部分超過比〉の組み合わせも見ることになるであろう。しかしながらこれらすべてについては『算術教程』において簡便な仕方で言及されている[68]。

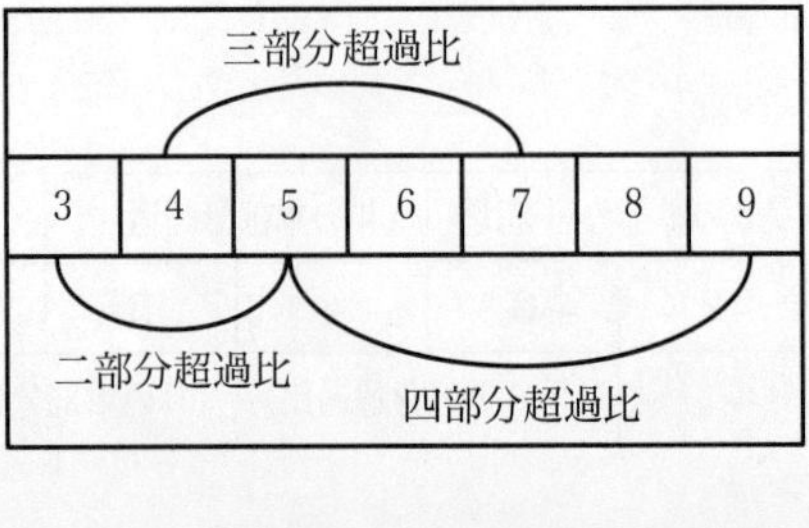

第5章　なぜ〈多倍比〉は他よりも優れているのか

1 前述のことにおいて以下のことがよく考えられなければならない。それはすなわち、不均等性《イナエクゥアリタス》の類《ゲヌス》の〈多倍比〉は他の二つよりもはるかに尊重すべきものとして見られている、ということである。なぜなら自然数の配置は、対比される第一のものである〈単位一《ユニタス》〉の倍化において成し遂げられるものであるからである。しかし〈単部分超過比〉が成し遂げられるのは〈単位一〉の対比によってではなく、〈単位一〉のあとに置かれる諸数自身の対比によるものである。それは例えば3と2、4と3のようなものであり、残りにおいても同じ仕方に沿って進む。〈複部分超過比〉の形成はまったく後退しており、これは連続する諸数によってではなく、間を空けられた諸数によって対比され、その間隔はつねに均等というわけではなく、あるときは1、あるときは2、あるときは3、あるときは4の間隔であり、このように無限に生じていく。さらに、〈多倍比〉は〈単位一〉から始まり、〈単部分超過比〉は2から、〈複部分超過比〉は3から始まる。これらについてはこれで十分である。
2　ここではギリシャ人が「公理《アクシオマ》」と呼ぶものが前置きとして語られるべきである。いまやようやくわれわれは、各々の事例を明示しながら扱うことによって、関係していると思われることがらを理解するだろう。

第6章　二乗の数《ヌメルス》とは何か、その考察

1　二乗の数《ヌメルス》とは均等における二重の規定によって増大するものである。例えば2を二倍し、3を三倍し、4を四倍し、5を五倍し、6を六倍する、というようにであり、これらの図示は下のようなものである。上段に配置された自然数は、下段に記載された正方形の一辺である。下段の並びで続いていく正方形〔の数〕は自然な仕方で続く。それは4、9、16、そしてさらに残りが続く。

2　もし途切れなく続く正方形の小さい方を、途切れなく続く正方形の大きい方から引くのであれば、その双方の正方形の一辺を足し合わされたものであるところの数が生じるであろう。例えば4を9から除去すると、残るのは5であり、これは双方の一辺である2と3が足し合わされたものである。

3　同様に、9を16という数で記載されたものから除去すると、残るのは7であり、これはつまり3と4が合わされたものであり、3と4は右で述べられた正方形の一辺である。またこれは残りにおい

2	3	4	5	6	7	8	9	10
4	9	16	25	36	49	64	81	100

ても同じである。

4　もし正方形〔の二つの数〕が途切れなく続いておらず、それらの間の一つが飛ばされているのであれば、それらの差の半分は双方の一辺から成されたものである。例えば、もし〔正方形である〕4を、正方形である16から引くのであれば、12が残る。この12の半分は、双方の一辺が合わさったものである。双方の一辺は2と4であり、それらは合わさって6をもたらす。そして残りにおいても同様の仕方である。

5　しかしもし二つが飛ばされているのであれば、〔その二つの数の差として〕残されたものの$\frac{1}{3}$は、その双方の一辺が合わされたものである。例えば、もし4を、二つの正方形〔の数〕をやり過ごした25から引くのであれば、残るのは21である。〔4と25の〕一辺は2と5であり、これらは7を成す。これは21という数の$\frac{1}{3}$である。

6　そして次のような規則がある。もし三つが飛ばされているのであれば、小さいほうを大きいほうから引くことによって残ったものの$\frac{1}{4}$は、双方の一辺から成されるものである。しかし、もし四つが飛ばされるのであれば、$\frac{1}{5}$となり、このように飛ばされた数よりも一つ多い数の明示によって、〔分数の分母が表示する〕部分が生じる。

第7章　あらゆる不均等性《イナエクゥアリタス》は均等性《アエクゥアリタス》から生じることと、その証明

1　さて、〈単位一《ユニタス》〉が複数性《プルラリタス》と諸数の起源であるように、均等性《アエクゥアリタス》が諸比《プロポルティオ》の起源である。『算術教程』において言及されているとおり[69]、われわれは三つの前提によって均等性から複数性の比を生み出す。他方でわれわれが〈単部分超過比〉の状態を生み出すのは、向きが逆になった複数性からである。さらに、向きが逆になった〈単部分超過比〉からわれわれは〈複部分超過比〉を作り出す。

2　例えば、三つの〈単位一〉、三つの2、三つの3、あるいは何であれ均等な項が置かれる。そして〔下段の〕第一の数が〔上段の〕第一と等しいようにされ、第二の数は［第一＋第二］、そして第三の数は［第一＋二つの第二＋第三］とに等しいようにせよ。このようにすると数の進行によって〈二倍比〉、すなわち最初の〈多倍比〉が生じる。それは下の図が示すとおりである。

1	1	1
1	2	4

3　下段に置かれた最初の〈単位一《ユニタス》〉は上段に配置された最初の〈単位一〉と等しい。2は［第一の〈単位一〉＋第二の〈単位一〉］に等しい。4は［第一の〈単位一〉＋二つの第二の〈単位一〉＋第三の

〈単位一〉〕に等しい。こうして、1、2、4となり、つまりこれは〈二倍比〉である。

4　もしここ〔二倍比〕から同じことを成すなら、〈三倍比〉が生み出されることだろう。そして〈三倍比〉からは〈四倍比〉が、〈四倍比〉からは〈五倍比〉が生じ、さらにこうした状態の生成が続く。

5　また、同じ前掲の三つの数によって〈単部分超過比〉が生じる。それをわれわれは一つの例で証明しよう。われわれはいまや順序を逆にして、これらの数のより大きい数をより前方に配置しよう。すると4、2、1となる。そして〔下段の〕第一のものは〔上段の〕同じ第一のものに等しいものが置かれる。すなわち4である。〔下段の〕第二のものは、〔上段の〕〔第一＋第二〕に等しいもの、すなわち6である。〔下段の〕第三のものは、〔上段の〕〔第一＋二つの第二＋第三〕に等しいもの、すなわち9である。これらの配置によって〈2の単部分超過比〉があることが示される[70]。

6　このことが〈三倍比〉から成されれば〈3の単部分超過比〉が、〈四倍比〉から成されれば〈4の単部分超過比〉が生じ、片方の側

4	2	1
4	6	9

の同様の名称による〈単部分超過比〉が〈多倍比〉から生まれる。

7 〈複部分超過比〉の状態は方向が逆になった〈単部分超過比〉から導き出される。例えば、逆向きの〈2の単部分超過比〉が置かれると、9、6、4となる。そして〔下段の〕第一のものは〔上段の〕第一に等しいものであり、つまり9である。〔下段の〕第二のものは〔上段の〕〔第一＋第二〕に等しいものであり、つまり15である。〔下段の〕第三のものは〔上段の〕〔第一＋二つの第二＋第三〕に等しいものであり、つまり25である。そしてこれらは下のような仕方で配列に置かれる。

9	6	4
9	15	25

8 したがって〈複部分超過比〉は逆向きの〈単部分超過比〉から生み出される。もし熱心に探求する者がこの考察に対して取り組むのであれば、その者は逆向きの〈3の単部分超過比〉から〈三部分超過比〉を生み出し、そして同様の名称によって他のそれぞれ相当するすべての〈複部分超過比〉の種類《スペキエス》が〈単部分超過比〉から生み出されていることに驚くだろう。

9 しかし〈多倍比＋単部分超過比〉は、逆向きの〈単部分超過比〉から生み出されるのではなく、〈単部分超過比〉が〈多倍比〉から生み出されたような仕方で、生み出される必要がある。

10 〈単部分超過比〉から生み出されたままの〈複部分超過比〉から生じるのは、他でもない〈多倍比＋複部分超過比〉である。

11　これらのことに関してはこれで十分である。この対比《コンパラティオ》に関しては『算術教程』においてより入念に議論されている[71]。

第８章　あらゆる連続する〈単部分超過比〉を見いだす諸規則

１　しばしば生じることであるが、音楽について議論する者が三つ、四つ、あるいはそれより多くの等しい〈単部分超過比〉を探し求めることがある。しかしながら、このことが偶然や無知によってなんらかの過ちを生み出す困難さと結び付くことがないようにするためには、われわれは以下の規則によっていくつもの等しい〈単部分超過比〉を〈多倍比〉から導き出す。

2 〈単位一《ユニタス》〉から算出される個々すべての〈多倍比〉は、自らの名称の対置されている場合に、〈単位一〉から遠ざかる分だけ、〈単部分超過比〉の状態に先行する[72]。例えば、〈二倍比〉は〈2の単部分超過比〉に先行し、〈三倍比〉は〈3の単部分超過比〉に先行し、〈四倍比〉は〈4の単部分超過比〉に先行し、このような仕方でさらに続いていく。〈二倍比〉の諸項の図は下のようなものである。下の図において、最初の〈多倍比〉である2は、自らに対して一つの3を有している。これは〈2の単部分超過比〉を成すことができるであろう。他方で3は自らにとって〈2の単部分超過比〉となることのできるものを有していない。なぜなら半分が欠けているからだ。

3 さらに、4は二番目の〈二倍比〉である。これは二つの〈2の単部分超過比〉に先行している。つまり6と9であり、後者には半分がない。それゆえに、これに対しては〈2の単部分超過比〉において何も対比されない。残りにおいても同様である。

1	2	4	8	16
	3	6	12	24
		9	18	36
			27	54
				81

4　〈三倍比〉は同じ仕方で〈3の単部分超過比〉を生み出す。〈三倍比〉における同様の図は下のとおりである。下の図において、われわれは以下のように生み出されている〈三倍比〉を見る。すなわち第一の〈三倍比〉〔3〕は一つの〈3の単部分超過比〉〔4〕に先行し、第二〔9〕は二つ〔12と16〕、第三〔27〕は三つ〔36と48と64〕に先行する。そしてつねに1/3が最後の数においてある種の自然なあり方で終わりを締めくくる[73]。

5　もしも〈四倍比〉を据えるのであれば、同じ仕方で〈4の単部分超過比〉が、〈五倍比〉を据えるのであれば〈5の単部分超過比〉が見いだされ、そのあとも続いていく。各々の名称によって〈多倍比〉は、〈単位一〉から隔たっている分だけ、〈単部分超過比〉に先行する。

1	3	9	27	81
	4	12	36	108
		16	48	144
			64	192
				256

6　〈四倍比〉の一つの配列だけ下に置こう。それはこの配列において、他のものにおいてと同様に、注意深い読者が知性《メンス》の洞察力を行使するようにするためである。

7　この考察は以下の有用性のために考案されたことが見受けられる。すなわち、ある者が見つけ出そうと思っている〈2の単部分超過比〉〈3の単部分超過比〉〈8の単部分超過比〉、あるいはその他の望まれるだけの〈単部分超過比〉が、四つ、五つ、あるいはそれ以上にいくつあろうとも、その者はいかなる誤りによっても失敗することはない、ということである。そしてまた、それらの比《プロポルティオ》がどれほど提示されようとも、それらが先行することも、その後に何かを有することもありえないそうした諸比が、それらの最初の数に適合するかどうかを調べてみることのないようにするためである。そうではなく、むしろ〈多倍比〉を配置し、どれほどの〈単部分超過比〉を必要としているのかを判断し、〈単位一《ユニタス》〉から隔たっているその〈多倍比〉そのものに気を配るのである。

1	4	16	64	256
	5	20	80	320
		25	100	400
			125	500
				625

8　既出の図において〔［本書2・8・2］の図のこと〕、もし三つの〈2の単部分超過比〉が探し求められるようなことがあるとすると、この探求は4から開始されることはない。それはなぜなら、これは二番目の〈二倍比〉であり、同じく二つの〈単部分超過比〉の先駆けであり、これに三番目の〈単部分超過比〉を追加することはできないからである。そうではなく、〔4に〕8からの半分を加えることが試みられる。それはなぜなら、それ〔8〕は三番目〔の〈二倍比〉〕であり、探し求められているところの、三つの〈2の単部分超過比〉を成すからである。残りにおいても同様である。

9　他の〔不均等の〕諸比《プロポルティオ》を促進する方法というのは以下のような仕方を通じてである。すなわち同じ対比《コンパラティオ》における最小の比は、諸比の根《ラディクス》と呼ばれる。〈単位一《ユニタス》〉によって自然なものとされている多数の数が配置されると、2、3、4、5、6、7となる。すると最小の比は、〈2の単部分超過比〉であれば2に対する3、〈3の単部分超過比〉であれば3に対する4、〈4の単部分超過比〉であれば4に対する5となり、これはその後、無限に続く。これらはいずれも〈単位一〉の分だけ先行している。

10　二つの〈2の単部分超過比〉が連続した比《プロポルティオ》によって生み出されることになっているとする。私は〈2の単部分超過比〉の根《ラディクス》を取り、2と3というようにこれを置こう。そして私が2を通じて2にかけると、4ができあがる。そして2を通じて3にかけると6ができあがる。他方で、3をそれ自身において計算すると、9ができあがる。これらは下の仕方で配置される。こうしてわれわれは二つの〈2の単部分超過比〉を見いだす。すなわち4に対する6と、6に対する9である。

11　さて今度は三つ〔の〈2の単部分超過比〉〕が生み出されることになっているとする。私は右で探し求められていた二つの〈2の単部分超過比〉の状態において提示したのと同じ諸数を置き、さらに同じ〈2の単部分超過比〉を置こう。2による4の倍化によって8が生じ、他方3による9の倍化によって27が生じる。それらは次頁のような仕方で配置される。

12　そしてこの仕方は残りにおいても同様である。もしあなたが〈3の単部分超過比〉にまで広げることを望むのであれば、あなたは〈3の単部分超過比〉の根《ラディクス》を置くだろう。それは互いに対比される4と3である。そして〔それらを〕同じ仕方に従って倍化するだろう。また〈4の

	2	3
4	6	9

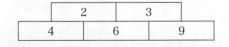

単部分超過比〉を置くのであれば、その同じ〈4の単部分超過比〉を倍化によって望むだけ拡張するだろう。これらの考察がわれわれにとってどれほど有益であるかは、続くくだりが明らかにするだろう。

	2	3	
4	6	9	
8	12	18	27

第9章　他の数によって測られる〔割られる〕諸数の比《プロポルティオ》について

1　もし二つの数《ヌメルス》が、その二つの数の差によって余りなく割り切られるなら、その差によって割られた〔二つの〕数は、その差がそれらの数を割った際の〔二つの〕数と同じ比《プロポルティオ》にある。

2 例えば50と55という数があるとする。これらの数は互いに〈10の単部分超過比〉の状態によって対比されている。そしてそれらの差は5であり、これはつまり50という数の1/10である。したがって、この数〔5〕は50という数を10回測り〔割り〕、55を11回測る。それゆえに、10と11は50と55を固有の差である5によって分割する。こうして10に対する11は〈10の単部分超過比〉の対比《コンパラティオ》によって構成される。

3 このように、自身に固有の差によって余りなく正確に測る〔割る〕〔二つの〕数《ヌメルス》は、それらの差によってそれらの数を割った際の〔二つの〕数と同じ比《プロポルティオ》にある。

4 もしこのように〔二つの〕数《ヌメルス》の差がそれらの〔二つの〕数を測り〔割り〕、それらの諸数の測られたもの自身を複数性《プルラリタス》がはみ出し[74]、双方において同じ余りがあり、差を測ることが諸数の複数性よりも小さいとする[75]。この際に〔測られた〕数は互いにより大きな比《プロポルティオ》を保持し続けるだろう。それはもし測られた後に残ったものがそれらの数から取られると、あたかもそれらの数は損なわれていないもののようになり、このときそれらの数は固有の差によって測られるだろう。

5　例えば53と58という数があるとする。これらを、その差である5が測る〔割る〕とする。53という数を同じ5は50に至るまで10回測り、さらに3が残る。他方58という数を5は55に至るまで11回測り、そしてそこには再び3が後に残る。双方から3が取り去られると、50と55が成され、それらは下のように配置される。ここで明らかなのは、50と55の間にある比《プロポルティオ》のほうが、53と58〔の間にある比〕よりも大きいということである。なぜならつねにより小さい数においてのほうがより大きい比が見受けられるからである。このことはしばらく後で証明しよう[76]。

6　しかしもし、諸数の差で測る〔割る〕ことが多数《ムルティチュド》〔二つの数〕を上回り、同じ複数性《プルラリタス》によって双方の数を超えるなら、双方を測った際の差の総数を加えて先に測られた〔二つの〕数のほうが、それらの固有の差が測られる前〔の二つの数〕よりも小さい。

7　例えば48と53という数があるとする。これらの差は5である。したがって48を数5が10回測ると、50が生ずる。したがって50という数は48という数を2の差で超える。同じく53を〔数5が〕11回測ると、55が生ずる。これは再び53という数を2によって超えている。双方に2が付け加えられると、下のような配置になる。

53	58
50	55

48	53
50	55

8　それらの差が測る〔割る〕ことが超えていた差である2が互いに付け足されて対比される50と55の比《プロポルティオ》は、48と53の数《ヌメルス》よりも小さい。これらは同じ5の差によって測られるものである。

9　より大きい比《プロポルティオ》とより小さい比は以下の仕方で理解される。$\frac{1}{2}$は$\frac{1}{3}$より大きく、$\frac{1}{3}$は$\frac{1}{4}$よりも大きく、$\frac{1}{4}$は$\frac{1}{5}$よりも大きく、以下同様の仕方で続く。ここから、〈2の単部分超過比〉は〈3の単部分超過比〉よりも大きく、〈3の単部分超過比〉は〈4の単部分超過比〉を上回る。そして残りにおいても同様である。したがって、諸数《ヌメルス》の〈単部分超過比〉はつねにより小さい数においてより大きいことが見受けられることになる。

10　これは数の自然な並びにおいて明瞭である。例えば、1、2、3、4、5という数の自然な並びが配置される。2は〈単位一《ユニタス》〉に対して2倍であり、3は2に対して〈2の単部分超過比〉であり、4は3に対して〈3の単部分超過比〉である。より大きいのは3と4という数であり、より小さいのは3と2と〈単位一〉である。したがって、より大きな数により小さな比《プロポルティオ》が、より小さな数により大きな比が含まれている。

11　ここから以下のことが明らかである。つまり、もし〈単部分超過比〉を含むいかなる数に対しても均等な複数性《プルラリタス》が加えられると、均等な複数性で増大する前の比《プロポルティオ》のほうが、その後にそれらに均等な複数性が加えられた比よりも大きい、ということである。

第10章　いかなる比《プロポルティオ》が〈多倍比〉と〈単部分超過比〉から生じるか

1　この後しばらくして証明されることが、前置きとしてここで述べられるべきであると察せられるだろう。すなわち、もし〈多倍比〉の音程が二乗によって倍化されるなら、この倍化から生じるものは、〈多倍比〉であるということである[77]。もし同様の倍化によって生み出されたものが〈多倍比〉でないのであれば、二乗によって倍化されたものが〈多倍比〉ではなかったということである[78]。

2　同じく、もし〈単部分超過比〉が二乗によって倍化されると、それは〈単部分超過比〉でも、〈多倍比〉でもないものを作り出す[79]。もし同様の倍化によって生み出されるものが〈多倍比〉でも〈単部分超過比〉でもないのであれば、二乗によって倍化されたものは、あるいは〈単部分超過比〉か、あるいは他の類《ゲヌス》に属するものであるが、しかし〈多倍比〉ではない[80]。

第11章　いかなる〈単部分超過比〉がいかなる〈多倍比〉を生み出すか

1　このことに以下の点が付け加えられるべきである。すなわち、最初の二つの〈単部分超過比〉が最初の〈多倍比〉をもたらす。〈2の単部分超過比〉と〈3の単部分超過比〉が組み合わされると、それらは〈二倍比〉を生み出す。
2　例えば2、3、4の数があるとする。2に対する3は〈2の単部分超過比〉であり、3に対する4は〈3の単部分超過比〉であり、2に対する4は〈二倍比〉である。
3　他方、最初の〈単部分超過比〉に加えられた最初の〈多倍比〉は二番目の〈多倍比〉を生み出す。例えば2、4、6の数があるとする。4は確かに2に対して二倍であり、前者は〈多倍比〉である。4に対する6は〈2の単部分超過比〉である。これは最初の〈単部分超過比〉である。2に対する6は三倍であり、これは二番目の〈多倍比〉である。
4　しかしもし三倍が〈3の単部分超過比〉に加えられるなら、四倍が生み出される。そして四倍が〈4の単部分超過比〉に加えられると五倍が生み出され、そしてこのような仕方で、〈多倍比〉と〈単部分超過比〉が組み合わされた比《プロポルティオ》によって、無限に〈多倍比〉が生み出される。

第12章　〈算術中項《アリトメティカ・メディエタス》〉〈幾何中項《ゲオメトリカ・メディエタス》〉〈調和中項《アルモニカ・メディエタス》〉について

1　われわれはここまでに、当面の間考察されるべきであった比《プロポルティオ》については公にしたので、いまや中項《メディエタス》について述べられるべきである。

2　比《プロポルティオ》とは二つの項の互いに対する一種の対比《コンパラティオ》である。

3　項と私が呼ぶのは諸数《ヌメルス》全体のことである。

4　比例《プロポルティオナリタス》とは、均等な諸比《プロポルティオ》の集積である。比例は最小でも三つの項から成る。例えば、第二項に対する第一項は、第三項に対する第二項が有するのと同じ比を有するとき、これは比例と呼ばれ、第二項がこれら三つの項の中間である。

5　中間の項のこれらの比《プロポルティオ》によって結び付けられているのが、三つの区分である。あるいは〔第一は〕、均等なのは中間項に対するより小さな項と、最大の項に対する中間の項の差であって、比が均等ではないものである。例えば1、2、3というこれらの数においては実際、1と2の間と2と3の間では〈単位一《ユニタス》〉だけが差を保持している。しかしながら比は均等でない。1に対する2は二倍であり、2に対する3は〈2の単部分超過比〉である。

6　あるいは〔第二は〕、双方において比《プロポルティオ》が均等だが、均等な差によって構成されていないものがある。それは例えば1、2、4というこれらの数において、1に対する2は二倍であり、それは2に対する4と同じである。しかし4と2の間では2が、そして2と〈単位一《ユニタス》〉の間では〈単位一〉が、差を成す。

7　中項《メディエタス》の第三の類《ゲヌス》は、同じ比《プロポルティオ》によっても、また同じ差によっても構成されるものではなく、最小の項の最大の項に対するあり方が、より小さな諸項〔第一項と第二項〕の差のより大きな諸項〔第二項と第三項〕の差に対するあり方のようであるものである。例えば

3、4、6というこれらの数において、3に対する6は二倍であり、6と4の間には2が介在している。そして4と3の間には〈単位一〉が介在している。しかし他方で、〈単位一〉に対比された2は二倍である。したがって、より小さい諸項の差に対するより大きな諸項の差が、最小の項に対する最大の項のようになっている。

8 したがって、差が均等である中項は〈算術中項《アリトメティカ・メディエタス》〉と呼ばれ、比《プロポルティオ》が均等である中項は〈幾何中項《ゲオメトリカ・メディエタス》〉と呼ばれ、われわれが第三のものとして記述した中項は〈調和中項《アルモニカ・メディエタス》〉と呼ばれる。われわれはこれらの中項の例を下に提示しよう。

9 われわれは諸比《プロポルティオ》には他の中項《メディエタス》も同様にあることを無視してはいない。そうした中項に関してはわれわれは『算術教程』で言及した[81]。しかしここで説明されるべきであったことに対しては、これら〔の三つ〕が当面のところ必要とされるものである。しかしながら、これらの三つの中項の中で適切で、とりわけ「比例《プロポルティオナリタス》」と呼ばれるのは実に幾何比例である。なぜならそれは均等な諸比によって全体が組み立てられているからである。しかしそれでもやはりわれわれは依然として同じ名称で、他のものも分けへだてなく「比例」と呼ぶことにしよう。

算術比例		
1	2	3

幾何比例		
1	2	4

調和比例		
3	4	6

第13章　連続する中項《メディエタス》と隔てられた中項について

1　ここにおいては、連続する比例《プロポルティオナリタス》と、隔てられた比例とがある。

2　連続する比例《プロポルティオナリタス》とはまさにわれわれが右で扱ったようなものである。同じ一つの中間の数がより大きな数の下に置かれ、そしてまたより小さな数の上に置かれる。

3　二つの中間があるときには、比例《プロポルティオナリタス》は分離されていると言われる。それは以下のような幾何比例におけるものである。1、2、3、6。これは〈単位《ユニタス》一〉に対する2のように、3に対する6がある。ゆえにこの比例は分離されていると言われる。

4　ここから以下のことを理解することが可能だが、連続する比例《プロポルティオナリタス》はもっとも少なくて三つの項において見いだされるが[82]、分離の比例は〔もっとも少なくて〕四つ〔の項〕においてである。ただし、四つやさらにより多くの数の項に連続の比例があることは可能である。それは例えば次のような仕方であるときである。1、2、4、8、16。ここでは比《プロポルティオ》は二つではなく、多数であり、そして〔比は〕つねに構成される諸項よりも一つ少ない。

第14章　前掲の配置となる中項《メディエタス》はなぜこのように呼ばれるのか

1　これらの中で一つの中項が算術中項《アリトメティカ・メディエタス》と呼ばれるのは、諸項間では数《ヌメルス》における差が均等だからである。幾何中項《ゲオメトリカ・メディエタス》が二番目であると言われるのは、諸比《プロポルティオ》の性質が類似しているからである。調和中項《アルモニカ・メディエタス》と呼ばれるのは、差と項において諸比の均等性《アエクゥアリタス》がよく見受けられる状態で結合されているからである。これらについては『算術教程』においてより詳細に議論されている[83]。ここではわれわれがそれらを思い起こすために、それらを概観しよう。

第15章　どのようにして前述の諸中項《メディエタス》が均等性《アエクゥアリタス》から生じるか

1　しばらくの間、これらの諸比例《プロポルティオナリタス》がどのように均等性から生み出されるのかに言及されるべきである。

2　以下の点が前もって公言される。すなわち、数《ヌメルス》においては〈単位一《ユニタス》〉が支配権を有し、同様に比《プロポルティオ》においては均等性《アエクゥアリタス》が支配権を有する。ちょうど〈単位一〉が数の源であるように、均等性が諸比の始まりである。

3　その結果、以下の仕方で均等性《アエクゥアリタス》から算術中項《アリトメティカ・メディエタス》が生まれる。三つの均等な項が定められると、この比例《プロポルティオナリタス》が生み出される方法が二つある。第一項に対して等しい第一項が置かれ、［第一項＋第二項］に等しい第二項が置かれ、［第一項＋第二項＋第三項］に等しい第三項が置かれる。このことは右下の例によって示される。三つの〈単位一《ユニタス》〉があるとする。これにしたがって第一項に対して等しい第一項が、つまり1が置かれる。そして［第一項＋第二項］に等しい第二項が、つまり2が置かれる。そして［第一項＋第二項＋第三項］に等しい第三項が、つまり3が置かれる。その配置は右下のようなものである。

4　他方で均等に配置された、2、2、2となる三つの2があるとする。第一項に対して等しい第一項が、つまり2が置かれる。そして［第一項＋第二項］に等しい第二項が、つまり4が置かれる。そして［第一項＋第二項＋第三項］に等しい第三項が、つまり6が置かれる。その配置は左下のようなものである。

1	1	1
1	2	3

2	2	2
2	4	6

5　また、3についても同様である。

6　ここにおいて以下のことが気づかれるべきである。もし〈単位一《ユニタス》〉が均等性《アエクウアリタス》に対する源として定められるのであれば、〈単位一〉は諸数《ヌメルス》の差においても存在するであろう。そしてそれらの数自身は、自らの間に何も間を空けることはない。しかしもし2が均等性を保持するのであれば、2が差であり、諸項の間ではつねに一つの数が間に置かれる。もし3〔が均等性を保持するの〕であれば、同じく3が差であり、諸数の間では自然な仕方で構成される数の並びの二つの数が間に置かれ、こうした仕方にしたがって続いていく。

7　また、算術比例を生み出す他の方法がある。例えば三つの均等な項が置かれるとする。第一項には［第一項＋第二項］と等しいものが置かれ、第二項には［第一項＋二つの第二項］に等しいものが置かれ、第三項には［第一項＋二つの第二項＋第三項］に等しいものが置かれる。例えば、三つの〈単位一〉があるとする。第一項は［第一項＋第二項］に等しいもの、つまり2であり、第二項は［第一項＋二つの第二項］に等しいもの、すなわち3であり、第三項は［第一項＋二つの第二項＋第三項］に等しいもの、つまり4である。ここでは、諸項の差は〈単位一《ユニタス》〉

3	3	3
3	6	9

1	1	1
2	3	4

が保持している。2と〈単位一〉の間と、3と2の間には〈単位一〉が介在している。他のいかなる自然数も間には置かれていない。〈単位一〉の後には続いて2があり、2の後には自然な仕方で3が配置されている。

8　同じことが2においてもなされる。三つの2があり、第一項は［第一項＋第二項］に等しいもの、つまり4であり、第二項は［第一項＋二つの第二項］に等しいもの、つまり6であり、第三項は［第一項＋二つの第二項＋第三項］、つまり8である。ここでも同様に、諸項の間で一つ［の数］が介在し、2が諸項の差を保持している。なぜなら、4と6の間には5が、6と8の間には7が自然な仕方で配されているからである。

9　もし3が均等性《アエクゥアリタス》の源であるのなら、3が差を形成する、つねに［3よりも］一つ少ない数が間に介在する[84]。そして同じことが4と5において認識される。そしてわれわれが簡潔さのために沈黙していることを、熱心な読者は自ら自身で同じ規則にしたがって見いだすだろう。

10　われわれは均等性《アエクゥアリタス》からあらゆる不均等性《イナエクゥアリタス》がいかにして生じるのかを証明しながら、幾何比例が均等性からいかなる仕方で現れることが可能なのかを示して見せた。しかしながら、もし煩わしいのでなけれ

2	2	2
4	6	8

ば、もう一度簡潔に繰り返されるべきである。

11　三つの均等な項が配置されることによって、第一項には第一項に等しいものが置かれ、第二項には［第一項＋第二項］に等しいもの、第三項には［第一項＋二つの第二項＋第三項］に等しいものが置かれる。同じことが連続してなされる。このように幾何比例は均等性《アエクウアリタス》から源を手にする。この比《プロポルティオ》の諸特性に関してわれわれはきわめて入念に『算術教程』で言及した[85]。それらのことによって教示された読者がこれらの点に取り組むなら、いかなる疑念の動揺によっても混乱させられることはないだろう。

12　調和中項《アルモニカ・メディエタス》についてはここでしばらくより幅広く説明されるべきであるが、これは以下の法則《ラティオ》によって生み出される。もし〈二倍比〉を形成することをわれわれが望むのであれば、三つの均等な項が置かれて、第一項には［第一項＋二つの第二項］に等しいものが配され、第二項には［二つの第一項＋二つの第二項］に等しいものが配され、第三項には［第一項＋二つの第二項＋三つの第三項］を一つにまとめたものに等しいものが配される。

13　次のように〈単位一《ユニタス》〉が、1、1、1とあるとする。第一項には

1	1	1
3	4	6

2	2	2
6	8	12

3	3	3
9	12	18

［第一項＋二つの第二項］に等しいものが、すなわち3が配され、第二項には［二つの第一項＋二つの第二項］に等しいもの、すなわち4が配され、第三項には［第一項＋二つの第二項＋三つの第三項］に等しいもの、すなわち6が配される。

14　もし2や3において均等性《アエクゥアリタス》が配されたのであれば、中項の同じ法則《ラティオ》が明白である。この際、〔2を配した〕離れた諸項と諸差は、〔1を配した〕諸項と諸差の二倍となっており、それは前頁の図が指し示すとおりである。

15　しかしもし、三つの均等な諸項を配することによって、両端の項において〈三倍比〉が成されるべきであるなら、第一項は［第一項＋第二項］から、第二項は［第一項＋二つの第二項］から、第三項は［第一項＋二つの第二項＋三つの第三項］から成されるべきである。それは下の図のとおりである。

1	1	1
2	3	6

2	2	2
4	6	12

3	3	3
6	9	18

第16章　調和中項《アルモニカ・メディエタス》とそのより十全な考察について

1　われわれは調和に関する議論に着手したものであり、そのことについてより詳細に語られることが可能であることがらを黙ってやり過ごすべきであると私は判断しない。したがって調和比例《プロポルティオナリタス》が配置され、そして諸項の配列のその上でそれら〈の諸項〉の間の差が置かれる。

2　ここでは3に対する4が、4度の協和《コンソナンティア》をもたらし、4に対する6が5度と調和《コンコルド》し、3に対する6がオクターヴの響和《シンフォニア》を作り出し、そしてこれらの差が同じ協和《コンソナンティア》〔オクターヴ〕を設けることが見受けられないだろうか？　なぜならば2は1に対して〈二倍比〉であり、これはオクターヴの協和に配されているものだからである。

3　さてもし、それらの両極の項を互いに倍化し、さらにそれらの中間項が自らの倍化の結果生じるのであれば、対比される数は全音の状態と調和《コンコルディア》を維持する。例えば6の三倍は18を生み出し、4

<table>
<tr><td colspan="6">差</td></tr>
<tr><td colspan="3">1</td><td colspan="3">2</td></tr>
<tr><td colspan="2">3</td><td colspan="2">4</td><td colspan="2">6</td></tr>
<tr><td colspan="6">項</td></tr>
</table>

の四倍は16を成す。18という数はより小さい数である16を$\frac{1}{8}$の差で超えている[86]。
4　他方、最小項が自ら自身によって倍化されると、9を生み出す。そしてもし、より大きな項が自らの倍化によって増大すると、36を生み出す。これら自身が対比されると〈四倍比〉、すなわち2オクターヴの均整《コンキネンティア》を維持している。
5　もしこの調和比例《プロポルティオナリタス》をより入念に吟味するなら、この比例全体は諸項あるいは諸差を互いに倍化したものということになる。例えば、最小項を中間項で倍化すると、12を成す。さらに最小項を最大項で倍化すると、18を成す。他方、最小項がそれ自身によって増大すると、9を成す。中間項が同じような仕方で増大すると、16を成す。6はここで最大項であるが、もしこれが自ら自身によって大きくなると、36をもたらす。これらは下のような配列で置かれる。
6　したがって、4度の協和《コンソナンティア》を響き渡らせる24：18と12：9があり、5度の協和を響き渡らせる18：12と24：16と36：24があり、オクターヴ＋5度である〈三倍比〉の協和を響き渡らせる36：12があり、2オクターヴである〈四倍比〉の協和を響き渡らせる36：9がある。エポグドウスと呼ばれる全音は18：16の比《コンパラティオ》によって維持されている。

36	24	18	16	12	9

第17章　いかにして前述の中項《メディエタス》は二つの項の間で順に置かれるか

1　二つの項というのはたいてい、われわれがそれらの間に、あるときは算術中項《アリトメティカ・メディエタス》を、あるときは幾何中項《ゲオメトリカ・メディエタス》を、あるときは調和中項《アルモニカ・メディエタス》を配置するように与えられ、提示されるのがつねである。これらについてわれわれは『算術教程』でも言及した87。ここではこの点を手短に説明することにしよう。

2　もし算術中項《アリトメティカ・メディエタス》が必要とされるなら、任意の諸項の差が認識されるべきであり、その差が分割されて、より小さい項に加えられるべきである。例えば10と40というように両方の項が配され、そしてこの両方の項の中項が算術比例《プロポルティオナリタス》にしたがって必要とされているとする。まず私は双方の差に注意を払うが、それは30である。私はこれを分割し、15が生じる。これを小さいほうの項に、すなわち10に付加すると、25が生じる。したがって40と10の間に中項が置かれると、下のような算術比例を成す。

10	25	40

3　さらに同じ諸項の間に幾何中項《ゲオメトリカ・メディエタス》を置いてみよう。私はこれらの両端の

項をそれらに特有の多数性《ヌメロシタス》によって倍化する。それは10が40においてあるということであり、４００をもたらす。私はこの正方形の一辺を求め、それは20である。なぜなら20の二十倍は４００を成すからである。もしわれわれはこの20を10と40の中間に置くなら幾何中項が形成され、下のような並びが作られる。

10	20	40

4　もしわれわれが調和中項《アルモニカ・メディエタス》を必要とするなら、両端の項を互いに結び合わせ、10＋40とする。すると50を成す。これらの両項の差は30であるが、これをより小さい項、すなわち10において増加させるのだが、それは30の十倍を成すということであり、それは３００である。これを50にしたがって分割すると、6を成す。これをより小さい項に付け加えると、16が生み出される。もしこの数を10と40の間に置くのであれば、調和中項が達成される。つまり、下のとおりである。

10	16	40

第18章　ニコマコスによる協和《コンソナンティア》の価値とあり方

1　これらの点についてはここまでとする。いまや以下の点が付け足されるべきことが見受けられる。すなわち、前述の諸比《プロポルティオ》の中に音楽の協和《コンソナンティア》が見いだされることをピュタゴラス派の人々はどのように証明しているのか、ということである。この点においてはプトレマイオスは彼らに同意していないように思われる。このことについてはしばらく後で言及しよう[88]。

2　以下のような協和《コンソナンティア》が第一かつもっとも快の協和であると据えられるべきである。すなわちそれは、その特性を感覚《センスス》がより明瞭に知覚する、そうした協和である。なぜなら自らを通じて存在している個々のものは、そうしたものとして感覚によって認知されるからである。したがって、二倍であることに存する協和が、他の何よりも馴染みであるのであれば、オクターヴの協和がすべての中で第一であり、また価値という点で優っている。なぜなら〔その協和は〕認識《コグニティオ》によって先んじているからである。

3　ピュタゴラス派の人々にしたがえば、残り〔の協和〕は必然的に、倍数の増大と、〈単部分超過比〉の状態の減少が指定する配列を保持する。実際に、〈多倍比〉の不均等性《イナエクゥアリタス》は存在価値の古さという点で〈単部分超過比〉を超えているということは証明されている[89]。

4　それでは自然数の並びが〈単位一《ユニタス》〉から4まで配置されるとする。1、2、3、4。1に対比された2は〈二倍比〉を成し、オクターヴの協和《コンソナンティア》を発する。これはもっとも重要で、その簡潔さによってもっとも知られているものである。もし1に3が対比されるなら、オクターヴ＋5度の調和《コンコルディア》が鳴り響くであろう。1に対比された4は2オクターヴの響和《シンフォニア》を生み出す〈四倍比〉を保持する。もし3が2に対比されれば5度の、4が3に対比されれば4度の均整《コンキネンティア》を満たす。以上がこれらのすべてが互いに対比された際の配列である。ただし一つの対比《コンパラティオ》が残っている。もしわれわれが2に4を対比するなら、〈二倍比〉の状態になる。これは1に対比された2が保持していたものである。

5　このように、〈2オクターヴ〉にある諸音《ソヌス》がもっとも遠く離れている。なぜならそれらは〈四倍比〉の音程《インテルヴァルム》の定められた幅で互いに遠ざかっているからだ。もっとも近く互いの間に協和《コンソナンティア》している諸音が存在していると見受けられるのは、より高いほうの音がより低いほうの音を、低い音の⅓の差で超えているときである[90]。そして均整《コンキネンティア》のあり方はここで止まる。このあり方は四倍を超えることはできないし、また⅓よりも小さく切り詰められることもない。

6　こうしてニコマコスによると、協和《コンソナンティア》の配列は以下のようなものである。すなわち第一の協和がオクターヴ、第二〔の協和〕がオクターヴ＋5度、第三〔の協和〕が2オクターヴ、第四〔の協和〕が5度、第五〔の協和〕が4度、である。

第19章　協和《コンソナンティア》の序列に関するエウクレイデスとヒッパソスの見解

1　しかしエウクレイデスとヒッパソス[91]〔Hippasus. 紀元前五世紀頃の古代ギリシャの数学者。初期ピュタゴラス派に属していたと目される〕は協和《コンソナンティア》の別の序列を定めている。というのも彼らは〈多倍比〉の増大は、確固とした序列によって〈単部分超過比〉の減少と対応している、と断言するからである。したがって半分に逆らった二倍というものはありえないし、⅓に逆らった三倍というものもありえない。それゆえに二倍があるのであれば、そこからオクターヴの協和が生み出され、半分があるのであれば、そこからいわば正反対の仕方の分割の〈2の単部分超過比〉が、つまり5度の比《プロポルティオ》がもたらされる。それらが合わさると、つまりオクターヴ＋5度となると、三倍が引き起こされ、これは両方の響和《シンフォニア》を内包している。他方、三倍の⅓は正反対の仕方の分割によって分けられ、そこから4度の響和が生まれる。三倍と〈3の単部分超過比〉が結び合わされたものは、四倍比の対比《コンパラティオ》をもたらす。したがって以下のようになる。一つの協和を成すオクターヴ＋5度と、一つの均整《コンキネンティア》を成す4度が結合されると、〈四倍比〉に存する2オクターヴの名を受け取る。

2　以上のことに従うと、以下のような序列となる。オクターヴ、5度、オクターヴ＋5度、4度、2オクターヴ。

第20章　いかなる協《コンソナンティア》和がいかなる協和に対置されるのかに関するニコマコスの見解

1　しかしニコマコス[92]はそうした正反対の対置がそれら〔諸協和の序列〕と同じであるとは判断していない。そうではなくむしろ、増大し減少する〈単位一《ユニタス》〉が源であり、オクターヴの響《シンフォニア》和が残りの響和の源であり、それら残りのものは互いに正反対の分割において構成されうると考えている。このことは、もしまず諸数《ヌメルス》において見渡されると、より容易に認識されるだろう。

2　すると、まず〈単位一《ユニタス》〉が据えられ、そこから二つの方向が広がる。一つは増大の方向であり、もう一つは分割の方向である。そしてそれは下のような図式となる。こうした仕方に従って、無限に進行する。というのも2は〈単位一〉に対しては二倍であり、その反対側の方向は同じ〈単位一〉の半分を示す。3は三倍であり、その反対側は⅓を示す。4は四倍であり、その反対側は¼を示す。このように増大と減少の源はたった一つの〈単位一〉にある。

3　同じことをいまやわれわれは協《コンソナンティア》和に当てはめよう。源の最上の位置に、二倍であるオクターヴがある。残りの協和は正反対の

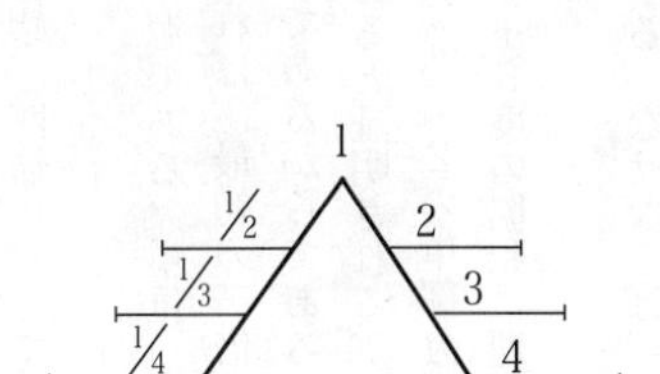

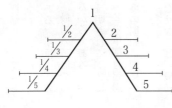

分割において以下のようになる。三倍に対しては〈2の単部分超過比〉、四倍に対して〈3の単部分超過比〉。この点は以下の論拠によって証明されるであろう。

4　まず第一の〈2の単部分超過比〉は、最初の三倍であり、つまり源である〈単位一《ユニタス》〉の三倍である。なぜならば3は、もし〈単位一〉に対比されるのであれば、最初の三倍であり、また2に対比されるのであれば、最初の〈2の単部分超過比〉であるからである。他方、自然な仕方で配置されることによって〈2の単部分超過比〉であると証明される、2に対して成す差〔つまり1〕の三つ分は、三倍である。なぜならこの際、〈2の単部分超過比〉は正当にも三倍に対置されており、5度の協和《コンソナンティア》はオクターヴ+5度の協和に理にかなった仕方で対置されているとみなされるからである。

5　また四倍は〈3の単部分超過比〉に対して正反対の分割を保持する。なぜならば、最初の4は同じ仕方で手にされる最初の〈3の単部分超過比〉と同じだからだ。もし〈単位一《ユニタス》〉に対比されるのであれば、4は実際に最初の四倍であり、またもし3と対比されるならば最初の〈3の単部分超過比〉であるからだ。さらに、自ら自身と3との間で保持している差〔つまり1〕の四つ分は、同じ四倍を成す。したがって、4度であるところの〈3の単部分超過比〉は、2オクターヴであるところの〈四倍比〉に対して正反対の方向に分けられている。

6　二倍は反対の比をまったく有さず、それ自身は〈2の単部分超過比〉でもない。また最初の二倍である2が〈単部分超過比〉によって結び付けられる数というのは存在しないので、正反対の比の図式を超えてしまっている。
7　それゆえにニコマコスによれば、オクターヴは諸協和《コンソナンティア》の源を下のような仕方で保持している。ニコマコスが述べるところでは、確かにこのような図式になっているが、しかしそれでも諸協和のあらゆる〈多倍比〉のほうがより優れたものであり、そして〈単部分超過比〉は、われわれが少し前に言及したように、その後に続く。
8　協和《コンソナンティア》とは二つの声《ヴォクス》の確固とした混合であり、他方では音《ソヌス》とはある意図によって生み出される声の流れ《モドゥラティオ》の合致である。さらに音は横の音の並び《モドゥラティオ》の最小の部分である。
9　音《ソヌス》全体は打ち鳴らすこと《プルスス》の中に存し、打ち鳴らすことは動きから生じる。動きの中のあるものは均等なものであり、またあるものは不均等なものである。不均等性《イナエクウァリタス》を有するもののうち、あるものは大いに不均等であり、またあるものは若干不均等であり、またあるものは中程度に不均等である。均等性《アエクウァリタス》からは確かに諸音の均等性が生じ、〔諸音間の〕距離が中程度に不均等であるような不均等性からは、顕著かつ明白で、純真な諸比が現れる。それらの比とはつまり〈多倍比〉と〈単部分超過比〉であり、〈二倍比〉、〈三倍

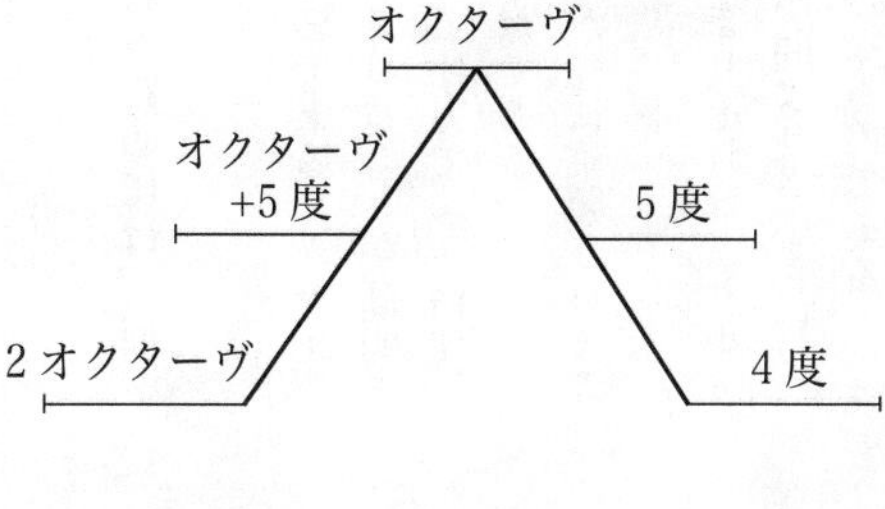

比〉、〈四倍比〉、〈2の単部分超過比〉と〈3の単部分超過比〉の協和《コンソナンティア》である。

10　残りの諸比《プロポルティオ》において、あるいは多種多様かつ曖昧で、また互いに完全に離れてしまっている距離において生じるものから、不協和《ディソナンティア》は現れる。しかし〔これらからは〕諸音《ソヌス》のいかなる一致《コンコルディア》も生み出されない。

第21章　オクターヴが〈多倍比〉の類《ゲヌス》に存することが証明されるためには、何が前もって言及されるべきであるか

1　以上のことがこのように明確になったので、すべての中で最上のものであるオクターヴの協和《コンソナンティア》が〈多倍比〉の不均等性《イナエクウァリタス》の類《ゲヌス》であり、二倍の状態に見いだされることが証明されるだろう。まず以下の点が証明されるべきである。すなわち、いかなる仕方で〈多倍比〉の類の中にオクターヴの協和が認識されることが可能であるか、という点である。

2　ある一つのことが手短に前もって着手されるべきであるが、この点が先に確認されることによって証明はより簡単になされるだろう。

3　あらゆる〈単部分超過比〉から、それに続く〈単部分超過比〉、つまりそれはより小さい比《プロポルティオ》であるが、これが引かれるのであれば、残るのは引かれた比の中間よりも小さい。

4　例えば〈2の単部分超過比〉と〈3の単部分超過比〉における ようなものである。〈2の単部分超過比〉のほうが大きいのだから、われわれは〈2の単部分超過比〉から〈3の単

部分超過比〉を引く。残るのは〈8の単部分超過比〉であり、これが二倍〔二つ分〕にされても〈3の単部分超過比〉の全体を生み出すことはなく、半音に見られる音程差で〔〈3の単部分超過比〉よりも〕より小さい。二倍〔二つ分〕にされた〈8の単部分超過比〉は、元の〈3の単部分超過比〉ではなく、一つの〈8の単部分超過比〉は〈3の単部分超過比〉の完全な半分ではない。

5〈3の単部分超過比〉から〈4の単部分超過比〉が引かれると、残るものは〈4の単部分超過比〉の半分を生み出さない。残りにおいても同様である。

第22章　オクターヴが〈多倍比〉の類《ゲヌス》に存することの反証

1　さていまやわれわれはオクターヴの協和《コンソナンティア》に戻ろう。もしオクターヴが不均等性《イナエクゥアリタス》の〈多倍比〉の類《ゲヌス》に存しないなら、それは不均等性の〈単部分超過比〉に存することになる。すると〈単部分超過比〉はオクターヴの協和ということになる。ここからそれに続く協和、つまり5度が取り去られると、4度が残る。したがって二つの4度は一つの5度よりも小さく、そしてこの4度自身は5度の協和の半分を満たさないことになるが、これはありえない。なぜなら二つの4度は全音＋半音の差で5度の協和を超えていることが証明されているからだ。それゆえにオクターヴは不均等性の〈単部分超過比〉に位置づけることはできない。

第23章　5度、4度、そして全音が〈単部分超過比〉に存することの証明

1　したがって残るは、5度と4度、そして全音が〈単部分超過比〉に置かれるべきことをわれわれが明らかにすることである。もっともこの点は、われわれはオクターヴは〈単部分超過比〉の類《ゲヌス》に位置づけられるべきでないという最初の証明において明らかにし、そしてこの証明はいわば理性的《ラティオ》な仕方で十分明らかであるが、それでもやはりわれわれはこの点について別個に、そしてより詳細に考察する。

2　もし誰かがこれらの〔音程の〕状態が〈単部分超過比〉に置かれるべきではないと言うのであれば、〈多倍比〉の類《ゲヌス》に据えられるべきと認めるであろう。なぜ〈単部分超過比〉や他の〔比と〕混合されたものの中に置かれることができないというのかという理由は、私の判断では、すでに説明されている[93]。したがって、もしもそうなされることが可能なのであれば、それらを〈多倍比〉の類に置いてみよう。

3　4度の協和《コンソナンティア》はより小さく、5度の協和はより大きいので、4度が〈二倍比〉に、5度が〈三倍比〉に合致することになる。なぜなら、4度の協和は5度の協和へと続いており、したがってもし4度が〈二倍比〉に据えられるなら、5度は二倍に続く比《プロポルティオ》、すなわち〈三倍比〉に据えられることになる。

4　しかしながら全音は、音楽のあり方において4度の次に置かれるものであるのだから、当然二倍よりも小さい比《プロポルティオ》に置かれることになる。しかしこの比は〈多倍比〉の類《ゲヌス》においては見いだされることができない。したがって残るのは、〈単部分超過比〉のあり方に属することになる。それゆえに〔〈単部分超過比〉の〕第一の比、つまり〈2の単部分超過比〉が全音の比ということになる。というのも、三倍から二倍を引けば、残るのは〈2の単部分超過比〉だからだ。ここでもし4度が二倍であり、5度が三倍であり、5度から4度を引くことによって全音が残ることを成すのであれば、全音が〈2の単部分超過比〉に存在しなければならないことに、どのような仕方であっても疑いはありえないだろう。

5　しかし二つの〈2の単部分超過比〉は二倍を超えるものであり、これは算術に導かれたものであれば誰であっても推論できるとおりのことである[94]。そうすると二つの全音は4度を超えることになるが、これは適切ではない。なぜなら4度は二つの全音を半音の幅の差で超えているからだ。したがって、5度と4度が不均等性《イナエクウアリタス》の〈単部分超過比〉の類《ゲヌス》に置かれない、ということはありえない。

6　もしある人が、確かに全音は4度よりも小さく、4度は5度よりも小さいのだから、全音は〈多倍比〉の類《ゲヌス》にあると述べるのであれば、5度は〈四倍比〉に、4度は〈三倍比〉に、全音は〈二倍比〉に置かれることになる。しかし5度は4度＋全音から成るものであり、したがってこれに従えば、〈四倍比〉は〈三倍比〉＋〈二倍比〉から成ることになるが、このようになされることは不可能である。

7　また同様に、4度が〈三倍比〉に、5度が〈四倍比〉に置かれるとする。そうすると、もしわれわれが〈四倍比〉から〈三倍比〉を引くと、〈3の単部分超過比〉が残るだろう。他方では、もしあなたが5度の協和《コンソナンティア》から4度を引くなら、全音の残りが生じる。この説明《ラティオ》に従えば全音は〈3の単部分超過比〉に存することになるだろう。しかし三つの〈3の単部分超過比〉が一つの〈三倍比〉よりも小さいものを生み出し、したがって三つの全音が一つの4度を満たすことはどう説明してもできず、これはきわめて間違ったことである。なぜなら2全音＋1小半音が4度の協和を満たすからである。

8　以上のことから、4度の協和《コンソナンティア》は〈多倍比〉ではないことが証明される。

9　さらに私は、5度の協和《コンソナンティア》も〈多倍比〉の類《ゲヌス》に置かれることは不可能であると言おう。なぜならば、もし5度が〈多倍比〉に置かれると、それに続くより小さいもの、つまり4度があるのだから、5度は〈多倍比〉における最小のもの、つまり〈二倍比〉としては位置づけられなくなるだろう。なぜならそれは4度の協和が適合することのできる場であるからだ。しかし、4度の協和は〈多倍比〉の種類《スペキエス》の性質を有していない。それゆえに5度も、最小の〈多倍比〉である〈二倍比〉よりも大きい〈多倍比〉のあり方に適合させられるということは不可能である。実際、それよりも小さい4度は〈多倍比〉に適合させられるということは不可能であり、それはなぜなら二倍よりも小さいものは何もないからである。それゆえに4度を〈2の単部分超過比〉に、全音を〈3の単部分超過比〉としてみよう。なぜならそれらは連続する比《プロポルティオ》に置かれるであろうからだ。しかし二つの〈3の単部分超過比〉は一つの〈2の単部分超過比〉よりも大きなものである。したがって二つの全音は一つの4度の協和を上回ることになるが、これはいかなる説明《ラティオ》によっても生じることはない。

10　以上のことから証明されるのは、5度と4度は〈多倍比〉の類《ゲヌス》に置かれることは不可能である、ということである。したがって、不均等性《イナエクゥアリタス》の〈単部分超過比〉の類に置かれるのは正当なことである。

第24章　5度と4度が最大の〈単部分超過比〉にあることの証明

1　またさらに以下の点が付け加えられる必要がある。すなわち、もし5度と4度が〈単部分超過比〉を保持するのであれば、それらは最大の〈単部分超過比〉に置かれている、ということである。最大であるのは〈2の単部分超過比〉と〈3の単部分超過比〉である。このことは以下の仕方で証明される。

2　もし5度と4度の協和《コンソナンティア》が〈2の単部分超過比〉と〈3の単部分超過比〉よりも小さい比《プロポルティオ》に置かれているなら、以下の点に疑いはない。すなわち、〈2の単部分超過比〉と〈3の単部分超過比〉以外のいかなる〈単部分超過比〉も、互いに組み合わされて〈二倍比〉を生み出すことはないのだから、いかなる論理《ラティオ》によっても5度＋4度が1オクターヴを含むということにはならない。

3　なぜならオクターヴは〈二倍比〉にあることは証明されているのだから、〈二倍比〉は〈2の単部分超過比〉＋〈3の単部分超過比〉から構成されており、オクターヴは4度＋5度で結合されている。以下の点に疑いはない。すなわち、もしわれわれがオクターヴ全体を〈二倍比〉に据えるなら、5度と4度は〈2の単部分超過比〉と〈3の単部分超過比〉に位置づけられる。なぜならば、これら二つの比《プロポルティオ》、すなわち〈2の単部分超過比〉と〈3の単部分超過比〉に置かれるのでなければ、他の仕方では〈二倍比〉にその協和《コンソナンティア》が存在しているオクターヴを結合した諸比を形成することはないからである。いかなる論理《ラティオ》によっても他の〈単部分超過比〉が〈二倍比〉を内包することはない。

第25章　5度は〈2の単部分超過比〉に、4度は〈3の単部分超過比〉に、全音は〈8の単部分超過比〉にある

1　私は5度がまさに〈2の単部分超過比〉に、4度が〈3の単部分超過比〉に存することを示そう。双方の比《プロポルティオ》の間、つまり〈2の単部分超過比〉と〈3の単部分超過比〉の間では、〈2の単部分超過比〉のほうが大きく、〈3の単部分超過比〉のほうが小さく、より大きいほうの協和《コンソナンティア》にはより大きいほうの比が、より小さいほうの協和にはより小さいほうの

比が適するはずであることは明らかである。したがって、5度が〈2の単部分超過比〉に、4度が〈3の単部分超過比〉に置かれるべきである。
2　もしわれわれが5度から4度を引くのであれば、残るのは全音と呼ばれる広がりである。もしわれわれが〈2の単部分超過比〉から〈3の単部分超過比〉を減じるなら、残るのは〈8の単部分超過比〉である。これはつまり、全音は〈8の単部分超過比〉に存することが定められているということである。

第26章　オクターヴ＋5度は〈三倍比〉に、2オクターヴは〈四倍比〉にあること

1　オクターヴは〈二倍比〉であり、5度は〈2の単部分超過比〉であり、それら〈二倍比〉と〈2の単部分超過比〉の結合が〈三倍比〉を生み出すことは証明されたので、これらからまた同様に5度＋オクターヴが〈三倍比〉に存することも明らかである。
2　しかしもし誰かが〈三倍比〉に〈3の単部分超過比〉を結び付けるなら、〈四倍比〉が成されることになる。したがってもし5度＋オクターヴの協和《コンソナンティア》に4度の響和《シンフォニア》が結び付けられると、〈四倍比〉の広がりを持つ声《ヴォクス》が成される。この点はわれわれが右で2オクターヴであると証明したことである。

第27章　4度＋オクターヴはピュタゴラス派によれば協和《コンソナンティア》ではない

1　以上の点について注意深い読者は次のことを認識するだろう。すなわち、協和《コンソナンティア》の上に置かれた協和は別のなんらかの協和をもたらす、ということである。なぜならば、前述のとおり、5度と4度が結び付けられると、オクターヴを生み出すからである。他方でまたこれ、すなわちオクターヴが5度の協和に結び付けられると、双方の名称から名付けられる協和、すなわちオクターヴ＋5度を成す。これに4度が加えられると、2オクターヴを成す。これは〈四倍比〉を保持する。

2　それでは、もしわれわれが4度とオクターヴの協和《コンソナンティア》を結び付ければ、ピュタゴラス派の人々の言うことと一致したなんらかの協和を生み出すのだろうか？　そうしたことはまったくない。なぜならそれはただちに不均等性《イナエクウァリタス》の〈複部分超過比〉の類《ゲヌス》に分類され、〈多倍比〉の秩序も、〈単部分超過比〉の簡潔さも維持することがないからである。ではここで諸数《ヌメルス》が提示されて、それらの数によってわれわれがこのことをより明瞭に証明することにしよう。

3　例えば3があるとする。この二倍は6であり、すなわちオクターヴの比《プロポルティオ》に存する。これ［6］に対して、われわれが4度であると前もって述べておいた〈3の単部分超過比〉を合わせてみる。それはすなわち8である。まさにこれが6に対して4度の比を保持する。

3に対比される8はそれ自身の二倍を保持するが、しかし〈多倍比〉ではなく、その〔3の〕いくつかの諸部分を有し、それ〔3〕を単に倍化したものではない。なぜならば8は〔6を〕二つの〈単位一《ユニタス》〉分の差で超えており、これは3の1/3の二つ分である。これはわれわれが最初にして最小の項として定めたものである。したがって下の諸項があることになる。

3	6	8

4　これ〔4度＋オクターヴ〕は互いに連続する二つの協和《コンソナンティア》の間に相当するものである。というのもこれはオクターヴの協和をもたらすような、いささかも欠けたところのない〈二倍比〉でもなく、また5度＋オクターヴの響和《シンフォニア》を生み出すような〈三倍比〉でもないからである。もしこれに全音が加えられるなら、ただちに比《プロポルティオ》の三倍のあり方を生み出す。結合されたオクターヴ＋5度は三倍を生み出し、4度＋全音は5度の協和を一体にするのだから、もしオクターヴの協和に4度が加えられるなら、不協和《インコンソヌス》が生じる。なぜなら二倍と三倍の間には〈多倍比〉のいかなる比も自然な仕方で認められることはありえないからだ。もし私が全音を加えるなら、オクターヴ＋4度＋全音を生み出し、これはオクターヴ＋5度以外の何ものでもない。なぜなら4度＋全音は5度を構成するからだ。したがってオクターヴは3：6、4度は6：8、全音は8：9、5度は6：9、オクターヴ＋5度は3：9となる。そうすると下のような〈三倍比〉が成される。

3	6	8	9

5　ニコマコスはこの点について多くを語っているが、しかしながらわれわれは、できるかぎり簡潔にピュタゴラス派の人々が主張したことを部分的に明らかにし、また部分的にその同じ主張の帰結を議論することによって、次の点を証明した。すなわち、4度の協和《コンソナンティア》にオクターヴが加えられることによって、ここから協和が結合されることは不可能である、ということである。この点についてプトレマイオスがいかに考えていたかについては、私は後段で付言しよう[95]。しかしこの点については十分である。いまや半音について考察されねばならない。

第28章　半音について。いかなる最小の諸数《ヌメルス》に半音は存するか

1　半音と名付けられているのは、真に全音の半分であるものではなく、全音に満たないものであり、われわれが今まさに半音と呼んでいるその広がりは、往時の人々においてはリンマあるいはディエシスと呼ばれていたものである。それは以下のような仕方である。

2　4度であるところの〈3の単部分超過比〉から、全音であるところの〈8の単部分超過比〉のあり方の二つ分が引かれると、残る広がりが半音と呼ばれるものである。したがって連続した並び方で適切に配置された二つの全音を求めてみよう。既述のように、これらは〈8の単部分超過比〉に存し、〈多倍比〉から引き出すことができない以上、それら二つの連

続する〈8の単部分超過比〉を扱うことはできないので、最初の〈単位一《ユニタス》〉と、その最初の八倍である8を例に取ろう。ここから私は一つの〈8の単部分超過比〉を引き出すことができるだろう。しかしわれわれが求めようとしているのは二つ〔の〈8の単部分超過比〉〕であるから、8によって八倍をなし、そうするとここから64がもたらされる。これは二つ目の八倍であり、ここからわれわれは二つの〈8の単部分超過比〉を引き出すことができる。

3　8は、64の$1/8$の〈単位《ユニタス》〉であり、これが付け加えられると72という全体の総計が生み出される。もしこの〔72の〕$1/8$、つまり9が同じような仕方で付け加えられると、81をもたらす。これら二つの連続する全音は下の基本的な配置で表記される。

4　さてそれでは、64の〈単位《ユニタス》〉である〈3の単部分超過比〉を求めてみよう。しかし64は$1/3$の部分を有さないことは証明されているので、もしこの数《ヌメルス》全体を3によって倍化すると、ただちにその$1/3$の部分が生じ、その三倍化によってもたらされる前に生じていたのと同じ比《プロポルティオ》において、その数は存在し続ける。したがって64の三倍は１９２を生み出す。１９２の$1/3$である64がこれ自身に付け加えられると、２５６を生み出す。したがってこれが〈3の単部分超過比〉であり、4度の協和《コンソナンティア》を保持しているものである。

64：72：81

192：216：243：256

5　さて、二つの数《ヌメルス》に含まれている192に対する二つの〈8の単部分超過比〉を確固とした配列によって並べてみよう。72の三倍は216を成し、他方81の三倍は243である。これらは先述の二つの項の間において以下のように並べられる。この諸比《プロポルティオ》の配置において、最初の数〔192〕は最後の数〔256〕に対して4度の協和《コンソナンティア》〔3：4〕を構成している。また同じく、第一の数〔192〕は第二の数〔216〕に対して、第二の数〔216〕は第三の数〔243〕に対して、それぞれ二つで一組の全音〔8：9〕を構成している。したがって残りの広がりが存在しているが、それは243：256であり、この最小の諸数に半音の状態《フォルマ》が存する。

第29章　243：256は全音の半分ではないことの証明

1　したがって私は243：256の距離が全音の完全な半分の幅ではないことを証明しよう。243と256の差は13部分に相当し、これは〔243の〕1/18よりも小さい部分を保持し、また1/19よりも大きい部分を保持する。もしあなたが13の18倍を計算すれば、234を成し、これはいかなる仕方であっても243と等しくならない。もし13を19で倍化するなら、これは〔243を〕超えてしまう。したがってこのとき、あらゆる半音は、たとえ全音の完全な半分を保持しているとしても、16番目と17番目の間に配置されるべきであることになる。この点は後に証明されるであろう[96]。

2　いまや以下の点が明白となるであろう。すなわち、半音のこのような距離が、二つで一組とされても、全音の一つの広がりを満たすことはできない、ということである。さてそれでは続いて、256：243の比《プロポルティオ》が有しているように、二つの互いに連続する比を前述の規則にしたがって配置してみよう。256をそれ自身によって倍化すると、最大の項である6万5536となる。同じく、243をそれ自身の数によって増大させると、最小の項である5万9049となる。他方、256を243の数で増大させると、6万2208の数になる。この中間は下のような仕方で配置される。

3　256：243は、6万5536：6万2208と同じ比《プロポルティオ》にある。そしてまた同様に6万2208：5万9049と同じである。しかしながらこれらの中で最大の項である6万5536は、これらの中で最小の項である5万9049に対して一つの完全な全音を成さない。もし第一項の第二項に対する比が、これは第二項の第三項に対する比と同じであるが、完全な半音であると証明されるなら、結合された二つの半音は全音を必然的に生み出すはずである。しかし、両端の項の比は〈8の単部分超過比〉でないのだから、これらの二つの広がりが厳密な意味で全音の半分であるとは考えられないことは明白であ

65536	62208	59049

る。なぜなら、何かの半分であるところのものはいかなるものでも、もし二倍化されれば、その半分の元になっているものを生みだすからである。もしもそれを満たすことができないのであれば、その二つで一組の片方は半分よりも小さく、またそれよりも余る、あるいは超えるのであれば、半分よりも大きいのである。

4　さらにまた以下の点も証明されるだろう。すなわち、もし5万9049が〈単位《ユニタス》〉によって対比され、5万9049の1/8が、『算術教程』において言及された規則にしたがって[97]、それ自身〔5万9049〕に付け加えられたとしても、6万5536：5万9049の〈8の単部分超過比〉を成すことはない、ということである。この1/8は整数には存していないのだから、この同じ1/8をわれわれは熱心な読者の計算に残しておくことにしよう。

5　したがってこの比《プロポルティオ》、すなわち256：243を構成する比が全音の完全な半分ではないことが明白である。真に半音と呼ばれるものは、全音の半分よりも小さい。

第30章　全音のより大きい部分について。これはいかなる最小の諸数に存するか

1　残るより大きな部分は、ギリシャ人たちによってアポトメーと呼ばれているものであり、われわれによっては「切り分けること decisio」と呼ばれうるものである。自然は以下のように成すものであるが、不均等な諸部分によって分割されるように何かが切り分けられ

るたびに、より小さいほうの部分は半分よりも小さく、それと同じように、より大きいほうの部分は半分をより大きく上回る。したがって半音が全音の完全な半分よりも小さいのと同じだけ、アポトメーは全音の完全な半分を超える。われわれは半音は主に256∶243にとどまることを証明したので、いまやわれわれはアポトメーと呼ばれるものがいかなる最小の諸数に存するのかを証明することにしよう。

2　もし〈8の単部分超過比〉が243に対して対比されるように、243が⅛を受け入れることができるのであれば、256のこの小さいほうの数の〈8の単部分超過比〉に対するあり方が、議論の余地のない説明によってアポトメーを証明したことであろう。しかしこの⅛は存在しないことが証明されているので、双方の数の八倍を成すことにする。243の八倍の倍化から1944が成される。これ〔1944〕に固有の⅛〔243〕が与えられると、2187となる。また他方で256を8を通じて増加させると、2048が生じる。そしてこれは先述の諸項の中間に置かれる。

3　第三項は第一項に対して全音の比《プロポルティオ》を、第二項は第一項に対して小半音の比を、第三項は第二項に対してアポトメーの比を保持している。初めのほうの諸数〔2187∶2048〕にアポトメーの比が、また半音の広がりは24

1944	2048	2187

3：256という最小の諸数に含まれていることが見受けられる。

4　1944：2048は243：256と同じ比《プロポルティオ》にある。なぜならば243と256を八倍したものだからだ。それはなぜなら、もし一つの数《ヌメルス》が何であれ二つの数を倍化するのであれば、その倍化からは先の二つの数が倍化したそれらの数となるところのものと同じ比にある数が生じるものであるからだ。

第31章　いかなる比《プロポルティオ》によって5度＋オクターヴは成立するか。またオクターヴは6全音と一致しないこと

1　われわれは4度の協和《コンソナンティア》に関しては幅広く言及したので、オクターヴ＋5度の協和について簡潔に、そしておおよそのところ、初めのほうの諸数《ヌメルス》によって論じるべきである。

2　5度は3全音＋1半音から構成され、それはすなわち4度＋1全音から成るということである。というのも、既出の図〔「本書1・17」〕[98]が表していた諸数は下のように配置される。この配置において第一項：第二項、そして第二項：第三項は全音の比《プロポルティオ》を保持している。しかし第三項：第四項は小半音の比であり、それは右で示されているとおりである[99]。もし256の1/8が、その1/8の元であった数に加えられると、288を成す。これは192と対比されると〈2の単

192：216：243：256

部分超過比〉の広がりを生み出す。その結果、第一項：第二項、第二項：第三項、第四項：第五項とまとめられると、三つの全音があることになる。小半音は第三項：第四項の対比《コンパラティオ》が保持している。

3　もし4度がまさに2全音＋1小半音であるのであれば、5度は実に3全音＋1小半音である。また4度＋5度の結合はオクターヴを成すことが見受けられる。つまり5全音＋2小半音の広がりであり、後者は一つの全音を満たしているとは見受けられない。したがってオクターヴの協和《コンソナンティア》は6全音を構成するものではないことになり、これはアリストクセノスが判断していたとおりである[100]。

4　この点はまさに諸数において配置されると一見して明らかである。六つの全音を秩序にしたがって、すなわち〈8の単部分超過比〉を構成する秩序に配置してみよう。六つの〈8の単部分超過比〉は、八倍の六番目から生み出される。したがって六つの八倍を下のような仕方で配列してみよう。

5　この最後の数〔26万2144〕から始まる〈8の単部分超過比〉を構成する六つの全音は次のように配置される。まず八倍の項が置かれて、諸項の⅛がその諸項自身の脇に付け加えられる。その図は次頁のようなものである。

6　この図の意図は以下のとおりである。「進路 limes」と呼ばれる、連続し

1	8	64	512	4096	32768	262144

ていく行が八倍の諸数を保持している。そして第六番目の八倍から〈8の単部分超過比〉が導き出されている。まさにわれわれが「1/8」と記載した箇所に、それらの諸数に加えられるそれらの諸数の1/8がある。それらの諸数に加えられる1/8が足されることによって、続く諸数が生み出される。例えば、第一欄は26万2144であるが、この1/8は3万2768である。後者が前者に結合されると、続く数が生み出される。それは29万4912である。そして残りにおいても同じことが見受けられる。

7　最後の数、それは53万1441であるが、もしこれが第一の数である26万2144の二倍であるのならば、オクターヴは6全音を成すと見られるのは正当なことであったろう。しかし最小の数、つまり第一の数の二倍をわれわれが求めるならば、それは最大にして最後の数より

8倍						〈8の単部分超過比〉	1/8
1	8	64	512	4096	32768	262144	32768
						294912	36864
						331776	41472
						373248	46656
						419904	52488
						472392	59049
						531441	

も小さい。なぜならば、26万2144という数の二倍は、26万2144に対してオクターヴの協和《コンソナンティア》を保持するものであるが、それは52万4288である。したがってこれは、6全音を保持している数、つまり53万1441という数よりも小さい。すなわち、オクターヴの協和は6全音よりも小さい。

8　6全音がオクターヴの協和《コンソナンティア》を超えている部分のことを、私はコンマと呼ぶ。これは52万4288：53万1441という最小の諸数の中に存する。

9　すべての判断を聴覚に帰したアリストクセノスの意見に関しては、私は別の場所で言及しよう[101]。いまや私は、読者の不快感を回避するために、この巻を閉じるべきであろう。

[第三巻]

第1章　アリストクセノスに反し、〈単部分超過比〉は均等に分割することができず、全音も同様であること

1　第二巻において、4度の協和《コンソナンティア》は2全音＋1半音から、5度は3全音＋1半音から結び合わされるものであることが証明された。しかしこの半音は、別個に吟味の上で扱われるなら、全音の完全な半分をもたらすことはできず、そしてそれゆえにオクターヴはいかなる仕方でも6全音に達せられるということもない。しかし音楽家《ムシクス》であるアリストクセノスは、すべてを聴覚の判断にゆだねたので[102]、これらの半音が、ピュタゴラス派の人たちの言うように、半分よりも狭いとは考えていなかった[103]。むしろ、これは半音と言われるのだから、全音の半分であると考えていた。したがってこの点についてはいま一度、しばらく時間をかけて議論されるべきであり、またいかなる〈単部分超過比〉のあり方も既知の数《ヌメルス》によって完全な半分に分割されることが可能だったことはかつてなかったことが証明されるべきである。

2　〈単部分超過比〉を含む二つの数《ヌメルス》の間では、それらの二つの数が主要なものであり[104]、

それらの差が〈単位一《ユニタス》〉であっても、あるいはそれに続く数であっても、幾何比例《プロポルティオナリタス》におけるように、最小項：中間項が保持する比《プロポルティオ》が、中間項：最大項の保持する比であるような仕方で、いかなる中間の数も置くことは不可能であろう。そうではなく、あるいは算術中項《アリトメティカ・メディエタス》にしたがった均等性《アエクゥアリタス》があるような仕方で均等な差を成すことが可能であるか、あるいはそれらの項の間に置かれた中間の数が調和中項《アルモニカ・メディエタス》を成すか、あるいはわれわれが『算術教程』で言及したようななんらかの別の中項が置かれるのである[105]。もしこのことが証明されれば、〈8の単部分超過比〉、つまり全音が、半分に分離されうるということは成立しえないであろう。それはなぜならあらゆる〈8の単部分超過比〉は不均等性《イナエクゥアリタス》の〈単部分超過比〉に存するからである。

3　この点は帰納法によってより良く証明されるだろう。なぜならそれぞれの比《プロポルティオ》、それはつまり〈単部分超過比〉のことだが、それらを通じて考察が引き出されるなら、中間に置かれた中項《メディエタス》によって均等な諸比に分かたれるということはうまくいかないのであり、したがって〈単部分超過比〉の対比《コンパラティオ》が均等に分割されることは不可能であるということに疑いはない。

4　なんであれ2全音＋完全な1半音の距離で隔てられた声《ヴォクス》のか弱い音調が比べられる際に、聴覚《アウリス》にとってなんらかの協和《コンソヌム》が響くのが感知されるとしても、それはその協和が自然であることが証明されたわけではない。なぜなら感覚《センスス》はごく小さなものを把握する能力がなく、したがって協和を超えて進むこのような差異を耳の感覚は識別することができないからである。しかしながら、そうした小さなものがその同じ過ちを通じてきわめて頻繁に増大するのであれば、このことは気づかれるようになるであろう。なぜなら最小限に構成され結合されたものは、ほとんど識別されないが、大きくなり始めると、識別されるようになるからである。

5　それではいかなる比《プロポルティオ》によって着手されるべきであるのか？　もしかするとわれわれは今探求されていることから着手することによって、この探求の近道を提示するだろうか？　それはつまり、全音は二つの均等な部分に分かたれることが可能か否か、ということである。いまや全音について詳細に吟味されるべきであり、いかなる仕方でも二つの均等な部分に分けることは不可能であることが証明されなければならない。もしこの証明が残りの〈単部分超過比〉の対比《コンパラティオ》に当てはめられるなら、〈単部分超過比〉は既知の整数によって分かたれることが不可能であることが同様に証明されるだろう。

6　全音を含む最初の諸数《ヌメルス》とは8と9である。しかしこれらの数はその間に中間の項はないような仕方で自然に続いているので、倍化できる最小の数である二倍でそれらの数を倍化する。そうすると生じるのは16と18である。これらの数の間には、自然な仕方で、ある数が結果として相当する。それは17である。16∶18は全音であるが、17に対比された18は、17を丸ごとと、その$1/17$を有している。$1/17$は$1/16$よりも当然小さく、17∶16の数を含む比《プロポルティオ》のほうが、18：17よりも大きい。これらは下のような仕方で配置される。16がA、17がC、18がB。

7 したがって全音の完全な半分はCとBの間にはいかなる仕方によっても相当しない。なぜならCBの比《プロポルティオ》はCAの比より小さいからである。したがってより大きな部分のほうに向かって正しい半分は置かれなければならない。それはまさにDという半分である。なぜならDBの比、これは全音の半分であるが、これはCBの比、つまり全音を分割したより小さい部分であるが、これよりも大きい。他方ACの比、これは全音を分割したより大きい部分であるが、これは全音の半分であるADより大きい。ACは〈16の単部分超過比〉であり、CBは〈17の単部分超過比〉である。以上のことから完全な半分は〈16の単部分超過比〉と〈17の単部分超過比〉の間に相当することに疑いはない。しかしながらこれは整数によってはいかなる仕方によっても見いだされ

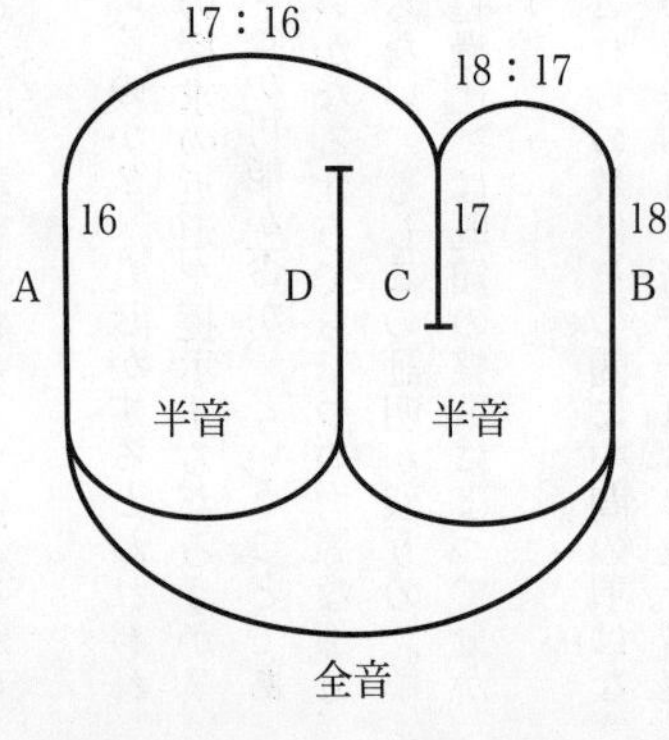

ることはありえない。

8　17：16は〈16の単部分超過比〉を有しているので、この17という数の$\frac{1}{16}$を求めようとするなら、〈単位《ユニタス》〉と〈単位〉の$\frac{1}{16}$となるであろう。これを同じ17という数に結び付ければ、$18\frac{1}{16}$を生み出す。したがって$18\frac{1}{16}$を16という数と対比すると、全音の尺度を完全に超えることが見受けられる。なぜなら16に対しては18という数だけが〈8の単部分超過比〉を堅守するものだからである。以上のことから以下のようになる。二倍に増大された〈16の単部分超過比〉は全音を超える[106]ので、全音の完全な半分はありえない。なぜなら二倍に引き伸ばされたものが何であっても、それが別のものを超えるとき、その引き伸ばされる前のものは超えられたものの半分を上回っていることが見受けられるからだ。それゆえに〈16の単部分超過比〉は全音の半分ではない。

9　そして以上のことを通じて、〈16の単部分超過比〉よりも大きい比《プロポルティオ》はいずれも、全音の半分ではない。なぜならこの〈16の単部分超過比〉自身が全音の半分よりも大きいからだ。

10　しかしながら、〈16の単部分超過比〉には続いて〈17の単部分超過比〉が連なるので、これが二倍化されると全音を満たすのかどうかを見てみることにしよう。18の項は〔17と〕、17という数の$\frac{1}{17}$を保持する。したがって、もしわれわれがこの同じ比《プロポルティオ》において、18に対して別の数を対比させるならば、それは$19\frac{1}{17}$であろう[107]。しかしもしわれわれが17の項に対して〈8の単部分超過比〉に置かれた数を対比させるなら、それは$19\frac{1}{8}$となるであろう[108]。

$\frac{1}{8}$は$\frac{1}{17}$よりも大きい。すなわち$19\frac{1}{8}$：17は$19\frac{1}{17}$：17よりも大きい。後者はつまり二つの〈17の単部分超過比〉である[109]。したがって、二つの〈17の単部分超過比〉は一つの全音を満たしているとは見受けられない。したがって〈17の単部分超過比〉は全音の半分ではない。なぜならその二倍が完全な全音を満たさないのだから、その半分も保持しない。なぜなら半分というのは二倍化されると、その半分の元になったものと等しくなるからである。

第2章　〈3の単部分超過比〉から2全音が引かれると、全音の半分は残らないこと

1　さてもし〈3の単部分超過比〉から2全音が引かれて残る諸数《ヌメルス》を配置するなら、ここにおいてわれわれは、それら2全音の後に残るその比《プロポルティオ》が、完全な半音の場として認められるのかどうかを熟考することができる。もしもそのように見いだされたのであれば、4度の協和《コンソナンティア》は2全音＋完全な1半音によって結び合わされたものだということが証明されたはずである。既述のとおり[110]第一項は１９２であり、これに対して〈3の単部分超過比〉を保持していたのは２５６である。この第一項に対して２１６が全音を成し、さらに２１６に対しては２４３が全音の場を占めている。4度の比の全体から残るのは２４３と２５６の〈単位《ユニタス》〉に存するあり方である。もしこのあり方が完全な全音の半分であると証明されるのであれば、4度が2全音＋1半音から構成されることが疑われることは不可能である。

2　全音の半分は〈16の単部分超過比〉と〈17の単部分超過比〉の間に位置することが証明されたので、この比《プロポルティオ》〔256：243〕がこの対比《コンパラティオ》に割り当てられるべきである。

3　話を進めるのが長くならないように、私は243から$\frac{1}{18}$を取ることにする。それは$13\frac{1}{2}$を成す。これを243に付加すると$256\frac{1}{2}$を成す。したがって256：243の比《プロポルティオ》は〈18の単部分超過比〉のあり方よりも小さいことは明らかである。もし大半音が〈16の単部分超過比〉にあり、また小半音が〈17の単部分超過比〉にあるのであれば、〈18の単部分超過比〉は〈17の単部分超過比〉のあり方よりも小さいのだから、256：243の比は、4度から2全音を引いて残るものであるが、これは〈18の単部分超過比〉よりも小さい。したがってこれらの二つの数〔256：243〕の比が半音よりもはるかに小さいことは疑いない。

192：216：243：256

第3章　アリストクセノスに反し、4度は2全音＋完全な1半音から構成されず、またオクターヴは6全音から構成されないことの証明

1　もし、アリストクセノスが断言するように、4度の協和《コンソナンティア》は2全音＋1半音から結合されるのであれば、二つの4度は必然的に5全音を生み出し、5度＋4度の結合は、1オクターヴを一体となって生み出すのだから、六つの連なる全音と等しくなる。少し前にわれわれは6全音を配置したが[111]、その中で最小の数は26万２１４４であり、それに対して第六番目の全音に置かれていた最大の数は53万１４４１であった。そして第五番目の全音を保持していた数は47万２３９２であった。それらは下のように配置される。

2　それでは、より小さなほうの諸数《ヌメルス》、つまり五つの全音について言及しよう。もし4度が2全音＋1半音によって構成され、また二つの4度が5全音によって構成されるなら、26万２１４４から上に4度を拡張し、そして47万２３９２から下にまた4度を縮小するとき、この拡張と縮小の双方の間

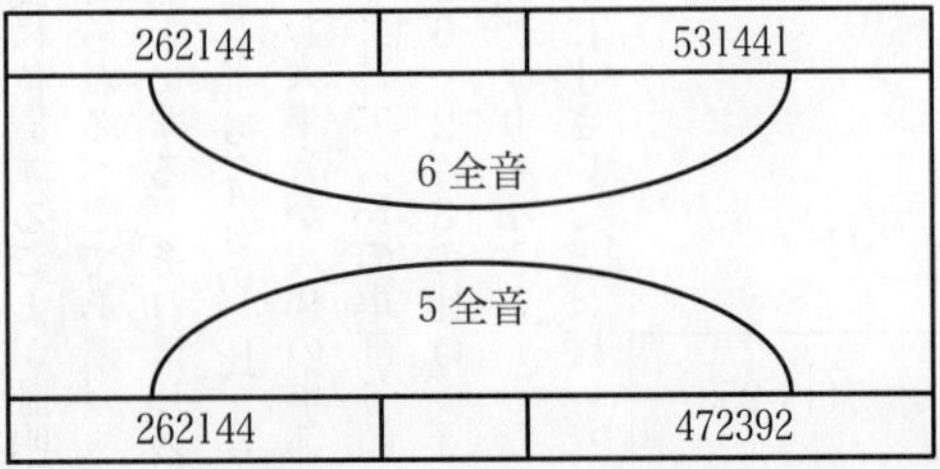

では同じ数が見いだされるはずである。これは以下の仕方でなされる。

３　26万２１４４の数《ヌメルス》から４度、すなわち〈３の単部分超過比〉が引き伸ばされることによって、34万９５２５$\frac{4}{12}$を成す[112]。他方47万２３９２の数から〈３の単部分超過比〉が引き戻されることによって、35万４２９４という結果となる。これらの比《プロポルティオ》をわれわれは以下のような仕方で配置する。第一の数をA、第二の数をB、第三の数をC、第四の数をD、というようにする。A項とD項は5全音の差で離れており、そして４度は、アリストクセノスが判断していたように、2全音＋1半音において結合されているので、一つの４度がAとBの間に、そして別の４度がCとDの間に置かれる。するとBとCの項は違ったものではあるべきでなく、二つの４度の協和《コンソナンティア》は完全な5全音を構成することが見受けられるはずである。さて実際は、４７６８$\frac{8}{12}$の差があるのだから、４度は2全音＋1〔完全な〕半音によって結合されたものだということには少しもならない。

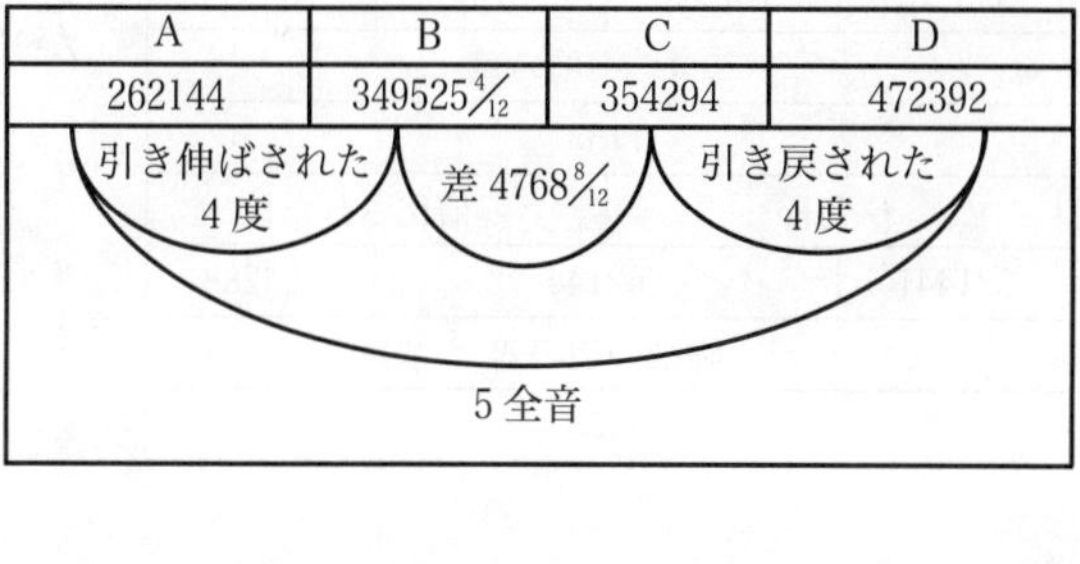

第4章　オクターヴの協和《コンソナンティア》は6全音によってコンマの差で超えられる。そして最小の数《ヌメルス》であるコンマとはいかなるものであるか

1　もしわれわれがこの〔BとCの間の〕差を整数において求めようとするなら、その一部には8/12があって、もしこれに4/12が加えられると完全な〈単位一《ユニタス》〉を生み出し――4/12は8/12の半分であるのだから――この差全体〔4768 8/12〕の半分、つまり2384 4/12をこの差自体に付け加えるなら、7153という総計を成す。しばらく前の箇所で、これはコンマの比《プロポルティオ》を保持していたものであった[113]。なぜならばコンマは、このコンマの差で6全音がオクターヴの協和《コンソナンティア》を超えるものであり、最小の数《ヌメルス》においては7153〈単位〉に含まれているものだからである。

5全音		二倍化された4度	
262144	349525 4/12	354294	472392
上記の数の半分			
131072	174762 8/12	177147	236196
最初の数とその半分			
393216	524288	531441	708588
二つの中項の差			
7153			
6全音		二倍化された比	
531441	262144		524288
両端の項の差			
7153			

2　その数に固有の半分の差を加えて、71

５３へと増大させたように、ＡＢＣＤすべての項にその固有の半分を足せば、そのすべてにおいて上と同じ比《プロポルティオ》があることになるだろう。そして5全音と二倍化された4度の間の差は、6全音とオクターヴの協和《コンソナンティア》の間の差と同じであり、つまり７１５３〈単位〉である。以上のことから、5全音は二つの4度を、6全音は1オクターヴをコンマの差で超えるということが理解される。これは最小の数である７１５３〈単位〉において見受けられる。

3　このことは右の図によって開示される。

第5章　いかなる仕方でフィロラオスは全音を分割したか

1　ピュタゴラス派であったフィロラオス〔Philolaus 紀元前五世紀にピュタゴラス派に属していた人物とされるが、詳細は不明〕は別の仕方で全音を分けることを試みた。彼は全音の起源を、最初の奇数から得られる最初の三乗が成す数《ヌメルス》から打ち立てたのだった。というのも、その数はピュタゴラス派の人々によればきわめて名誉あるものだったからである。3という数は最初の奇数であり、3を三倍し、そしてそれにまた三倍して導き出せば、必然的に27が生じる。この数は24という数に対して全音の差で離れており、同じ3の差を維持している。3は24という総計の1/8であり、これがこの数〔24〕に付加されると、3による最初の三乗である27を再び生み出す。

2　ここからフィロラオスは二つの部分を生じさせる。一つは大きい半分であり、これをアポトメーと呼び、残ったもう一方は小さい半分であり、それをディエシスと呼び、これは後に小半音と呼ばれるようになった。それらの間の差はコンマである。

3　まず第一に〔フィロラオスは〕、ディエシスは13〈単位《ユニタス》〉に存すると判断した。それは、これが256と243の間の差として見分けられた、という事情による。これは13という数《ヌメルス》と同じであり、9と3と〈単位一〉によって構成され、これは〈単位一〉が点としての場を、3は線の最初の奇数を、9は最初の二乗の奇数の場を保持している[114]。こうした理由から彼はディエシスと13を共に置き、半音と呼んだ。27という数の残りの部分は、それは14〈単位〉を含むものであり、アポトメーを構成するものと位置づけた。しかし13と14の間では〈単位一〉が差を成すものであるから、コンマの場は〈単位一〉が占めるべきであるという意見を持った。27〈単位〉における全音全体は216と243、つまりこの間は全音の差で離れているのであり、その差は27であるが、ここに位置づけた。

第6章　全音は2半音＋1コンマから構成される

1　以上のことから、全音は2小半音＋1コンマによってなることが容易に明らかである。なぜなら、もし全音全体がアポトメーと半音から構成されるのであれば、半音はアポトメーからコンマの差で異なっているからであり、アポトメーとは小半音＋コンマに他ならないからである。したがって、もし全音から2小半音が引かれると、コンマがその残りを成す。

第7章　全音は2半音からコンマの差で離れていることの証明

1　この同じことは以下のような仕方で証明されるだろう。もしオクターヴが5全音＋2小半音によって包含され、6全音がオクターヴの協和《コンソナンティア》を1コンマの差で超えているなら、以下の点には疑いはない。すなわち、5全音が双方の広がりから引かれることによって次のようになる。オクターヴから5全音が引かれると、残りとして生じるのは2小半音であり、6全音から5全音が引かれると、残りとして生じるのは1全音である。この1全音というのはそこに残される2半音をコンマの差で超えている。もしこれらの同じ2半音にコンマが戻されるなら、全音と等しくなる。したがって、1全音は2小半音＋1コンマに合致する。これ〔コンマ〕は主要な〈単位《ユニタス》〉である7153と等しいことが見受けられる。

第8章　半音よりも小さい音程について

1　したがってフィロラオスはこれらと、これらよりも小さな広がりを以下のような定義に収めた。

2　ディエシスとは、この音程幅の差で〈3の単部分超過比〉が2全音よりも大きい広がりのことである。

3　コンマとは、この音程幅の差で〈8の単部分超過比〉が2ディエシスよりも大きい広がりのことである。

4　スキスマとはコンマの半分である。

5　ディアスキスマとはディエシスの、すなわち小半音の半分である。

6　以上のことから以下の点が導き出される。すなわち、全音というのは主に小半音とアポトメーに分割されるので、さらには2半音と1コンマにも分割される。このことによって、4ディアスキスマと1コンマに分割されるというようになる。全音の完全な半分は、つまり半音のことであるが、これは2ディアスキスマ、つまり1小半音と、1スキスマ、つまりコンマの半分、から成る。

7　全音全体は2小半音＋1コンマから結び付けられているので、もし誰かがこれを完全に分割することを望むなら、1小半音＋1コンマの半分、ということになる。さて、1小半音は2ディアスキスマに分割され、コンマの半分は1スキスマである。したがって以下のように言われるのは正当なことである。すなわち全音の完全な半分は2ディアスキスマと1スキスマに分割されることが可能であり、このことによって、完全な半音とは1小半音とは1スキスマの差で異なっているということが見受けられる、というようになる。またアポトメーは小半音から2スキスマの差で異なっている。つまりコンマの差で異なっている。そして2スキスマが1コンマを形成する。

第9章　諸協和《コンソナンティア》を通じて得られる全音の諸部分について

1　しかしこの点についてはここまでとする。いまや以下の点が言及されるべきである、すなわち、いかなる仕方でわれわれは音楽の協和《コンソナンティア》を通じて、指定された広がりをあるときは引き伸ばし、またあるときは引き戻すことができるか、ということである。これは線的になされるのが良いだろう。つまり、われわれが描き出す線が声《ヴォクス》の場として認められるように、という意味である。しかしそれはさておき、この方法自身が自らによって証明するであろう。

2　協和《コンソナンティア》を通じて高音と低音において全音の広がりを得ることを目的としてみよう。

3　B音があるとする。ここから私はある音《ソヌス》を引き伸ば

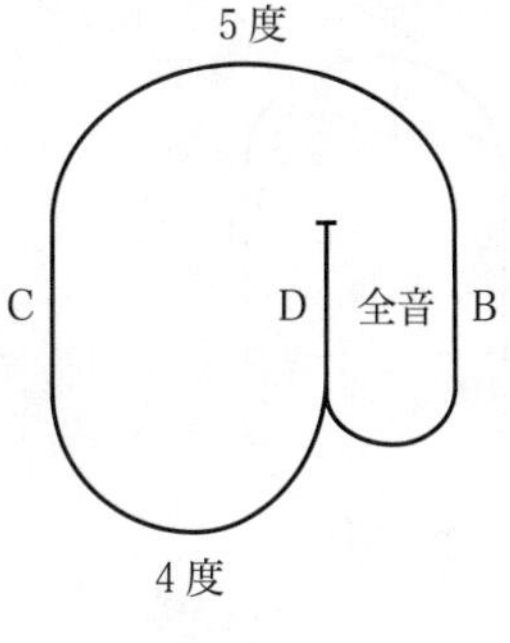

す。その音とはB音から5度の広がりでC音へと向かって離れているものである。ここから4度の協和《コンソナンティア》をDへと向かって引き戻す。そして5度と4度の間の差を成すのは全音なので、DBの広がりは全音であることが認められる。

4　低いほうの部位《パルス》に向かって全音は以下のように測定される。BからFに向かって私は4度を引き伸ばし、そしてFからKに向かって5度引き戻す。するとKBは全音となるであろう。注意深い読者は、全音はDBに対しては高い部位に向かって、他方KBに対しては低い部位に向かってなされることに気がつくであろう。

5　協和《コンソナンティア》を通じて高音と低音において全音のより小さい部位《パルス》を得ることを目的としてみよう。全音のより小さい部位とは、4度の協和が2全音を超える際の差であるところの広がりである。

6　A音があるとする。私はAからBに向かって4度を引き伸ばす。さらにBからCに向かって4度引き伸ば

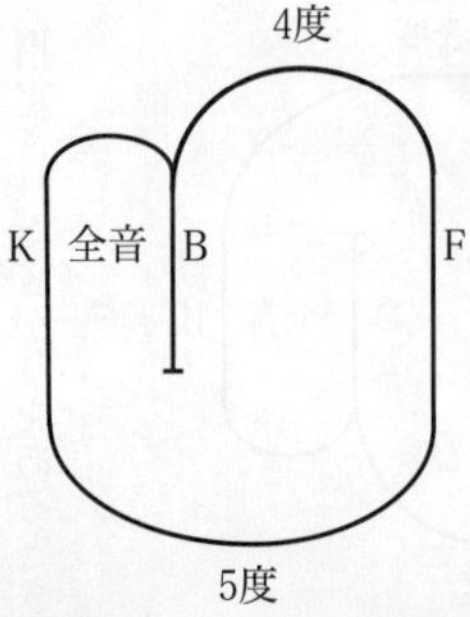

す。そしてCからDに向かって5度引き戻す。するとBDが全音である。他方DからEへと4度を引き伸ばす。そしてもう一度EからFに向かって5度引き戻す。するとDFが全音である。したがってBD、DFの二つの全音がある。そしてBAは完全な4度である。したがってFAは全音のより小さい部分、つまり半音と呼ばれるものである。

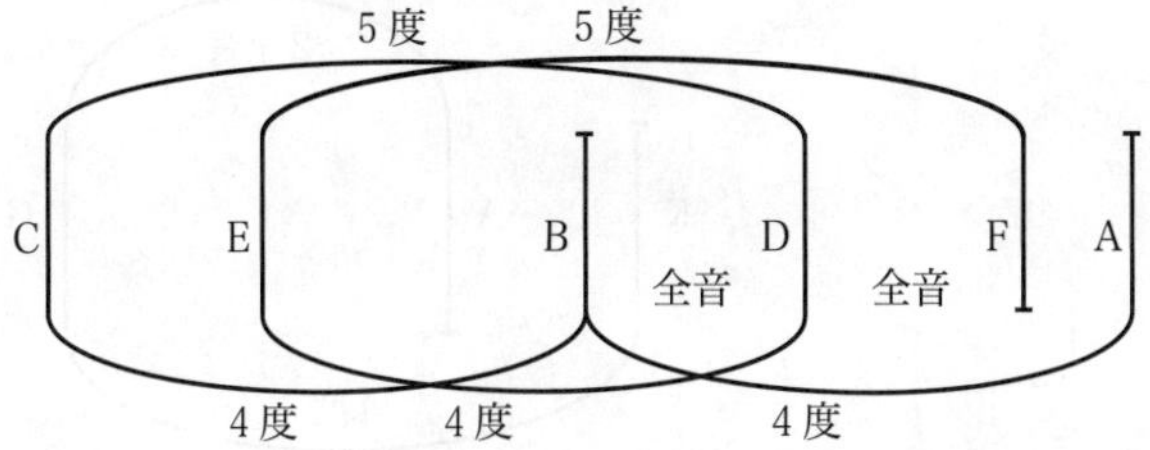

7　低い部位《パルス》に向かっては以下のような仕方でなされる。Ａ音があるとする。私はＧへと向かって2全音を引き伸ばし、そしてＧからＫへ向かって4度の協和《コンソナンティア》を通じて引き戻す。するとＫＡに生み出されるはずのものはより小さい部位である小半音である。

8　もし3全音から4度を引くのであれば、アポトメーの残りが生じる。たとえばＡＢ、ＢＣ、ＣＤの三つの全音があるとする。ここからＡＥの4度が引かれる。するとＥＣは小半音であり、ＥＤはアポトメーとなるであろう〔次頁上図〕。

9　このアポトメーを、もし適切なのであれば、以下のような仕方でもわれわれは得る。まず最初に高いほうへと向かう。Ａから3全音を引き伸ばし、ＡＢができる。そしてここ、つまりＢからＣへと向かって４度の協和《コンソナンティア》を引き戻すと、ＣＡが生じる。ここに残されるのがアポトメーである〔次頁中図〕。

10　もし同じ広がりを低い音《ソヌス》に向かって生み出すことを

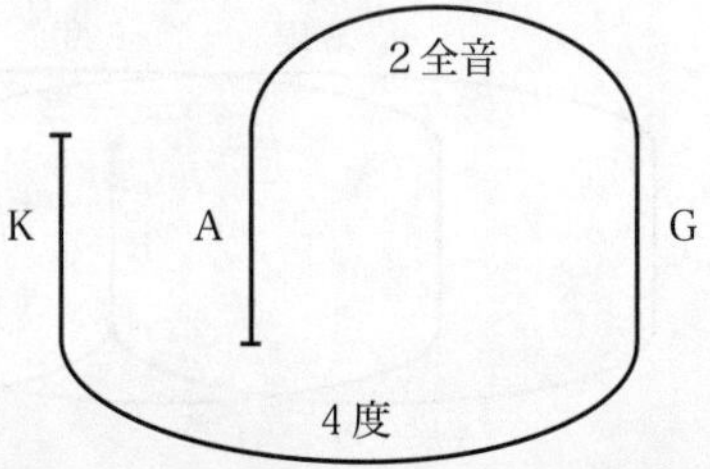

われわれが望むのであれば、以下のような仕方で生じる。A音があるとする。私は小半音を引き伸ばし、つまりそれはADである。Dから全音を引き戻すと、それはDEである。われわれが求めようとしているのはAEであるが、これがアポトメーである〔下図〕。

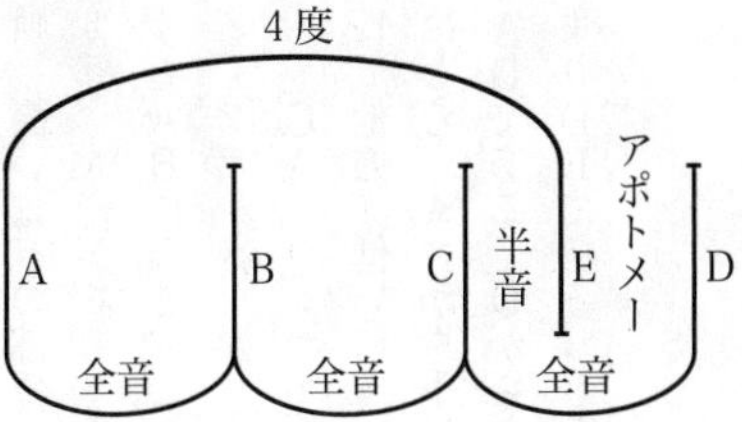

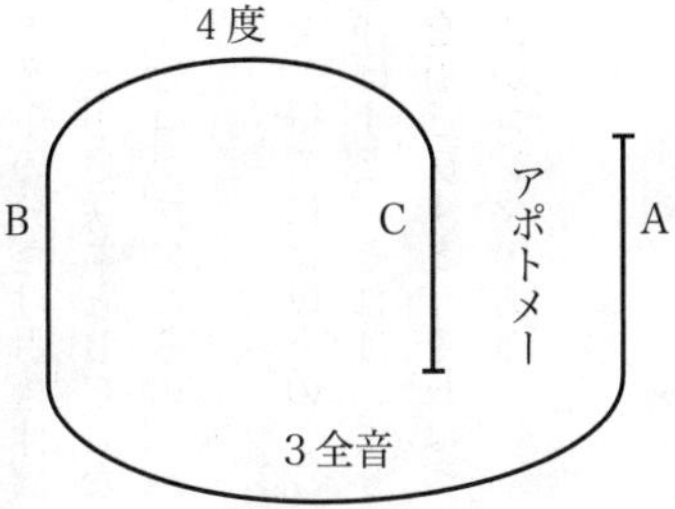

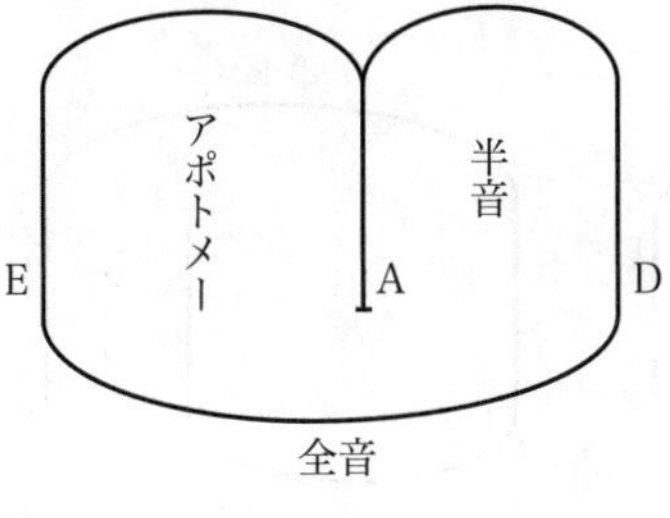

11　高いほうの部位《パルス》にコンマを得ることを目的としてみよう。A音があるとする。アポトメーの分だけ引き伸ばすとABになる。ここから小半音を引き戻すとBCとなる。アポトメーから小半音を引くとコンマになるのだから、CAはコンマである。

12　他方、低いほうで〔コンマを〕得るには以下のようになる。A音から小半音を引き伸ばすと、それはつまりADである。Dからアポトメーを引き戻すと、それはつまりDEである。したがってEAがコンマである。

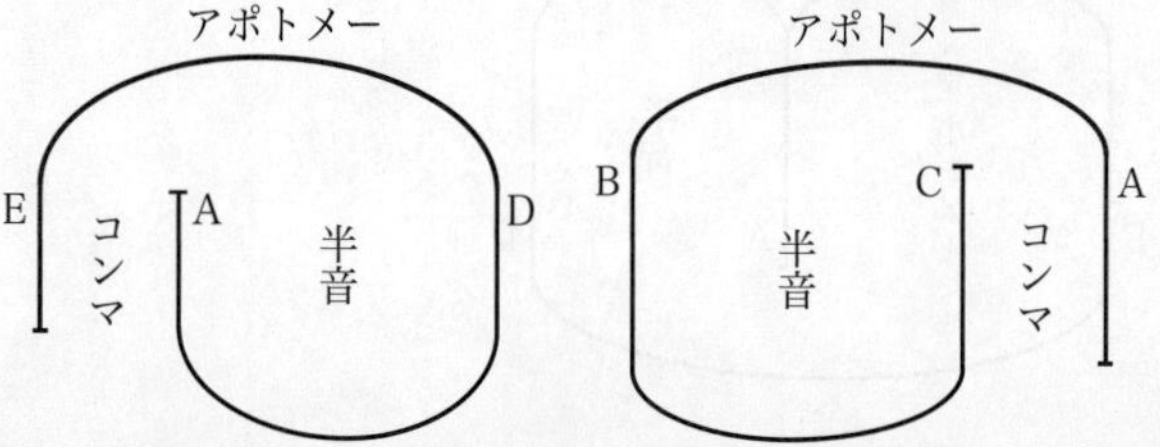

第10章　半音を得る規則

1　これらすべての協和《コンソナンティア》は、精神《アニムス》と聴覚《アウリス》によってしかるべく認識されるべきである。なぜなら、これらが慣例と訓練によって大いに認識されないのであれば、理性《ラティオ》と学問《スキエンティア》によって考察されてもむなしいからである。

2　われわれが『音楽教程 institutio musica』によって着手したことは、音楽の唱道者たちの聴覚《アウリス》によっては即座には認識されず、理性《ラティオ》によって認められるものであるので、把握するのがいささかより困難であると思われるある広がり、つまり小半音を見いだす一つの例をわれわれは挙げよう。これは双方の部位《パルス》、つまり高いほうと低いほうの双方において、確固とした秩序で認められることが可能なものである。

3〔以下次頁図参照〕4度のＡＢがあるとする。この協和《コンソナンティア》のＡＢの周りでは、高い部位《パルス》と低い部位に対して小半音が導き出されるべきである。

4　私は4度のＢＣを引き伸ばす。さらに5度のＣＤを引き戻す。するとＢＤは全音となるであろう。なぜなら5度の協和《コンソナンティア》は4度の協和を全音の差で上回っているからである。そしてＤＣはＣＢをＢＤの差で上回っている。

5　他方、私はＤＥの4度を引き伸ばし、そしてＥＦの5度へと引き戻す。するとＤＦは全音である。しかしBDも全音となるであろう。AFは小半音であり、これは４度のABからFD、BDの２全音が引かれることによって残るものである。

６　さらに、私はAGの４度を引き戻し、GHの５度を引き伸ばす。するとAHは全音であろう。しかしAFは小半音であり、FHはアポトメーであろう。

７　さらに、HKの４度を引き戻し、KLの５度を引き伸ばす。するとHLは全音である。しかしHAは全音であり、LBは小半音である。その上、DBは全音となり、LDはアポトメーとなるであろう。

８　さらにFMの４度を引き伸ばすと、BMは半音である。LNの４度を引き戻すと、NAは半音である。

９　４度のABの周りには協和《コンソナンティア》を通じて二つの半音が得られる。高いほうの部位《パルス》に対してはBMであり、低いほうの部位に対してはNAである。そしてMNの全体は５度よりも小さい。なぜならば、〔MNは〕５半音＋２アポトメーの結合からできているからであり、つまり

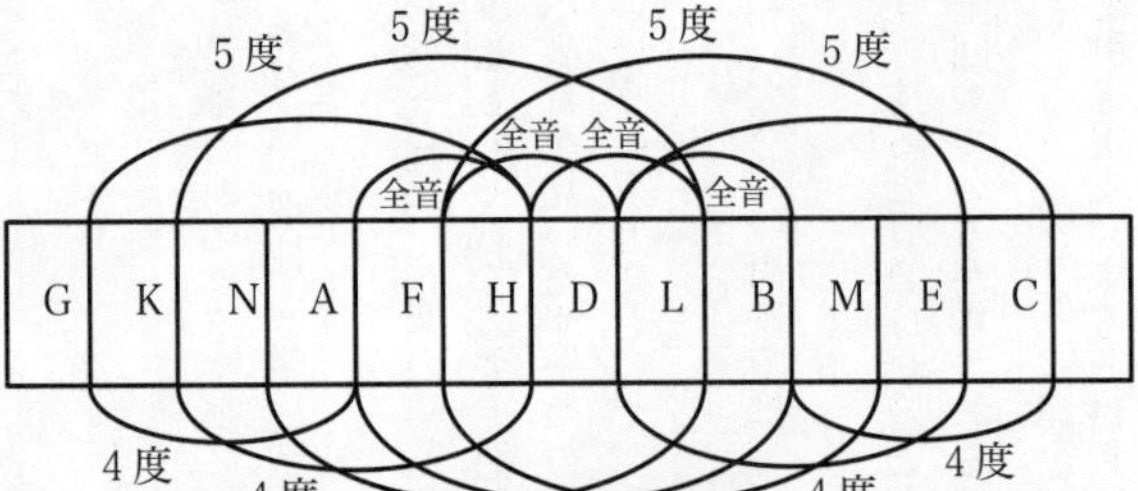

2全音＋3小半音から構成されているからである。

10　そして二つの半音は一つの全音を満たすことができず、コンマが残るので、MNの広がり全体は5度の協和《コンソナンティア》の広がりよりも1コンマの差で小さい。この点を注意深い読者はきわめて容易に理解するであろう。

11　しかしわれわれはコンマの性質については右でごくわずかにしか言及しなかったので、このコンマがいかなる比《プロポルティオ》に含まれるのかということを指し示すことが避けられるべきではない。なぜならコンマとは、聴覚《アウディトウス》が把握することのできる究極のものだからである。そしてまた、小半音と大半音のそれぞれがいくつのコンマによって構成されていると見受けられるのか、そして全音はいくつのコンマによって結合されているのかにも言及されなければならない。今はまず第一に、適切な始まりが得られるべきである。

第11章　〈単部分超過比〉は均等な諸部に分割不可能であるとするアルキュタスの証明。そしてそれへの反論

1　〈単部分超過比〉を、間に置かれた数《ヌメルス》によって、比的に中間で均等な諸部分に切り離すことは不可能である。この点は後段で確固とした形で証明されるだろう[115]。アルキュタス〔本書解題五四頁参照〕が定めた証明は非常に不安定である。それは以下のような仕方のものである。

2　アルキュタス曰く、A：Bの〈単部分超過比〉があるとする。この同じ比《プロポルティオ》にある最小のものであるC：DE[116]を私は得る。このC：DEは同じ比の最小のものであり、また〈単部分超過比〉であるのだから、DEの数《ヌメルス》は、Cの数を一部分の差で超えている。それをDとしよう。

3　Dは数《ヌメルス》ではなく、〈単位一《ユニタス》〉だと、私は言う。なぜなら、もしDが数であり、それがDEの部分であるのであれば、数Dは数DEを測る〔割る〕。それゆえに数Dは数Eも測る。このことによって、数Dは数Cを同様に測るようになされる。すると数Cと数DEの双方を数Dは測ることになるが、これは不可能である[117]。なぜならば、同じ比《プロポルティオ》において、何であれ他の数に対して最小であるものは、互いに対して一次的なものであり、〈単位一〉という単一の差を保持するものだからである。したがってDは〈単位一〉である。すると数DEは数Cを〈単位一〉の差で超えている。

4　この結果、この比《プロポルティオ》を均等な仕方で切り分ける中間の数が分割を行うということはまったくない。このことによって、この同じ比を保持する数の間に、この同じ比を均等な仕方で切り分ける中間の数が置かれることは不可能である、ということになる。

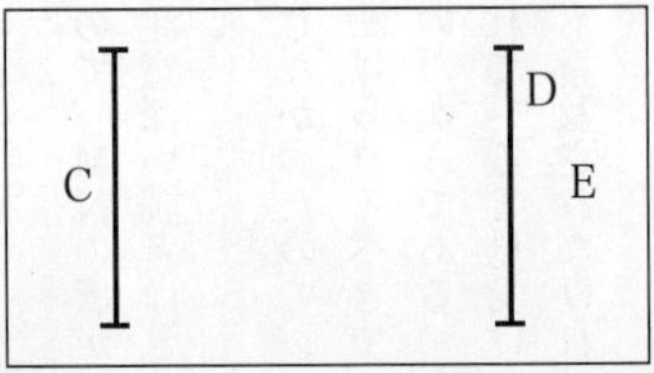

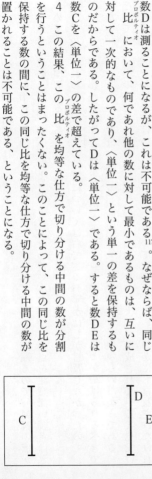

5　この結果、アルキュタスの説明にしたがえば、〈単部分超過比〉においては、この比《プロポルティオ》を均等に分割するいかなる中間の項も間に入り込むことはない。なぜならばこの比において最小のものはただ〈単位一《ユニタス》〉の差で異なっているに過ぎないからだ。それはまさに、〈多倍比〉においては最小のものに〈単位一〉の同じ差が割り当てられることがないのと同じようなことである。というのもわれわれは多くの〈多倍比〉が根《ラディクス》の状態で置かれているのにしたがっているのを見てとるべきだからだ。ここにおいては同じ比を均等に引き離す中間の項が適切に配置されうる。

6　しかしわれわれの『算術教程』を注意深く精査した者は、これらのことを容易に理解するだろう。実際、以下のことが付け加えられるべきである。すなわち、アルキュタスが考えていたようなことは、ただ〈単部分超過比〉においてのみ生じるということである。しかし普遍的にそうであると言うべきではない。以下では続く論旨へと方向性を変えてみよう。

第12章　諸数《ヌメルス》のいかなる比《プロポルティオ》にコンマはあるか。コンマは75：74より大きく74：73より小さい

1　まず第一に私は以下のように言う。すなわち、コンマが内包する数は75：74より大きく、74：73より小さい。このことは次のように証明されるだろう。

2　まず、6全音はオクターヴをコンマの差で超えるということが思い起こされなければならない[118]。さてAが26万2144であり、そしてAに対してオクターヴ、つまり〈二倍比〉に存する、そうした協和《コンソナンティア》を含むBが52万4288であるとする。CはAから6全音の差で離れており、したがって53万1441となるであろう。これらすべては第二巻の諸音《トヌス》の配置から集められたものである[119]。BとCの間にはコンマの比《プロポルティオ》が含まれている。

3　私は数Cから数Bを引く。残るのは7153〈単位《ユニタス》〉に置かれたDである。この数Dは数Bの1/73より小さく、同じ数Bの1/74よりも大きい。なぜなら、もしこの7153である数Dを73倍すれば、52万2169〈単位〉の数Eが成される。またもし74倍すれば、52万9322〈単位〉の数Fが成される。これらの諸数《ヌメルス》のうち、数Eは73を通じて増大させられたものであるが、これは数Bよりも小さい。他方数Fは74を通じて増大させられたものであるが、これは数Bよりも大きい。したがって以下のように言われるのは正当なことである。すなわち、DはBの1/73部分よりも小さく、Bの1/74部分よりも大きい。

4　この結果、数Cは数BをBの1/73よりも小さい差で、そして1/74よりも大きい差で上回って

A	B	C
262144	524288	531441
D	E	F
7153	522169	529322

いる。したがってC：Bの比《プロポルティオ》は、75：74よりも大きく、74：73よりも小さい。なぜなら前者〔の比〕において〈単位《ユニタス》〉は小さいほうの項の1/74であり、後者〔の比〕において同じ〈単位〉は1/73だからである。

5　同じことは別の仕方で、ただしすでに前もって想定されるような仕方で、説明されることができよう[120]。ある比《プロポルティオ》の諸数《ヌメルス》に特有の差が等しく付加させられるのであれば、付加がなされた後に生じる諸数の間の比のほうが、何の付加もなされる前の比よりも、より小さい。

6　6と4のようなものを例にとってみよう。ここで双方の差である2が加えられるとする。すると8と6を成す。しかし6：4には〈2の単部分超過比〉が、8：6には〈3の単部分超過比〉が含まれている。〈3の単部分超過比〉は〈2の単部分超過比〉よりも小さい。

7　この点がこのように右で述べられたので、コンマの比《プロポルティオ》を含んでいる先ほどの数を配置してみよう。それはすなわち53万1441のAと、52万4288のBである。これらの差はCの7153となるであろう。数Cが大きいほうの数、すなわちAを75回測る〔割る〕ようにしてみよう。そこでもし数Cを75で倍化すると、数D、すなわち53万6475を成す。したがって数Dは数AをEの差で、すなわち50

A 531441	B 524288	C 7153
D 536475	E 5034	F 529322

３４の差で上回っている。

8　さらに数Cが数Bを74回測る〔割る〕ようにしてみよう。そこで〔数Cを〕74で倍化する。すると数Fである52万９３２２が生じる。数Fは数Bよりも数Eの差で、つまり５０３４の差で大きい。それゆえに数Dは数Aを数Eの差で超えている。さらに数Bは数Fから数Eの差で下回っている。したがってもしわれわれが数Aに数Eを加えるなら、数Dを生じる。もし数Bに同じ数Eを加えるなら、数Fを生じる。しかし、数DはCを75倍大きくしたものであり、FはCの74倍で大きくしたものである。したがってD：Fの比《プロポルティオ》の間で得られるのは、75：74が有するものである。しかしD：FはA：Bに同じEを付加したものである。ゆえにD：FよりもA：Bの比の間のほうがより大きい比を含んでいる必要がある。なぜなら数AとBに同じEを付加して、数DとFが成されるからだ。したがってD：Fの間の比のほうが、A：Bの間の比よりも小さい。D：Fの間の比は75：74と同じである。そしてA：Bはコンマを含む。したがってコンマの比は75：74よりも大きい。

9　われわれはコンマの比《プロポルティオ》は75：74より大きいことを示したので、いまやいかなる仕方でコンマの広がりを含む数が74：73よりも小さい比を自らの間に含んでいるのかが示されるべきである。

10　まず第一に、第二巻でわれわれが述べたことが想起されるべきである[121]。そこではある差を計測することにわれわれは言及した。もしわれわれがなんらかの比《プロポルティオ》の項からそれら比を含んでいる。

11　8と6があるとする。これらから固有の差、つまり2を引くと6と4を成す。さて前者は〈3の単部分超過比〉を、後者は〈2の単部分超過比〉を含んでいる。〈2の単部分超過比〉は〈3の単部分超過比〉よりも大きい。

12　前述のように、AとBの数があり、それらの差がCであるとしよう。Cを74倍すると、数Fを成し、つまりこれは52万9322である。これは数Aから数Gの差で、つまり2119の差で下回っている。

13　また、同じ数Cが73倍されると、数K、つまり52万2169をもたらす。これが数Bと対比されると同じGの差で、すなわち2119の差で下回っている。

14　Gが数AとBから引かれると、FとKがもたらされる。A：BはF：Kよりも小さい比《プロポルティオ》を有している。さてF：Kは74：73と同じ比を有している。これらは数Cの倍化によって生み出されるものである。

15　したがってコンマを包含する比《プロポルティオ》であるA：Bは、74：73の比の項の諸数《ヌメルス》の差を取り去れば、そこに残る比は、その差が引かれる前の諸数よりも大きい

A	B	C
531441	524288	7153
F	K	G
529322	522169	2119

より小さい。また少し前に、このコンマの同じ比は75：74よりも大きいことが証明されていた。

16　こうしてコンマを包含する数が、自らの間で75：74を有する比《プロポルティオ》よりも大きく、74：73よりも小さいことが証明された。これが証明すべきことであった。

第13章　小半音は20：19よりも大きく、19½：18½よりも小さいこと

1　もし小半音に対して以下のような考察が向けられるのであれば、われわれはその比《プロポルティオ》をきわめて容易に見いだすであろう。それは２５６と２４３の間に含まれるものである。したがって２５６をA、２４３をBとする。これらの差の13をCとする。私がこのように言うのは、A：Bは19½：18½よりも小さい比を有しているからだ。

2　なぜならばCがAを19½回測る〔割る〕ようにしてみよう。すなわちCが19½倍されると、２５３½を成す。これをDとする。これがAに対比されると、このAは２½の差で上回っていることになる。これらの差であるFは２½である。

A	B	C	D	E	F
256	243	13	253½	240½	2½

3　他方、差であるCは数Bを18½回測る〔割る〕ようにしてみよう。すなわち18½倍されると２４０½を成す。これをEとする。したがってEはBに対比されるとFの差で、つまり2½の差で下回っていることになる。

4　DはAから、他方でEはBから、したがってAとBから同じFを引くと、DとEが作られる。したがってD：Eの比《プロポルティオ》は　A：Bの比よりも大きい。さてD：Eは19½：18½よりも小さい。したがって、A：Bの比は、19½：18½と同じ比を保持する。これが証明すべきことであった。

5　しかしながら、２５６：２４３の比《プロポルティオ》は20：19の比よりも大きいことが見受けられる。ここでA、B、Cは前述のものと同じものとしよう。差であるCがAを20回測る〔割る〕ようにしてみると、２６０を成す。これをDとする。これがAと対比されると、４の差で上回っている。これをFとする。

6　他方、同じCがBを19回測る〔割る〕ようにしてみると、２４７を成す。これをEとする。これがBと対比されると、同じFの差で上回っている。

7　したがってFをAとBに付加することによって、DとEが生み出され

A	B	C	D	E	F
256	243	13	260	247	4

る。ゆえに、A：Bの比《プロポルティオ》は、D：Eの比よりも大きい。また数Cを20と19で倍化すると、DとEを成す。したがって半音を含むA：Bの比は、20：19よりも大きい。

8　ゆえに小半音は、20：19の比《プロポルティオ》よりも大きく、19½：18½の比よりも小さいことが証明された。いまや、われわれは同じ小半音をコンマと対比しよう。このコンマが聴覚《アウディトウス》が捉える究極のものであり、究極の比である。

第14章　小半音は3コンマよりも大きく、4コンマより小さいこと

1　さてわれわれは、小半音が3コンマよりも大きく、4コンマよりも小さいことの証明を提示しよう。このことは以下で容易に認識されることが可能であろう。

2　互いの間でオクターヴの比《プロポルティオ》と、6全音と呼ばれる比を含むように配置された三つの数があるとする。Aが26万2144であるとする。するとBに対して連続する5全音が引き伸ばされ、Bは47万2392となる。Cに対してオクターヴの協和《コンソナンティア》が帰するようにされ、Cは52万4288である。Dに対して6全音が引き伸ばされ、Dは53万1441である。これらがこのように配置され、定められているので、CとDの間にコンマが定位されていることは明らかである。それらの差は7153である。これをKとしよう。

3　Bから2全音が引き戻され、それはすなわちEであり、Eは37万3248となる。他方

Eから4度を引き伸ばすと、それはFとなり、Fは49万7664である。EとBの間には2全音があり、EとFの間には4度があるので、BとFの間には小半音が見いだされる。4度の協和《コンソナンティア》から2全音が引かれると、残りとして小半音が生じる。これは既述のとおり[122] 最小の数においては256：243に構成される。これらの数を1944で倍化すれば、あなたはBとFの数を出すであろう。この比《プロポルティオ》は右記の諸数〔256：243〕を含んでいる必要がある。これはあの同じ数、すなわち1944によって一様に倍化されて増大したものである。

4　同様に、FからGへと4度を引き伸ばすと、Gは66万3552となる。さらにこのGからPへと2全音を引き戻すと、Pは52万4288となる。Pは数Cが示すのと同じ音《ソヌス》である必要がある。この同等性に関しては以下のような説明によって展開する。

5　実際のところ、ACのオクターヴは、5全音と

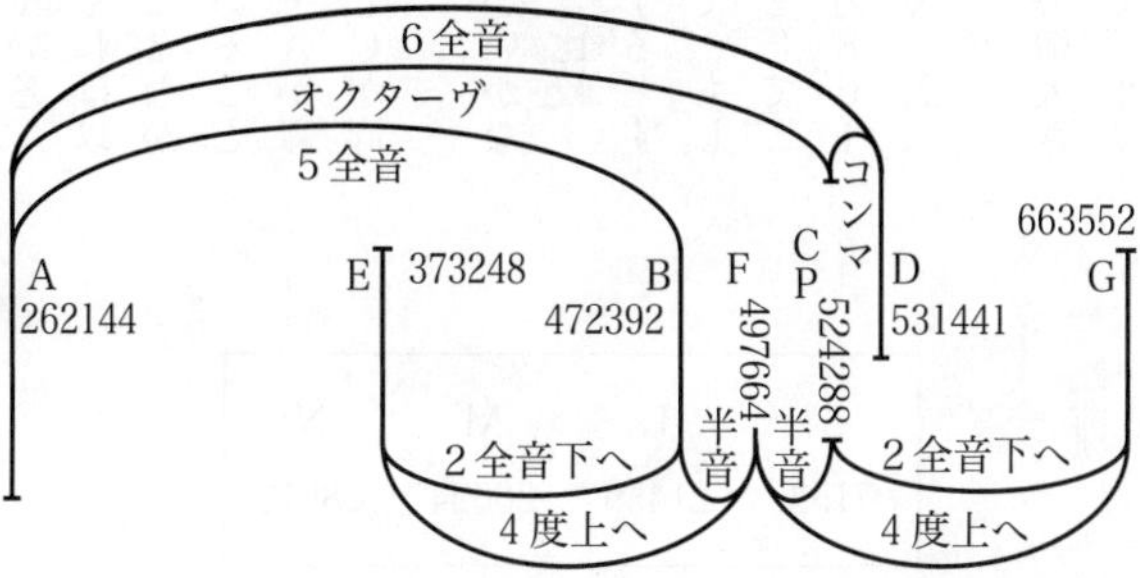

2小半音を含むものであり、6全音からはコンマの差で下回っている。

数Pは5全音と2半音の差で離れている。それは以下のような仕方である。当然のことながら5全音が数えられる。AからBに至るまではずっと、小半音があることが注目される。BからFに至るまでは必ず、小半音を含んでいる。したがって、AからPに至るまでずっと5全音と2小半音を生み出した。ゆえにPとCが同じ数で表記されるのは正当なことである。FとPは同じ小半音を含んでいる。

6 しかし、FとCの間は小半音であるのだから、それらの差がいかなるものであるのかを見ることにしよう。それはその差をコンマと比較するためである。それらの差は2万6624であり、これをMとする。するとKはコンマの差であり、Mは小半音の差である。したがって、もし数Kを3で増大させると、2万1459の数が生じるだろう。そしてこれをLとする。もし同じ数を4で倍化することを望むなら、2万8612が生じる。そしてこれをNとする。するとMはLよりも大きく、Nよりも小さい。

7 しかしNはコンマを四倍で増大させた後に生じ、Lは三倍で増大させた後に生じる。Mは小半音の差を含むものである。したがって、小半

K	L	M	N
7153	21459	26624	28612

音は4コンマよりも小さく、3コンマよりも大きい、と言われることは正当なことである。

第15章　アポトメーは4コンマよりも大きく、5コンマよりも小さいこと。全音は8コンマよりも大きく、9コンマよりも小さいこと

1　同じ説明の仕方で、大半音、これは右ではアポトメーと言われると記されていたものであるが[123]、この大半音がどれほどの数のコンマであるのかは、以下のような仕方で理解されることが可能である。

2　Aを26万2144とする。ここから5全音の差でBが離れているとする。Bは47万2392である。Aから6全音の差でDが離れているとする。Dはすなわち53万1441である。BとDの間には全音があり、BはCから小半音離れており、Cは49万7664とする。するとCとDの間に残るのはアポトメーの比《プロポルティオ》である。なぜならば、BDが全音であるとして、ここからBCの小半音を引くと、残るのはCDの大

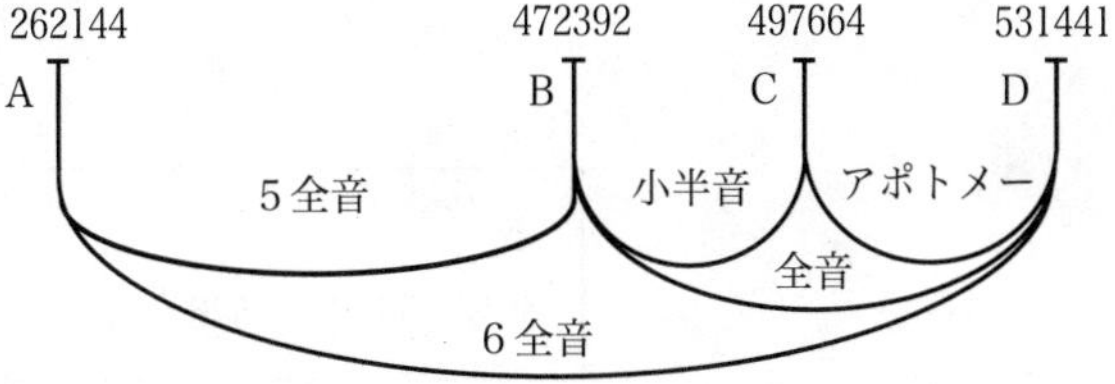

半音であり、これが右でアポトメーであると記されていたものである。

3　DとCの間には3万3777の差がある。これをEとする。また、コンマの差は7153である。これをFとする。このF、つまりコンマを5で倍化すると、3万5765が生じる。そしてこれをGとする。もしこの同じFを4で倍化すると、数Kが生じ、これを2万8612とする。するとGはEよりも大きく、KはEよりも小さい。さて、Gは五倍化されたコンマであり、Kは四倍化されたコンマである。他方でEという差はアポトメーである。したがって、アポトメーは5コンマよりも小さく、4コンマよりも大きい、と言われることは正当なことである。

4　以上のことから、全音は8コンマよりも大きく、9コンマよりも小さいことが確認される。なぜならば、もし小半音が3コンマより大きく、4コンマより小さいならば、そしてまたもしアポトメーが4コンマより大きく、5コンマよりも小さいのであれば、小半音と大半音、つまりアポトメーとの結合は8コンマよりも大きく、9コンマよりも小さい全体となるであろう。さて、アポトメーと小半音は一つの全音をもたらす。したがって、全音は8コンマよりも大きく、9コンマよりも小さい。

K	E	G	F
28612	33777	35765	7153

第16章　諸数《ヌメルス》を通じてなされる前述の証明

1　こうした論証によって全音がコンマといかなる仕方で対比されるのかが証明されたとしても、われわれは、怠惰な者たちのように、全音がこのような対比《コンパラティオ》をコンマと自らに対して保持していると証明されることに対して、疲れ果てている場合ではない。

2　Aを26万2144であるとする。BはAから5全音の差で離れており、47万2392である。CはAに対してオクターヴであり、52万4288において響和《シンフォニア》を含んでいる。DはAから6全音の差で引き離されており、53万1441である。したがってDはCから、つまりオクターヴの協和《コンソナンティア》から6全音であるが、このCからコンマの差で離れている。

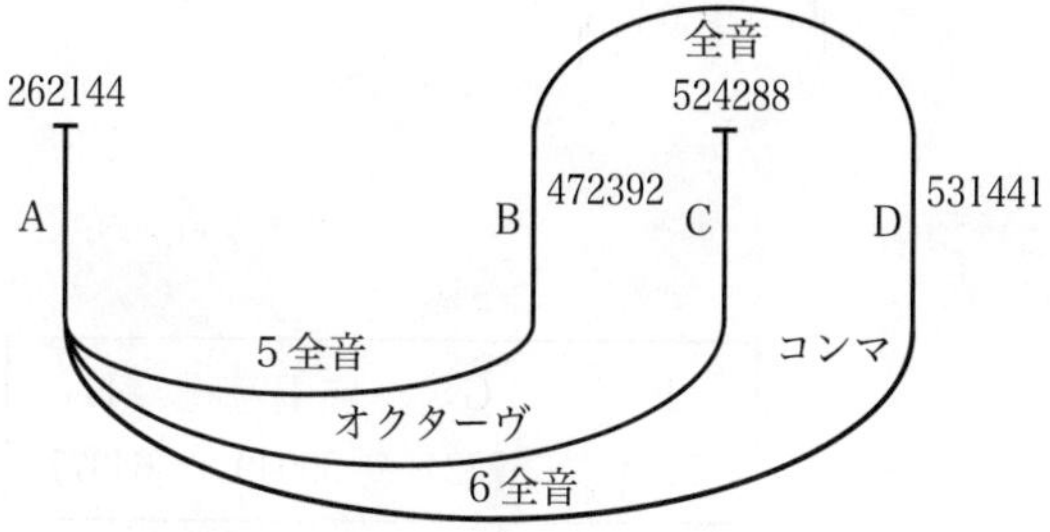

3　Eを7153とする。DはBからまったく損なわれていない全音、すなわち6全音から5全音を引いた全音の差で離れている。この差をFとすると、これは5万9049である。もしEを9で増大させれば、6万4377となり、これをHとする。もし8で増大させれば、5万7224であり、これをGとする。さて、Fに対してHは上回っており、Gは下回っている。そしてFは全音の差である。Hはコンマの9倍であり、Gはコンマの8倍である。したがって、全音は9コンマよりも小さく、8コンマよりも大きいことが証明された。

E	G	F	H
7153	57224	59049	64377

4　以上のことが前置きとして述べられたので、大半音が小半音よりもコンマの差で離れていることが証明されるだろう。しかし同じことは実際、次のように用いられる諸数《ヌメルス》を通じて、以下のような説明で証明されるだろう。

5　数Aを49万7664とする。ここから小半音離れているのが数Bであり、これは右で既に言及されていたもので[124]、52万4288である。Aからアポトメーの差で離れているのは、53万1441〈単位《ユニタス》〉として数えられる数である。これをCとする。ABは小半音で、ACは大半音であるのだから、これらの差、つまりCからBの差は注意力をもってすれば求められるはずである。それは7153である。これをDとする。さてこの数はずっと以前からコンマであったことが証明されていた。大半音と小半音の間にはコンマの差が生じる。

6　私は、全音は2小半音よりたった一つのコンマの差で大きいということの証明を提示しよう〈次頁参照〉。数Aを47万2392とし、ここから全音が引き伸ばされて53万144

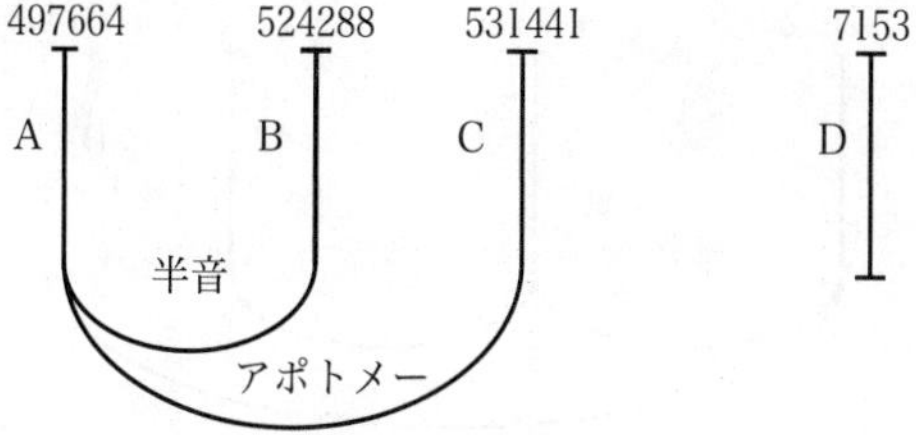

1となり、これをDとする。また、Aから小半音が引き伸ばされて、これをBとする。これは49万7664である。同様にBからまた別の小半音が引き伸ばされる。これがCであり、52万4288となる。

7 ADは全音であり、ACは2小半音を含むのだから、われわれは数Cと数Dの間で構成されているのがどれほどの差であるのかを見る。それはもちろん、Eの7153〈単位《ユニタス》〉である。したがって、全音は2小半音よりもコンマの差で大きいことが証明される。

8 さて、証明されるべきとわれわれが約束したすべては、適切な説明によって証明されたので、いまや『音楽教程』の規則として残っているものとして、一本弦《モノコルド》の分割がなされるべきである。しかし、より長い論述がこのテーマを展開させるものであるので、われわれは議論を以下の記述に移すべきと判断した。

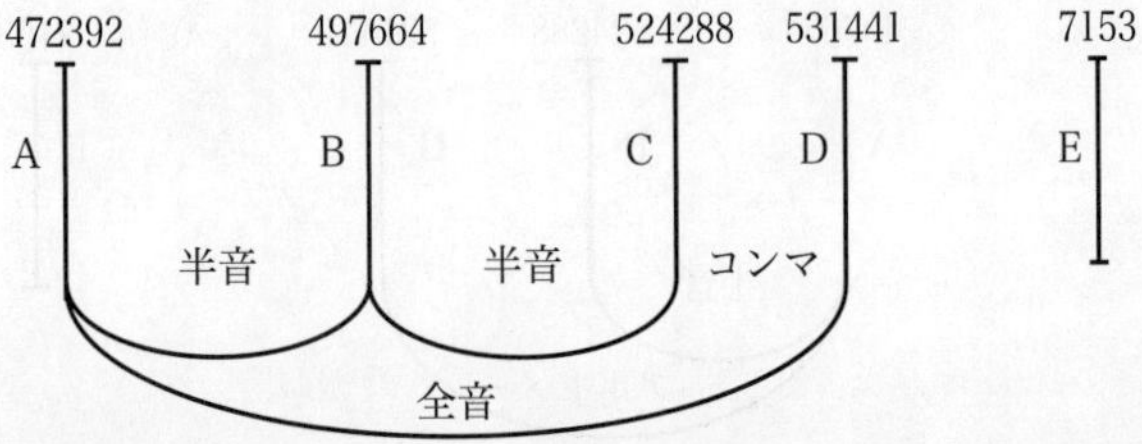

［第四巻］

第1章　諸音《ヴォクス》の差は〈量《クゥアンティタス》〉に存すること

１　証明されるべきであったすべてのことがらをわれわれは第三巻の考察に充てたのだが、しかし同じことをもう一度簡潔に、議論に多様性を持たせながら示すことは、記憶を取り戻すためにも惜しまれることではない。それは、これらのことがらが記憶へと立ち返りながら、この巻の目的全体が向けられている『カノンの分割』〔エウクレイデス（ユークリッド）による音楽理論書〕に対してわれわれが達することのできるようにするためである。

２　もしもあらゆる事物が静止するのだとすると、いかなる音《ソヌス》も聴覚《アウディトゥス》を打つことはないであろう。このようになるのは、すべての動きが止まっているのであれば、いかなる事物も互いの間で拍動《プルスス》を生じさせることはないからである。したがって音《ヴォクス》があるためには、拍動が必要である。しかし拍動があるためには、動きが先行していることが必須である。したがって音があるためには動きが必須である。さてあらゆる動きというものは、あるときは俊敏さを、あるときは緩慢さを、自らのうちに有する。もし打つことによって遅い動きが生じるのであれば、より重い音《ソヌス》が引き起こされる。なぜならば、遅さというのは静止にもっとも近似しているものであるのだから、重さは沈黙に隣接している。すばやい動きは高音の声の調子に先行する。そして、強度を上げることによって重い音は中間へと上がっていき、強度を下げることによって高い音は中間へと下がっていく。

3　このために、あらゆる音《ソヌス》はなんらかの諸部分から構成されていることが見受けられる。諸部分のあらゆる結合はなんらかの比《プロポルティオ》に対比されている。したがって諸音の結合は諸比によって構成されている。さて諸比は、基本的に諸数《ヌメルス》において考察される。諸数の簡潔な比は、あるいは〈多倍比〉に、あるいは〈単部分超過比〉に、あるいは〈複部分超過比〉に見いだされる。

4　実際〈多倍比〉と〈単部分超過比〉にしたがって、協和の《コンソヌス》声《ヴォクス》と不協和《ディソヌス》の声は聞き分けられる。協和の声とは、同時の拍動《プルスス》によって快で、互いに組み合わされた音《ソヌス》が結合されたものである。不協和の声とは、同時の拍動によって快の音も、組み合わされた音も生みださないもののことである。

5　以上のことを前置きとして、私は諸比《プロポルティオ》について少し言及しよう。

第2章　諸音程に関するさまざまな考察[125]

１（ⅰ）もし〈多倍比〉の音程が2によって倍化されるなら、この倍化から生じるものは〈多倍比〉の音程である。

〈多倍比〉の音程ＢＣがあるとする。ＢはＣの多倍であり、Ｂに対するＣがＤに対するＢであるように成す。ＢはＣの多倍なのであるから、項ＣはＢを二回、三回、などと続く形で、測る〔割る〕。そしてＢがＣに対するように、ＤはＢに対する。したがって項ＢはＤを測る。その結果、項Ｃは、Ｂを測るのと同じように、Ｄを測る。ＤはＣの多倍であり、音程ＤＣは音程ＢＣを二倍の倍化を通じて結合し、構成することから生み出される。

２　諸数《ヌメルス》においてもまた同じことが証明される。ＢはＣに対して、〈単位一《ユニタス》〉に対する２のように、二倍であるとする。そしてＣがＢに対するように、ＢはＤに対するようにする。するとＤは４であるということになる。Ｃに対するＢは、つまり〈単位一〉に対する２であり、多倍である。したがってＤは、〈単位一〉に対する４であり、多倍である。なぜなら４というのは〈単位一〉の四倍であり、あるいは倍化された中間、すなわち音程ＢＣの二倍だからである。

３（ⅱ）もし2によって倍化された音程が〈多倍比〉の音程を生み出すなら、その音程自身もまた〈多倍比〉である。

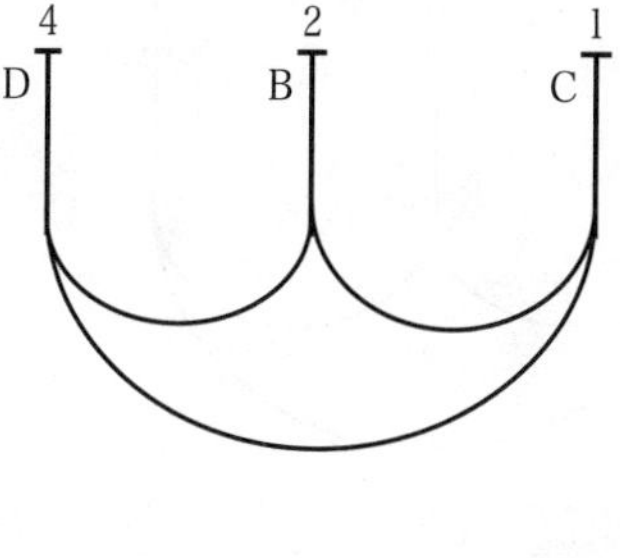

音程BCがあるとする。そしてBに対するCのように、Dに対するBがあるように成す。DはCに対して多倍である。それはなぜなら、BはCの多倍であるからだ、と私は言おう。DはCの多倍なのだから、CはDを測る〔割る〕。実際この点はすでに知られたことである。なぜなら、諸数が比的な関係にあり、最初のものが最後のものと自然な仕方で対比され、最初のものが最後のものを測るのであれば、中間のものも測られるからである。したがって、CはBを測る。BはCの〈多倍比〉である。

4 同じことを諸数《ヌメルス》によって考察しよう。Cを〈単位一《ユニタス》〉とし、Dは、BCの比《プロポルティオ》の二倍から、4であるとし、Cの多倍となる。なぜならば〔DCは〕四倍だからだ。したがって、この四倍はBCの比の二倍から生じるのだから、BCの比は〔DCの〕半分となる。つまり、BCは二倍の比である。さて二倍は〈多倍比〉である。したがってBCの比は〈多倍比〉である。

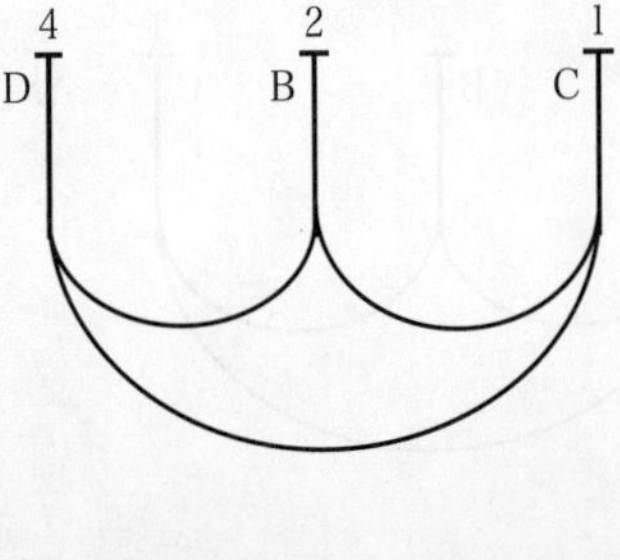

5 (iii)〈単部分超過比〉の音程にとっては、中間の数というものは比的な関係性において一つの数であっても、複数の数で

あっても、間に介在しない。

ＢＣが〈単部分超過比〉であるとし、この同じ比《プロポルティオ》における最小の比にあるものをＤＦとＧとする。ＤＦとＧは同じ比における最小のものなのだから、この比の第一のものである。その結果これらを測る〔割る〕のは〈単位一《ユニタス》〉だけである。したがってＤＦからＧが引かれると、残るのはＤである。これは双方の〈共通単位《メンスラ・コンムニス》〉である。したがってこれが〈単位一〉である。その結果、ＤＦとＧの間には、ＤＦよりも小さく、Ｇよりも大きい、いかなる数《ヌメルス》も落ちない〔割り込まない〕。間に入るのは唯一、〈単位一〉だけである。

６　〈単部分超過比〉において、最小の諸比《プロポルティオ》の間に比関係として落ちている〔割り込んでいる〕、間にある数《ヌメルス》だけ、同じ比関係にある他の諸比の間でも割り込むことになるであろう。しかしこの最小の比であるＦＤとＧの間にはいかなる数も介在することはできない。したがってＢとＣの間には比的にいかなる数も落ちない〔割り込まない〕〔次頁図参照〕。

７　次に諸数《ヌメルス》において見てみよう。何であれ〈単部分超過

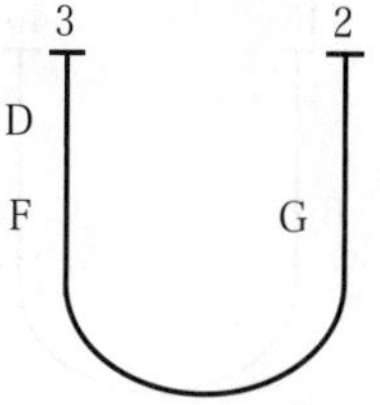

比〉があるとする。例えば、〈2の単部分超過比〉とする。10：15があるとする。この同じ比《プロポルティオ》において最小であるのは2：3である。私は3から2を引く。残るのは〈単位一《ユニタス》〉である。〈単位一〉は双方を測る〔割る〕ことができる。したがって、2と3の間には、2よりも大きく、3よりも小さい、そうした数はまったくない。もしもそうした数があるのであれば、〈単位一〉が分割されることになるが、これは不適当である。それゆえに、10と15の間には、15がその数に対して保持するような比を、その数が10に対して保つ、そうした数はいかなるものも見つけられることはない。

8 (iv) もし多倍でない音程が2で倍化されると、それは〈多倍比〉でも、〈単部分超過比〉でもない。

ある〈多倍比〉でない音程BCがあるとする。そしてCがBに対するように、BはDに対するようにする。DはCの〈多倍比〉でもないし、〈単部分超過比〉でもない、と私は言う。例えば手始めに、DがCの多倍であることが可能であるようにしてみよう。もしある音程が2で倍化されて〈多倍比〉の音程が

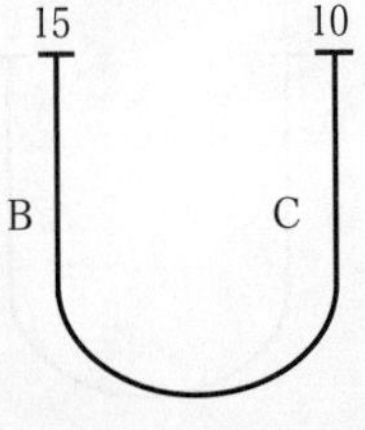

生み出されるなら、２で倍化された音程は〈多倍比〉の音程であることは知られているのだから、ＢＣは多倍となるであろう。しかしこのようには設定されておらず、したがってＤはＣの多倍ではない。そして〈単部分超過比〉でもない。なぜなら、〈単部分超過比〉にいかなる中項も比的に介在することはないからだ。ＤとＣの間には比的に構成された項がある。それはＢである。なぜなら、ＢがＣに対するように、ＤはＢに対するからである。したがってＤはＣの〈多倍比〉でもなく、〈単部分超過比〉でもない。これが証明すべきことであった。

9　次に、諸数《ヌメルス》において見てみよう。〈多倍比〉でない音程６：４があるとする。そして４が６に対するように、６がなんらかの別の数に対するように成してみよう。それは９であり、９は４にとって〈多倍比〉でも〈単部分超過比〉でもない。

10　**（v）もしある音程が２で倍化されて、その倍化から生み出されるものが〈多倍比〉でないのであれば、その音程自身は〈多倍比〉ではない。**

音程ＢＣがあるものとし、そしてＣがＢに対するように、Ｂ

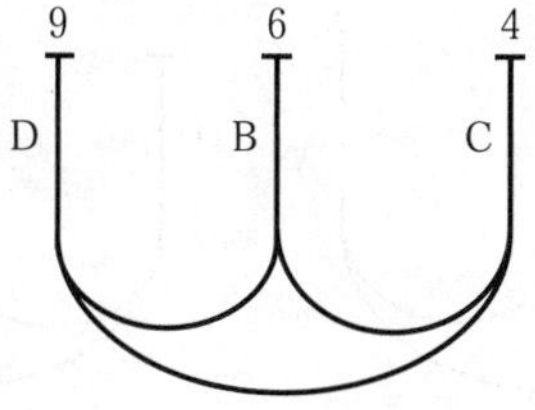

がDに対するように成し、DはCの〈多倍比〉ではないものとする。私は、BもCの多倍ではない、と言う。なぜなら、もしそうなら、DはCの〈多倍比〉であっただろうからだ。しかし実際はそうではない。したがってBはCの〈多倍比〉ではない。

11 **(ⅵ) 二倍化された音程は二つの最大の〈単部分超過比〉、すなわち〈2の単部分超過比〉と〈3の単部分超過比〉によって結合される。**

AがBに対して〈2の単部分超過比〉であり、BがCに対して〈3の単部分超過比〉であるとする。私は、AはCの二倍である、と言う。なぜなら、AはBの〈2の単部分超過比〉であり、したがってAは自らの内にBの全体と、その半分を有している。したがって、二つのAは三つのBに等しい。他方で、BはCの〈3の単部分超過比〉であり、したがってBは〔自らの内に〕C〔の全体〕と、その⅓を有している。したがって、三つのBは四つのCに等しい。さて、三つのBは二つのAと等しかった。したがって、二つのAは四つのCに等しい。したがって、一つのAは二つのCに等しい。AはCの二倍である。

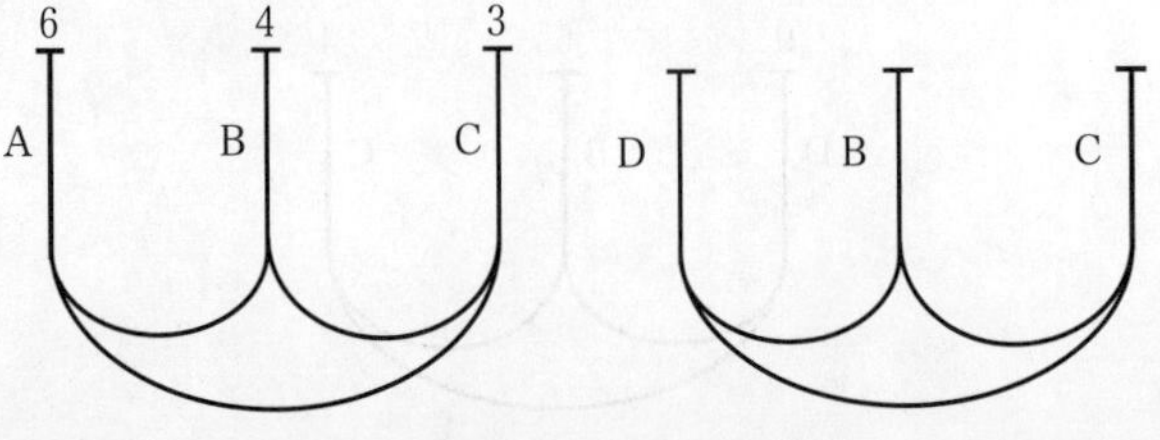

12 次に、諸数《ヌメルス》において見てみよう。〈2の単部分超過比〉である6と4があるとする。〈3の単部分超過比〉を4と3とする。したがって6は3の二倍である。

13 **(vii)〈二倍比〉の音程と〈2の単部分超過比〉の音程から、〈三倍比〉の音程は生み出される。**

AをBの〈二倍比〉とし、BはCの〈2の単部分超過比〉としよう。私は、AはCの〈三倍比〉である、と言う。なぜならばAはBの〈二倍比〉であるのだから、Aは二つのBと等しい。他方、BはCの〈2の単部分超過比〉なのだから、BはCの全体と、その半分を自らの内に有する。二つのBは三つのCに等しい。さて二つのBは一つのAに等しかった。そして一つのAは三つのCに等しい。したがって、AはCの〈三倍比〉である。

14 次に、諸数《ヌメルス》において見てみよう。〈二倍比〉である6：3があり、〈2の単部分超過比〉である3：2があるとする。すると、6：2は〈三倍比〉である。

15 **(viii) もし〈2の単部分超過比〉の音程から〈3の単部分**

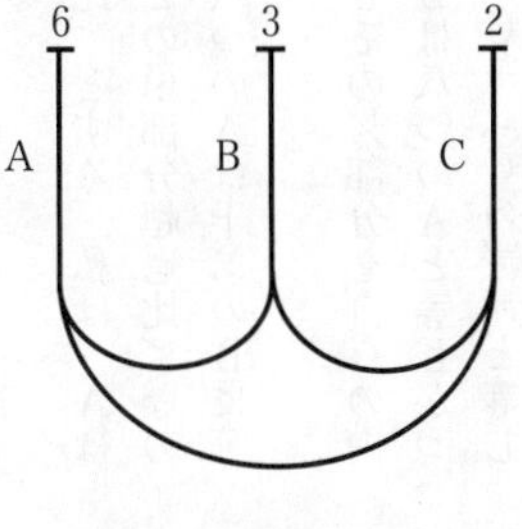

超過比〉の音程が引かれれば、残るのは〈8の単部分超過比〉である。

　AはBの〈2の単部分超過比〉とし、CはBの〈3の単部分超過比〉とする。私は、AはCの〈8の単部分超過比〉である、と言う。なぜなら、AはBの〈2の単部分超過比〉なのであるから、AはBとその半分を自らの内に有する。したがって、八つのAは十二のBに等しい。

16 他方、CはBの〈3の単部分超過比〉なのであるから、CはBとその$1/3$部分を自らの内に有する。したがって九つのCは十二のBと等しい。さて、十二のBは八つのAと等しかった。したがって、八つのAは九つのCと等しい。したがって、AはC＋〔Cの〕$1/8$と等しい。したがって、AはCの〈8の単部分超過比〉である。

17 次に、諸数《ヌメルス》において見てみよう。〈2の単部分超過比〉を9：6とし、〈3の単部分超過比〉を8：6としよう。すると、9：8は〈8の単部分超過比〉である。

18 **(ix) 六つの〈8の単部分超過比〉は、一つの〈二倍比〉の音程よりも大きい。**

　数BはAの〈8の単部分超過比〉であり、CはBの〈8の単部分超過比〉であり、DはCの〈8の単部分超過比〉であり、FはDの〈8の単部分超過比〉であり、GはFの〈8の単部分超

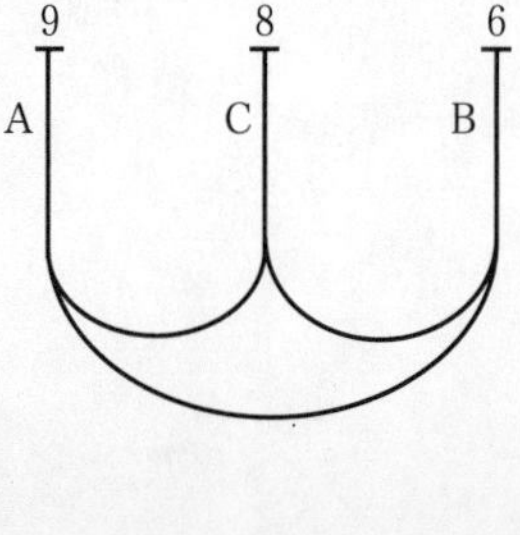

過比〉であり、KはGの〈8の単部分超過比〉であるとする。これは算術の方式における書式にしたがって次のようになる。

19　数A、B、C、D、F、G、Kがあるとする。Aを26万2144とし、このAの〈8の単部分超過比〉であるBは29万4912、このBの〈8の単部分超過比〉であるCは33万1776、このCの〈8の単部分超過比〉であるDは37万3248、このDの〈8の単部分超過比〉であるFは41万9904、このFの〈8の単部分超過比〉であるGは47万2392、このGの〈8の単部分超過比〉であるKは53万1441である。このKは、Aである26万2144の二倍よりも大きい[126]。したがって、六つの〈8の単部分超過比〉は一つの〈二倍比〉よりも大きい。

第3章　ギリシャ語とラテン語の文字による、楽語の名称

1　われわれは前述の諸協和《コンソナンティア》にしたがって、諸規則を通じて弦《ネルヴス》を分割することを取り上げ、またそうした分割を必要とす

A	B	C	D	F	G	K
262144	294912	331776	373248	419904	472392	531441

る諸音《ソヌス》を歌謡《カンティレナ》の三つの類《ゲヌス》によって示すのであるから、差し当たっては音楽の記号を、われわれが分割された線〔一本弦《モノコルド》のこと〕を同じ記号によって表示したように、付加することがいまや残っている。

2　それぞれの名称がいかなるものかは、容易に識別されるであろう。なぜなら過去の音楽家《ムシクス》たちは著作を簡潔にするために、必ずしもつねに十全な名称を付加する必要はなかったので、諸弦《ネルヴス》の名称が記載される際に用いられる記号を考案し、それらの記号を類《ゲヌス》と旋法《モドゥス》を通じて分けた。また同時に、そうした簡潔さによって、音楽家がなんらかの旋律《メロス》を韻律のリズムの構成によって満たされた韻文の上に付加して書くことのほうを選んだ。そして諸音《ソヌス》のそうした記号を付記するようにと熱心に促した者たちや、またこうした素晴らしい方法によって、文字によって伝えられる歌《カルミナ》の言葉だけでなく、このような記号によって表記される旋律自身も、記憶の中と後続する世代の中において存続するということを見いだした者たちがいたのである。

3　これら六つすべての旋法《モドゥス》の中から、当面は一つの旋法、つまりリディア旋法を取り上げ、その記号を三つの類《ゲヌス》にしたがって定めることにし、残りの諸旋法において同じことをなすのは別のときまで取っておくことにする。もし私が諸記号の配置をギリシャ文字の名称を用いて割り当てていけば、読者はいかなる目新しさによっても混乱させられることはないであろう。それらのギリシャ文字とは、あるいはある部分では省略されていたり、またあるいは諸記号のこれらの表記全体に変化が加えられて構成されているものである。われわれはまさに、古代の権威から受け継いだものに変更を及ぼすことに対して警戒するものである。

4　第一にして上段のものは発話、つまり人声のための記号であり、第二にして下段のものは楽器《ペルクッシオ》のための記号である[127]。

5　プロスラムバノメノス Proslambanomenos：これは「付加されたもの」と言われうる。不完全なZと、横にされたT。

6　低音域ヒュパテー Hypate hypaton：主要なものの中でも主要なもの。左右反転のΓと、通常のΓ。

7　低音域パルヒュパテー Parhypate hypaton：主要なものの中でも主要なものの下に位置する。不完全なBと、上下反転のΓ。

8　低音域エンハルモニック〔・リカノス〕Hypaton enarmonios：エンハルモニック・リカノスの中の主要なもの。上下反転のAと、棒付きの左右反転のΓ。

9　低音域クロマティック〔・リカノス〕Hypaton chromatice：クロマティック・リカノスの中の主要なもの。線付きの上下反転のAと、二本線付きの左右反転のΓ。

10　低音域ディアトニック〔・リカノス〕Hypaton diatonos：主要なものの中の拡張。ギリシャ語のΦと二つのΓ。

11　中音域ヒュパテー Hypate meson：中央のものの主要なもの。Cと、C。

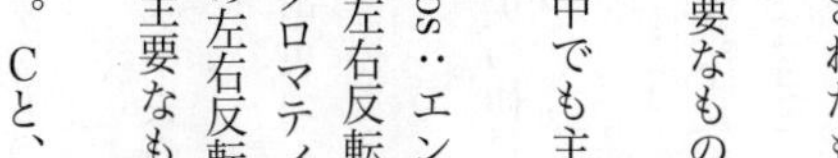

12　中音域パルヒュパテー Parhypate meson：中央のものの主要なものの下。Pと、横にされたC。 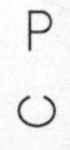

13　中音域エンハルモニック〔・リカノス〕Meson enarmonios：中央のもののエンハルモニック〔・リカノス〕。ギリシャ語のΠと、左右反転のC。 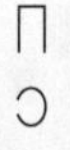

14　中音域クロマティック〔・リカノス〕Meson chromatice：中央のもののクロマティック〔・リカノス〕。ギリシャ語の棒付きのΠと、中央に棒を有する左右反転のC。 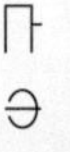

15　中音域ディアトニック〔・リカノス〕Meson diatonos：中央の伸長されたリカノス。ギリシャ語のMと、ギリシャ語の一部消去されたΠ。 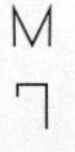

16　メーセー Mese：中間。Iと横になったΛ。 

17　結合域トリテー Trite synemmenon：結合域の三番目。Θと、上下反転のΛ。 

18　結合域エンハルモニック〔・パラネーテー〕Synemmenon enarmonios：ギリシャ語のHと、横になって反転されたΛ。 

19　結合域クロマティック〔・パラネーテー〕Synemmenon chromatice：結合域のクロマティック〔・パラネーテー〕。ギリシャ語の棒付きのHと、中央に棒を有する横になって左右反転されたΛ。 

20　結合域ディアトニック〔・パラネーテー〕Synemmenon diatonos：結合域 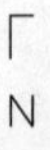

の伸長されたパラネーテー。Γと、N。

21　結合域ネーテー Nete synemmenon：結合域の最後のもの。上下反転の角ばったΩと、Z。

22　パラメーセー Paramesos：中央の下に位置するもの。Zと、ギリシャ語の横になったΠ。

23　分離域トリテー Trite diezeugmenon：分離域の三番目。角ばったEと、ギリシャ語の上下反転のΠ。

24　分離域エンハルモニック〔・パラネーテー〕Diezeugmenon enarmonios：分離のエンハルモニック〔・パラネーテー〕。Δと、ギリシャ語の横になって左右反転のΠ。

25　分離域クロマティック〔・パラネーテー〕Diezeugmenon chromatice：分離のクロマティック〔・パラネーテー〕。棒付きのΔと、対角線の線を有する横になって左右反転のギリシャ語のΠ。

26　分離域ディアトニック〔・パラネーテー〕Diezeugmenon diatonos：分離のディアトニック〔・パラネーテー〕。上下反転の角ばったΩと、Z。

27　分離域ネーテー Nete diezeugmenon：分離域の最後のもの。横になったΦと、裏返しにされ一部が欠けたN。

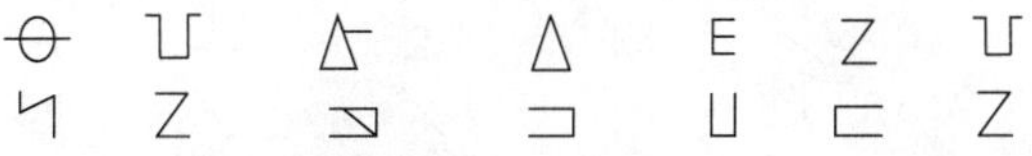

28 高音域トリテー Trite hyperboleon：高音域の三番目。下の右に面しているYと、左上に面しているAの半分。 

29 高音域エンハルモニック〔・パラネーテー〕Hyperboleon enarmonios：高音域のエンハルモニック〔のパラネーテー〕。上下反転のTと、上下反転し右に傾いた半分のA。 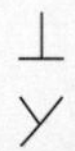

30 高音域クロマティック〔・パラネーテー〕Hyperboleon chromatice：高音域のクロマティック〔のパラネーテー〕。上下反転で線付きのTと、上下反転で右に傾いて逆に〔左に〕線を有する半分のA。 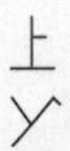

31 高音域ディアトニック〔・パラネーテー〕Hyperboleon diatonos：高音域の伸長されたパラネーテー。アクセント付きのギリシャ語のMと、一部が欠けたアクセント付きのΠ。 

32 高音域ネーテー〔高音域の最後〕Nete hyperboleon：アクセントを有するIと、横になったアクセントを有するΛ。 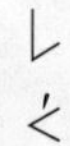

第4章　三つの類《ゲヌス》における楽音の配置と、それらに対応する声《ヴォクス》

〔原典の一覧に加え、本訳書独自の略記号を右列に示した〕

7	⊢	Proslambanomenos プロスラムバノメノス	プロス
⌉	Γ	Hypate hypaton 低音域ヒュパテー	低ヒュ
ꓤ	L	Parhypate hypaton 低音域パルヒュパテー	低デ/パルヒュ 低ク/パルヒュ 低エ/パルヒュ
∀	⊣	Lichanos hypaton enarmonios 低音域エンハルモニック・リカノス	低エ/リ
∀̵	Ⅎ	Lichanos hypaton chromatice 低音域クロマティック・リカノス	低ク/リ
Φ	F	Lichanos hypaton diatonos 低音域ディアトニック・リカノス	低デ/リ
C	C	Hypate meson 中音域ヒュパテー	中ヒュ
P	⊃	Parhypate meson 中音域パルヒュパテー	中デ/パルヒュ 中ク/パルヒュ 中エ/パルヒュ
Π	Ɔ	Lichanos meson enarmonios 中音域エンハルモニック・リカノス	中エ/リ
Π̵	Э	Lichanos meson chromatice 中音域クロマティック・リカノス	中ク/リ
M	⌉	Lichanos meson diatonos 中音域ディアトニック・リカノス	中デ/リ
ǀ	<	Mese メーセー	メーセー
Θ	V	Trite synemmenon 結合域トリテー	結デ/ト 結ク/ト 結エ/ト

Η	>	Paranete synemmenon enarmonios 結合域エンハルモニック・パラネーテー	結エ/パラネ
Ͱ	⋗	Paranete synemmenon chromatice 結合域クロマティック・パラネーテー	結ク/パラネ
Γ	Ν	Paranete synemmenon diatonos 結合域ディアトニック・パラネーテー	結デ/パラネ
Ʊ	Ζ	Nete synemmenon 結合域ネーテー	結ネ
Ζ	⊏	Paramesos パラメーセー	パラメ
Ε	⊔	Trite diezeugmenon 分離域トリテー	分デ/ト 分ク/ト 分エ/ト
Δ	⊐	Paranete diezeugmenon enarmonios 分離域エンハルモニック・パラネーテー	分エ/パラネ
Δ̵	⊐̸	Paranete diezeugmenon chromatice 分離域クロマティック・パラネーテー	分ク/パラネ
Ʊ	Ζ	Paranete diezeugmenon diatonos 分離域ディアトニック・パラネーテー	分デ/パラネ
⦵	ϟ	Nete diezeugmenon 分離域ネーテー	分ネ
⅄	≺	Trite hyperboleon 高音域トリテー	高デ/ト 高ク/ト 高エ/ト
⊥	ʏ	Paranete hyperboleon enarmonios 高音域エンハルモニック・パラネーテー	高エ/パラネ
⊥̵	ʏ′	Paranete hyperboleon chromatice 高音域クロマティック・パラネーテー	高ク/パラネ
Μ′	┐′	Paranete hyperboleon diatonos 高音域ディアトニック・パラネーテー	高デ/パラネ
ᒪ	<′	Nete hyperboleon 高音域ネーテー	高ネ

第5章　ディアトニック類《ゲヌス》における線状一本弦《モノコルド》の分割

1　いまや線状の一本弦《モノコルド》の分割に言及すべきときである。

2　以下の点について前もって言及されるべきである。すなわち、あるいは弦《ネルヴス》の計測であれ、あるいは諸数とそれらの数の比《プロポルティオ》においてであれ、描写されるべき分割が定められれば、諸弦のより大きな広がりと、数のより大きな多数性《ムルティチュド》が、より低い音《ソヌス》を生み出す、ということである。そして、より短い弦の長さが成され、諸数において複数性《プルラリタス》が多くないのであれば、より高い音《ヴォクス》が生み出されるのは必然である。この対比《コンパラティオ》から、ある弦がより長くなるだけ、そしてより多くの諸数を有するようになればなるだけ、また別の弦がより短くなればなるだけ、そしてより小さい数で記載されればされるだけ、その分だけより低い、あるいはより高い音が見いだされる。

3　以下のことが読者を混乱させるべきではない。すなわち、引き伸ばされた広がりはしばしば比《プロポルティオ》のより大きな数で書き表され、引き戻された広がりは比のより小さな数で書き表されていた、ということである。なぜなら引き伸ばしは高さを、引き戻しは低さを成すからである。われわれはそれらの比の広がりを書き記したのであり、低さや高さの性質を念頭に置いていたのではない。それゆえにわれわれはより大きな数で高さへと向かい、より小さな数で低さへと戻ったのである。いまや、諸弦《コルダ》の広がりと諸音《ソヌス》が計測される場では、ものごとの本源に従うべきであり、低さを生じさせる元であるより大きい長さの諸弦により大きな数を、声の高音《ヴォクス》を生み出す元であるより小さな弦により小さな数を与えるのが必然である。

４　引っ張られた弦《コルダ》ＡＢがあるとする。これに対して均等な定規があるものとする。この定規はすでに提示された分割の仕方によって分割され、そうすることによってこの定規が、この定規に前もってわれわれが書き込んでいたのと同じ弦の長さの分割を、脇に置かれた諸弦《ネルヴス》に書き込むようにできるためにである。われわれはいまや、この定規でなく、この弦《コルダ》自身が分かたれるように、分割を行うことにしよう。

５　したがって弦《コルダ》ＡＢは三つの点によって四つの部分に分割される。これらの三つの点はＣ、Ｄ、Ｅである。すると、ＡＢ全体はＤＢ、ＡＤの二倍であり、ＡＤ、ＤＢのそれぞれはＡＣ、ＣＤ、ＤＥ、ＥＢの二倍である。ＡＢをもっとも低い、すなわちプロスラムバノメノスとすると、ＤＢはメーセーである。なぜならそれは全体の半分であり、ＡＢがＤＢの二倍の広がりであるように、ＤＢは高さとしてＡＢの二倍である。というのも、すでに前述のように、広がりと高さの序列はつねに向きが正

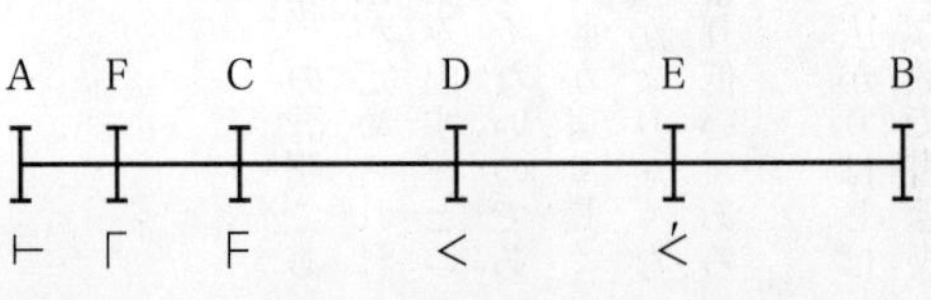

反対だからである。弦《コルダ》が高さにおいて増せば増すほど、広がりにおいては短くなる。したがってEBは高音域《ヒュペルボレオン》ネーテーである。なぜならEBは〈量《クゥアンティタス》〉においてDBの半分であり、高さにおいて二倍だからである。他方で同じEBは広がりにおいてはABの$1/4$であり、高さにおいては四倍である。

6　したがって、前述のように、高音域《ヒュペルボレオン》ネーテーは高さにおいてメーセーの二倍であり、メーセーは高さにおいてプロスラムバノメノスの二倍である。それゆえにプロスラムバノメノスはメーセーに対してオクターヴで協和《コンソノ》し、メーセーは高音域ネーテーに対してオクターヴで協和し、プロスラムバノメノスは高音域ネーテーに対して2オクターヴで協和するであろう。

7　また他方でAC、CD、DE、EBは均等な部分であるのだから、ABはこれらの諸部分の四倍であり、CBは三倍であり、したがってABはCBの〈3の単部分超過比〉である。またCBは三つの均等な部分から成り、DBは二つの均等な部分から成るのだから、CBはDBの〈2の単部分超過比〉である。またCBはEB一つ分の三つの均等な部分から成るのだから、CBはEBの〈三倍比〉である。したがってCBは低音域《ヒュパトン》ディアトニック・リカノスとなり、プロスラムバノメノスはこの低音域ディアトニック・リカノスに対して4度の協和《コンソナンティア》を鳴り響かせるだろう。この同じ低音域ディアトニック・リカノスはメーセーに対して5度の協和を鳴り響かせるだろう。この同じ低音域ディアトニック・リカノスは高音域《ヒュペルボレオン》ネーテーに対してオクターヴ＋5度の協和を鳴り響かせるだろう。

8　また、もし全体のABから$1/9$部分であるAFを引くと、FBは八部分となる。したがってFBは低音域《ヒュパトン》ヒュパテーとなり、これに対してAB、すなわちプロスラムバノメノスは〈8の単部分超過比〉を含む。これは音楽においては全音である。下図は下部に記号を含んでいる。これらの記号はわれわれが諸弦《コルダ》〔音〕に印をつけていた図からのものである。なぜならばこれらの名称は長く追記することになるであろうからだ。

9　さらに、もしABが三つの切片に分割されれば、$1/3$であるAGが生じる。この二つ分はGBである。したがって、プロスラムバノメノスであるABは、中音域《メソン》ヒュパテーであるGBに対して、〈2の単部分超過比〉に存する5度の協和《コンソナンティア》を鳴り響かせるだろう。またCBはGBに対して〈8の単部分超過比〉であり、全音を含むであろう。これは規則性にかなっている。なぜなら低音域《ヒュパトン》ディアトニック・リカノス、つまりCBは、中音域ヒュパテーであるGBに対して全音を含んでいるからである。

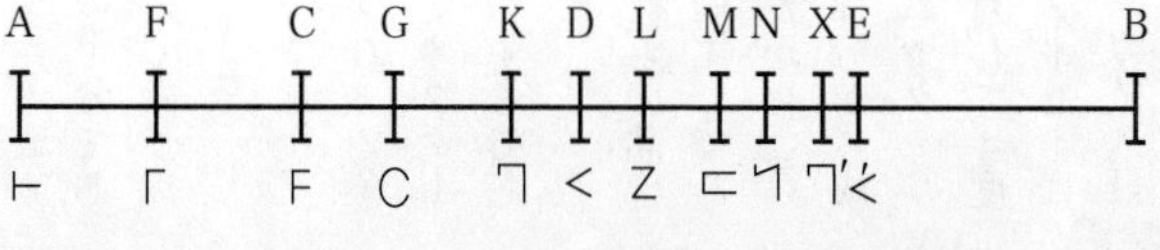

10　他方、プロスラムバノメノスであるABは、低音域《ヒュパトン》ディアトニック・リカノスに対して、4度の協和《コンソナンティア》を有し、プロスラムバノメノスであるABは、中音域《メソン》ヒュパテーであるGBに対して5度の協和を有する。そしてCBはDBに対して、つまり低音域ディアトニック・リカノスはメーセーに対して、5度の協和を有する。またGBはDBに対して、つまり中音域ヒュパテーはメーセーに対して、4度の協和を有する。低音域リカノス、つまりCBは、中音域ヒュパテー、つまりGBに対比されると、全音の差で隔たっている。

11　もしCBから$1/4$部分を取ると、それはCKとなる。するとCBはKBに対して〈3の単部分超過比〉を占める。しかしKBはDBから〈8の単部分超過比〉の差で隔たっている。するとKBは中音域《メソン》ディアトニック〔・リカノス〕となり、低音域《ヒュパトン》ディアトニック・リカノスであるCBは、中音域ディアトニックであるKBに対して4度の協和《コンソナンティア》を含んでいる。

12　他方で、DBから$1/9$部分を取れば、それはDLとなる。するとLBはパラメーセーとなる。もしDBから$1/4$部分を取れば、それはDMである。するとMBは結合域《シュネムメノン》ネーテーとなる。もしDBから$1/3$部分を取れば、それはDNである。するとNBは分離域《ディエゼウグメノン》ネーテーとなる。もしKBが均等な二部分に分割されるのであれば、KXとXBとなる。これらは高音域《ヒュペルボレオン》パラネーテーである。

〔原文脱落[128]〕

第6章　ネーテーを含む高音域《ヒュペルボレオン》の三種類の一本弦《モノコルド》分割

1　さて、ディアトニック類《ゲヌス》の配列は、より簡潔で第一の旋法《モドゥス》、すなわちわれわれがリディアと呼ぶ旋法において成される。今は諸旋法については論ずるべきではない。

2　三つの類《ゲヌス》によって統合された配列が設定され、諸数《ヌメルス》の特性がすべてにおいて配置され、そして全音とディエシスの比《プロポルティオ》を維持するために、これらすべての音程を満たすことのできる数が案出された。プロスラムバノメノスに対して割り当てられる最大の数は９２１６であり、〔高音域《ヒュペルボレオン》ネーテーに対して割り当てられる〕最小の数は２３０４である。残りの諸音《ソヌス》の比はこれらの間に編成される。

3　われわれは着実に下部から着手し[129]、すべての弦《コルダ》〔音〕の名を単に名称だけでなく、付加された文字によっても明示することにしよう。なぜなら三つの類《ゲヌス》の分割が成されるものであり、また文字が不足している際には諸弦〔音〕のあり方は文字の数を上回るので、われわれはこれらの文字を次のような仕方で増加させることにしよう。すなわち、Zに至るまで達してしまったときには、残りの弦を二重のA、つまりAA、そして二重のB、つまりBB、二重のC、つまりCC、といったようにである。

4　したがって、プロスラムバノメノスの場を占める最初の最大の数《ヌメルス》は９２１６であろう。そして諸弦《コルダ》〔音〕のすべてのあり方はここ、すなわちAから、LLに至るまで続く。このAのプロスラムバノメノスである9216をOにおいて半分に分割する。それは全体であるAがOの二倍であるようにである。そしてOはLLの二倍であるとする。するとAがプロスラムバノメノス、Oがメーセー、LLが高音域《ヒュペルボレオン》ネーテーである。したがって、Aは9216を有し、Oはその半分、つまり4608を有し、それはメーセーはプロスラムバノメノスに対してオクターヴの協和《コンソナンティア》を含んでいる。LLはメーセーの半分である。それはプロスラムバノメノスは高音域ネーテーから〈四倍比〉であり、2オクターヴの響和《シンフォニア》を鳴り響かせる。そしてLLは2304である。

5〔以下二八四頁の図参照〕もし2304から⅛部分、すなわち288を差し引き、そしてそれを2304に加えると、それは2592となり、KKとなる。2592は高音域《ヒュペルボレオン》パラネーテーであり、高音域ネーテーに対して全音の距離を有している。さらに、2592であるKKから⅛、つまり324を差し引き、これをこの⅛の元であったものに足すと、2916となる。これはディアトニック類《ゲヌス》における高音域ディアトニック・トリテーであり、2916であり、これはFFである。これは高音域

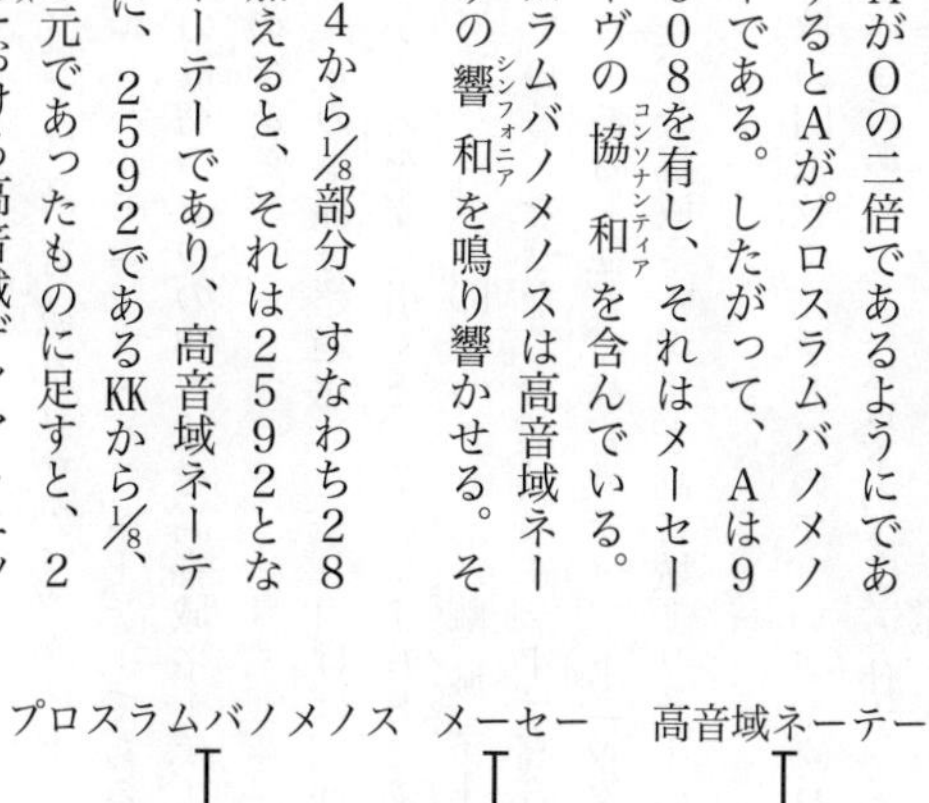

ディアトニック・パラネーテーから全音離れており、高音域ネーテーからは2全音離れている。

6　この同じFFは、クロマティック類《ゲヌス》においては高音域《ヒュペルボレオン》クロマティック・トリテーとなり、エンハルモニック類においては高音域エンハルモニック・パラネーテーである。なぜこのようになるのかは、われわれが三つの類の最初の三つの四本弦《テトラコルド》を高音域ネーテーを先頭に書き出すときに、より容易に認識されるものである。

7　もし〈3の単部分超過比〉から二つの〈8の単部分超過比〉を差し引けば、残るのは小半音である。LL、つまり高音域《ヒュペルボレオン》ネーテーから⅓を差し引くと、それは768である。これをそれ自身〔LL〕に足すと、3072を成す。これはDD、つまり分離域《ディエゼウグメノン》ネーテーであり、高音域トリテーに対して小半音を有している。なぜなら分離域ネーテーは高音域ネーテーに対して4度の協和《コンソナンティア》を含んでいるからである。他方、高音域ディアトニック・トリテーは高音域ネーテーから2全音隔たっており、分離域ネーテーと高音域トリテーの間に残る広がりは小半音である。

8　われわれはディアトニック類《ゲヌス》の高音域《ヒュペルボレオン》の四本弦《テトラコルド》を完了したので、いまやクロマティックとエンハルモニックの四本弦が補完されるべきである。それは以下のような仕方でなされる。

9　高音域《ヒュペルボレオン》パラネーテーは高音域ネーテーに対して、ディアトニック類《ゲヌス》においては全音の差で、クロマティック類においては3半音の差で、エンハルモニック類においては2全音の差で離れている。もしディアトニック類の高音域パラネーテーと高音域ネーテーの距離を取って、その半分をディアトニック類の高音域パラネーテーに加えると、高音域ネーテーから3半音離れている数を手にするだろう。これはクロマティック類においては高音域パラネーテーとなるであろう。すると、ディアトニック類の高音域パラネーテーである2592から、高音域ネーテーである2304を引くと、残るのは288である。これを分割すると、144となる。この数を2592に足すと、2736を成す。これはHHであり、クロマティック類の高音域パラネーテーとなる。

10　さらに、ディアトニック類《ゲヌス》と、クロマティック類の、高音域《ヒュペルボレオン》トリテーは高音域ネーテーから2全音離れており、エンハルモニック類においては高音域パラネーテーは高音域ネーテーから2全音離れているのだから、エンハルモニック類において高音域パラネーテーであるものは、ディアトニック類とクロマティック類においては高音域トリテーである。これはGGという文字で記される。しかしディアトニック類とクロマティック類の高音域トリテーは分離域《ディエゼウグメノン》ネーテーに対して小半音を維持し、エンハルモニック類の四本弦《テトラコルド》は完全な2全音と、小半音の広がりの半分であるディエシス＋ディエシスから成るのであるから、私はこの距離を分離域ネーテーと高音域エンハルモニック・パラネーテーの間にとる。分離域ネーテーは3072であり、高音域エンハルモニック・パラネーテーは2916であるのだから、これらの距離は156となる。これらの半分を取ると、それは78である。これを2916に足すと、2994を成す。これはEEとなり、高音域エンハルモニック・トリテーである。

11 このようにして三つの類《ゲヌス》にしたがった高音域《ヒュペルボレオン》の四本弦《テトラコルド》が秩序立って配列された。その配置を下に付加する。

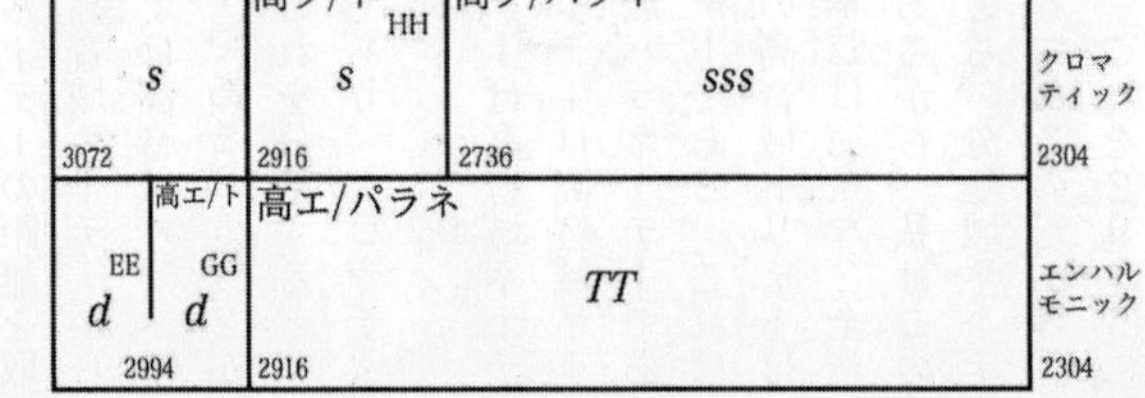

第７章　前掲の区分図の説明

１　われわれは三つの四本弦《テトラコルド》を以下のような説明で記述する。

２　四本弦《テトラコルド》は全体で4度の協和《コンソナンティア》を鳴り響かせる。したがって、ディアトニック類、クロマティック類、エンハルモニック類の三つの類《ゲヌス》において、高音域《ヒュペルボレオン》ネーテーと分離域《ディエゼウグメノン》ネーテーは4度の響和《シンフォニア》を含んでいる。さて、4度の協和《コンソナンティア》は2全音＋1小半音から構成される。この協和は前掲の四本弦において三つの種を通じて分割される。

３　第一の類《ゲヌス》であるディアトニック類においては、２５９２である高音域《ヒュペルボレオン》パラネーテーは、２３０４である高音域ネーテーに対して全音の距離を有している。われわれはこれをTの文字で記載した。また、２９１６であるディアトニック類の高音域トリテーは、２５９２であるディアトニック類の高音域パラネーテーに対して、全音の差を有している。われわれはこれを同様のTの文字で書きこんだ。さて分離域《ディエゼウグメノン》ネーテーは高音域トリテーに対して、つまり３０７２：２９１６は半音となる。これをわれわれはsの文字で書きこんだ。分離域ネーテーと高音域ネーテーの広がり全体は2全音＋半音である。

４　さてこの同じ2全音＋半音は、クロマティック類《ゲヌス》においては次の方法で分割される。第二の類であるクロマティック類は次の仕方で描写される。２７３６である高音域《ヒュペルボレオン》クロマテイック・パラネーテーは、２３０４である高音域ネーテーに対比されると、ディアトニック類の高音域パラネーテーが高音域ネーテーに対する広がりを自らのうちに含んでいる。それは1全音、つまり大半音＋小半音の2半音である。ディアトニック類の高音域パラネーテーと高音域ネーテーには分割が成される。全音の半分が作られるのだが、しかしこの半分は完全なものではない。なぜなら、既に十全に証明されているように、全音を二つの均等な部分に分けることはできないからだ。したがって、三つの半音、つまり全音＋半音の広がりを、われわれはSSSというように記載した。

5　さらに、高音域《ヒュペルボレオン》クロマティック・パラネーテーは高音域トリテーに対して全音の一部、つまり半音を保っており、これは高音域ディアトニック・トリテーと高音域ネーテーの間に含まれている2全音からの残りとなるものである。四つの半音を四本弦《テトラコルド》全体から引くと、残るのは半音の広がりであり、これは分離域《ディエゼウグメノン》ネーテーと高音域トリテーの間に含まれているものである。

6　したがって、この四本弦《テトラコルド》は2全音＋1半音から成り、これは3半音の一つの広がりと、2半音の二つの広がりに分けられる。これらの三つの広がりは四つの弦《ネルヴス》〔音〕に含まれている。

7　エンハルモニック類《ゲヌス》においてこの点を熟知するのはもっとも容易なことである。２３０４である高音域《ヒュペルボレオン》ネーテーから、２９１６である高音域エンハルモニック・パラネーテーは、完全な2全音の差で隔たっている。これをわれわれは*TT*というように書き記した。したがって、四本弦《テトラコルド》の全体である2全音＋1半音から残るのは、一つの半音ということになる。これはエンハルモニックの分離域《ディエゼウグメノン》ネーテーと高音域パラネーテーの間に含まれるものである。これをわれわれは、中間に高音域エンハルモニック・トリテーを介在させることによって、二つのディエシスに分割した。そしてこのディエシスの広がりをdというように記した。

8　このようにわれわれは高音域《ヒュペルボレオン》の四本弦《テトラコルド》を描写した。以上のことが成し遂げられたので、分離域《ディエゼウグメノン》の四本弦に移ることにしよう。同じことに言及することによって残りのことを詳しく論じようとすべきではない。なぜなら、この描写によって他の点においても範例が得られうるからだ。

第8章　ネーテーを含む分離域《ディエゼウグメノン》の三つの類《ゲヌス》の一本弦《モノコルド》分割

1　〔二九一頁の図参照〕分離域《ディエゼウグメノン》ネーテー、これは3072であるが、もしこの半分を取れば、それは1536となる。これを3072に付加すると、4608を成す。これはメーセーであり、われわれはこれをOの文字で表記した。

2　もしこの3072であり、DDである分離域《ディエゼウグメノン》ネーテーから、$1/3$を引くと、1024となる。これを3072に加えると4096となる。これはパラメーセーと呼ばれ、Xの文字で書き留められている。

3　3072である分離域《ディエゼウグメノン》ネーテーは、4608であるメーセーに対して、〈2の単部分超過比〉の状態にあるので、5度の響和《シンフォニア》を鳴り響かせるだろう。同じ3072である分離域ネーテーは、4096であるパラメーセーに対して、〈3の単部分超過比〉で構成されており、4度の協和《コンソナンティア》を保持している。

4　もし3072の分離域《ディエゼウグメノン》ネーテーから1/8を取れば、それは384であり、これを3072に加えると、3456を成す。これは分離域ディアトニック・パラネーテーとなり、CCの文字で記され、分離域ネーテーに対して全音を保っている。

5　ここから1/8を取れば、つまり3456からということだが、すると432であり、これを3456に足せば、3888となる。これは、分離域《ディエゼウグメノン》ディアトニック・トリテーであり、Yとなる。分離域ネーテーはパラメーセーに対して、〈3の単部分超過比〉を保持するものであり、分離域ディアトニック・トリテーは分離域ネーテーから、2全音離れているのだから、分離域トリテーとパラメーセーの間には小半音が含まれることになるだろう。

6　ディアトニック類《ゲヌス》はこのように四本弦《テトラコルド》と五本弦《ペンタコルド》において完全に遂行されるので、分離域《ディエゼウグメノン》ネーテーがパラメーセーに対する四本弦は4度の協和《コンソナンティア》であり、分離域ネーテーのメーセーに対する五本弦は5度の協和である。

7　エンハルモニック類《ゲヌス》とクロマティック類は以下の説明によって編成される。ディアトニック類の分離域《ディエゼウグメノン》ネーテーと、分離域パラネーテー、つまり３０７２と３４５６を取ると、それらの間の差は３８４である。これを分割する。すると１９２となる。もしこれを３４５６である分離域ディアトニック・パラネーテーに足すと、３６４８を成す。これは分離域クロマティック・パラネーテーとなり、BBの二重文字によって付記される。これは分離域ネーテーから全音＋半音の差で離れており、つまり3半音の差である。この分離域クロマティック・パラネーテーは、分離域トリテー、これは先の議論ではディアトニック類であったが、ここではクロマティック類であり、つまり３８８８であるが、これに対して半音を有している。この半音は分離域ディアトニック・パラネーテーと、分離域ディアトニック・トリテーの間の全音を分割した残りである。

8　四本弦《テトラコルド》においては、分離域《ディエゼウグメノン》クロマティック・トリテーとパラメーセーの間にまた別の残りの半音が生じる。それはつまり、クロマティック類の分離域ネーテーとパラメーセーの間にある4度の協和《コンソナンティア》から、分離域ネーテーと分離域クロマティック・トリテーが含む2全音を、引いた残りである。

9　ディアトニック類《ゲヌス》においては分離域《ディエゼウグメノン》ディアトニック・トリテーがあり、クロマティック類においては分離域クロマティック・トリテーがあるので、同じ音はエンハルモニック類においては分離域エンハルモニック・パラネーテーと呼ばれる。これは分離域ネーテーから完全な全音の二つ分離れており、AAと表記される。分離域ネーテーと分離域エンハルモニック・パラネーテーの間にはいかなる弦《コルダ》も介在せず、それゆえに後者はおなじ「パラネーテー」という語で名づけられている。

10　分離域《ディエゼウグメノン》エンハルモニック・パラネーテーとパラメーセーの間の半音は、AAとXの間にあるものであるが、これは二つのディエシスが生ずるように分割される。分離域エンハルモニック・パラネーテーとパラメーセーの差、これは３８８８と４０９６の差であるが、これは２０８である。これを分割する。すると１０４を成す。これを３８８８に足すと、３９９２を成す。これは分離域エンハルモニック・トリテーとなり、Zの文字で表記される。

11　この分離域《ディエゼウグメノン》の三つの類《ゲヌス》の図を以下に追加した。そして前掲の高音域《ヒュペルボレオン》の四本弦《テトラコルド》の配置を付記した。それは双方の四本弦を一つにまとめた図があるようにし、結合された全体の配置の姿が徐々に生起するようにするためである[130]。

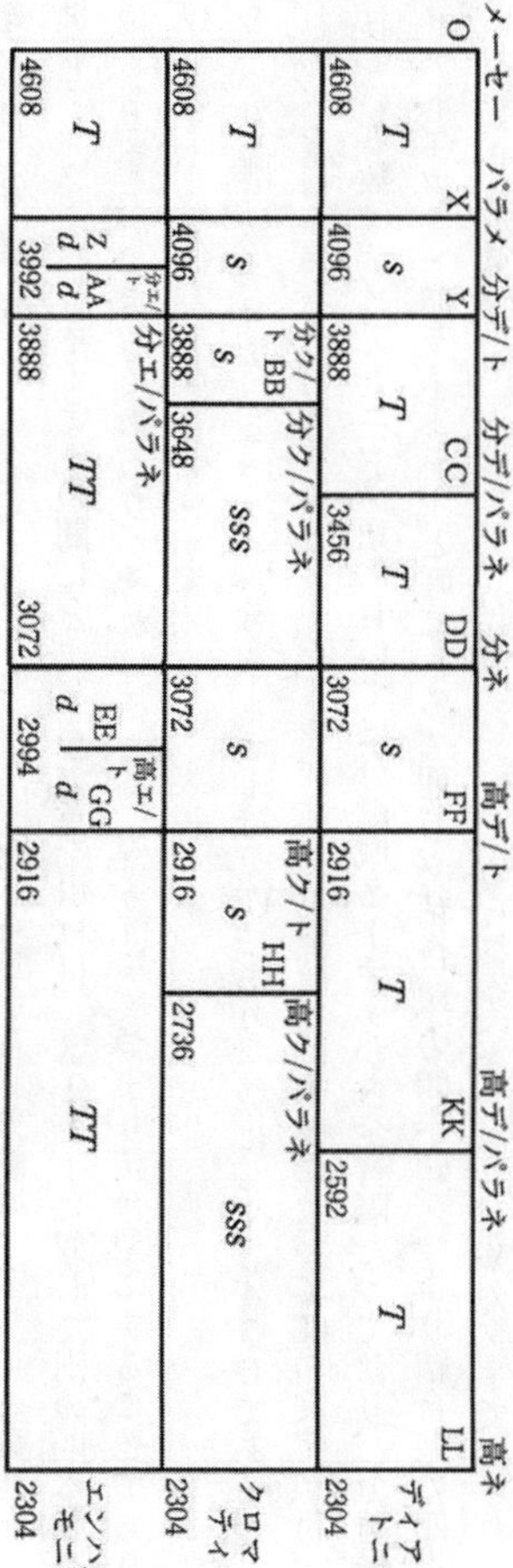

第９章　ネーテーを含む結合域《シュネムメノン》の三つの類《ゲヌス》の一本弦《モノコルド》分割

1　前掲の図は、互いに接続されている二つの四本弦《テトラコルド》が、メーセーで区切られており、その三つの類《ゲヌス》のあり方がいかなるものなのかを示している。

2　いまや別の四本弦《テトラコルド》に移るべきである。〔二九五頁の図参照〕それは結合域《シュネムメノン》と呼ばれるものであり、メーセーで結合されているものである。

3　われわれが先に言及したように、分離域《ディエゼウグメノン》ネーテーとメーセーの間には5度の協和《コンソナンティア》があり、5度の協和は3全音＋1半音である。この五本弦《ペンタコルド》には三つの全音がある。そのうちの一つは分離域ネーテーと分離域ディアトニック・パラネーテーの間、別の一つのものは分離域ディアトニック・パラネーテーと分離域ディアトニック・トリテーの間、第三のものはパラメーセーとメーセーの間であり、そこに残される半音が分離域ディアトニック・トリテーとパラメーセーの間にある。分離域ネーテーからパラメーセーへの四本弦《テトラコルド》は、メーセーから全音の差で離れており、この全音はパラメーセーとメーセーの間にある。

4　もし分離域《ディエゼウグメノン》ネーテーからメーセーの間の五本弦《ペンタコルド》から、メーセー、分離域ネーテーと分離域ディアトニック・パラネーテーの間に含まれる全音を引けば、メーセーに対して別の四本弦《テトラコルド》を接続することができるであろう。それは結合域《シュネムメノン》のように、つまり結合型にすることであり、以下のような仕方でなされる。

5　分離域《ディエゼウグメノン》ディアトニック・パラネーテーは、CCであり、数にして3456であるが、これの$1/3$を自ら自身に付加するとメーセーを成す。分離域の四本弦《テトラコルド》においてCCの文字が付記されている数はディアトニック類《ゲヌス》においては分離域ネーテーから全音隔たっており、分離域ディアトニック・パラネーテーと呼ばれる。他方、結合域《シュネムメノン》の四本弦、つまり結合型の四本弦において、結合域ネーテーは三つの類において定められるべきであり、Vの文字で記される。

６　ここ、つまり３４５６から、⅛である４３２が取られ、これ自身〔３４５６〕に付け加えられると、３８８８を成す。これは結合域《シュネムメノン》ディアトニック・パラネーテーであり、Ｔの文字で書き込まれている。ここから⅛が取られると、それは４８６である。これが、この⅛の元となった数〔３８８８〕に足されると、４３７４になる。これは結合域ディアトニック・トリテーであり、つまりＱである。というのも、結合域ネーテーはメーセーに対して、つまり３４５６：４６０８は、〈３の単部分超過比〉を有しており、これは４度であり、また結合域トリテーは結合域ネーテーに対して、つまり４３７４：３４５６は２全音の比《プロポルティオ》を有しており、あとに残るのは結合域ディアトニック・トリテーのメーセーに対する半音の比である。

７　この四本弦《テトラコルド》はメーセーで結合されており、それゆえに〝結合域《シュネムメノン》〟つまり連続しているかのようであり、結合型と呼ばれている。ディアトニック類《ゲヌス》の比《プロポルティオ》はこのような仕方で作られるものである。

８　クロマティック類《ゲヌス》の分割は以下のようである。結合域《シュネムメノン》ネーテーと結合域ディアトニック・パラネーテーを取ると、３４５６と３８８８であり、その差は４３２である。これを、半音が生じるように、分割する。すると２１６を成す。これを３８８８に足すと、３半音を成し、４１０４となる。これは結合域クロマティック・パラネーテーであり、これにはＳの文字が付加される。ここ、すなわち結合域クロマティック・パラネーテーから、〔図の〕上ではディアトニックであったが今はクロマティックである結合域トリテーに対しては、半音がある。この結合域クロマティック・トリテーからメーセーにかけてはまた別の半音が見いだされる。

9　結合域《シュネムメノン》ネーテーから、ディアトニック類と、クロマティック類《ゲヌス》の、結合域トリテーにかけては2全音であり、これらはディアトニック類とクロマティック類においては結合域ディアトニック・トリテーと結合域クロマティック・トリテーであるが、これはエンハルモニック類においては結合域エンハルモニック・パラネーテーである。総数としてこれは4374を有し、Rである。ここからメーセーにかけては半音である。これは以下のような仕方で二つのディエシスに分割される。結合域エンハルモニック・パラネーテーとメーセー、つまり4374と4608であるが、この差を取ると、234である。これを分割すると、117を成す。これを結合域エンハルモニック・パラネーテー、つまり4374に足すと、4491を成す。これはPの文字で表記され、結合域エンハルモニック・トリテーとなる。そして結合域エンハルモニック・パラネーテーとメーセーの間に含まれる半音が生じ、それはつまり4374と4608の間であり、結合域エンハルモニック・トリテーによって分割される。それはつまり4491である。

10　以上のように、この四本弦《テトラコルド》の説明が成し遂げられた。いまや、他のものと接続された図が成されるべきである。その他のものとは高音域《ヒュペルボレオン》と分離域《ディエゼウグメノン》のことであり、それは少し

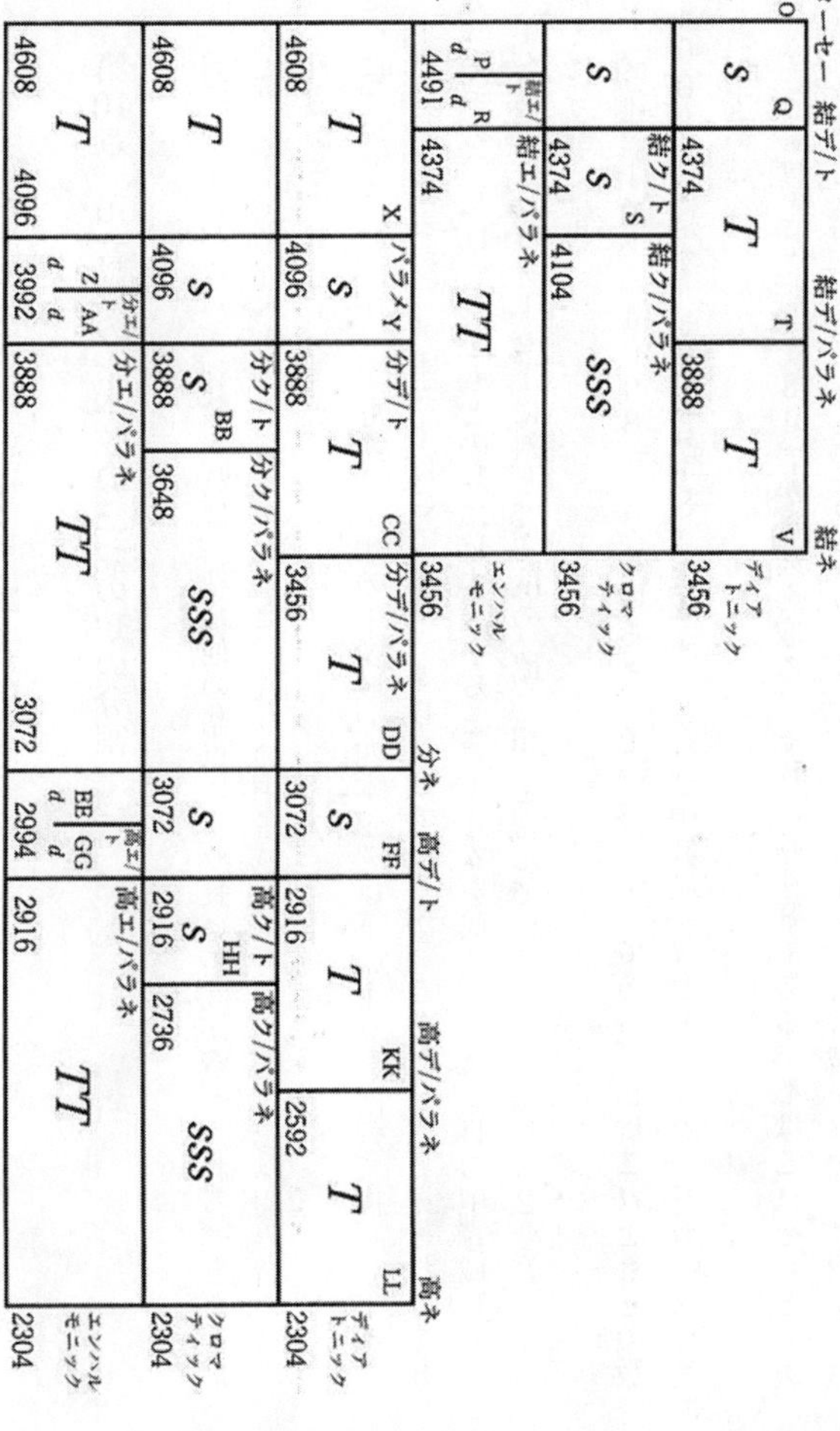

メーセー
結デ/ト
結デ/パラネ
結ネ
結ク/ト
結ク/パラネ
結エ/ト
結エ/パラネ
パラメY
分デ/ト
分デ/パラネ
分ク/ト
分ク/パラネ
分エ/ト
分エ/パラネ
分ネ
高デ/ト
高デ/パラネ
高ク/ト
高ク/パラネ
高エ/ト
高エ/パラネ
高ネ
ディアトニック
クロマティック
エンハルモニック
0
4374
3888
3456
4104
4491
4608
4096
3392
3648
3072
2994
2916
2736
2592
2304
S
T
TT
SSS

ずつこの図が着実に発展していくようにするためである[131]。

第10章　中音域《メソン》の一本弦《モノコルド》の三つの類《ゲヌス》の分割

1　前述のことがらから判断すれば、私は他の諸点により長い時間が費やされるべきだとは考えない。すでに述べられたことを範型に、残りの中音域《メソン》と低音域《ヒュパトン》の四本弦《テトラコルド》は組み合わせて作られるからである。

2　まずはじめに、ディアトニック類《ゲヌス》の中音域《メソン》の四本弦《テトラコルド》を以下のような配列で描写しよう。〔二九九頁の図参照〕メーセーはOであり、４６０８であるが、この$\frac{1}{3}$を取る。それは１５３６である。私はこれをもとの数に足す。すると６１４４を成す。これをHの中音域ヒュパテーとし、これはメーセーに対して4度の協和《コンソナンティア》を含んでいる。この協和は2全音と1半音とに分割される。

3　メーセーである４６０８から$\frac{1}{8}$を取ると、それは５７６である。私はこれをもとの数〔４６０８〕に足す。すると５１８４を成す。これは中音域《メソン》ディアトニック・リカノスであり、Mである。

4　もう一度ここ〔５１８４〕から$\frac{1}{8}$を取る。それは６４８である。私はこれをもとの数〔５１８４〕に付加する。すると５８３２を成す。これはIで、中音域《メソン》ディアトニック・パルヒュパテーとなる。これは中音域ディアトニック・リカノスに対して全音を含み、メーセーからは2全音の差で離れている。したがって、中音域ディアトニック・ヒュパテーと中音域ディアトニック・パルヒュパテーの間には、半音が残っている。これは６１４４と５８３２の間である。

５　メーセーと中音域《メソン》ヒュパテーの四本弦《テトラコルド》はクロマティック類《ゲヌス》においては以下の説明にしたがって分割される。メーセーの中音域ディアトニック・リカノスに対する差を取ると、それは４６０８：５１８４であるが、差は５７６である。これを半分に分割すると、２８８を成す。これをより大きい数、すなわち５１８４に足すと、５４７２を成す。これはNであり、中音域クロマティック・リカノスである。

６　したがって二つの半音が残る。一つは中音域《メソン》クロマティック・リカノスと中音域クロマティック・パルヒュパテーの間にあり、それはすなわち５４７２と５８３２の間である。もう一つは中音域クロマティック・パルヒュパテーと中音域ヒュパテーの間にあり、それはすなわち５８３２と６１４４の間である。

７　われわれはエンハルモニック類《ゲヌス》を以下の仕方で分割する。中音域《メソン》ディアトニック・パルヒュパテー、あるいは中音域クロマティック・パルヒュパテーはメーセーから2全音離れており、５８３２の数を有する。これはエンハルモニック類においては中音域エンハルモニック・リカノスであり、Lの文字で表記される。そしてやはりメーセーに対して2全音を有している。

8　したがって中音域《メソン》エンハルモニック・リカノスと中音域ヒュパテーの間には半音が残っている。それはつまり5832と6144の間であり、われわれはこれを以下のような仕方で二つのディエシスに分割する。5832の6144に対する差を引くと、それは312である。これを半分に分割すると、156を成す。私はこれを5832に付け加える。すると5988を成す。これはKとなり、中音域エンハルモニック・パルヒュパテーである。実際二つのディエシスがあるが、一つは中音域エンハルモニック・リカノスと中音域エンハルモニック・パルヒュパテーの間、つまり5832と5988の間と、もう一つは中音域エンハルモニック・パルヒュパテーと中音域ヒュパテーの間、つまり5988と6144の間である。

9　このようにして、中音域《メソン》の四本弦《テトラコルド》が分割された。それは次図のとおりであるが、そこでは前掲の四本弦の図に付け加える形でなされている。

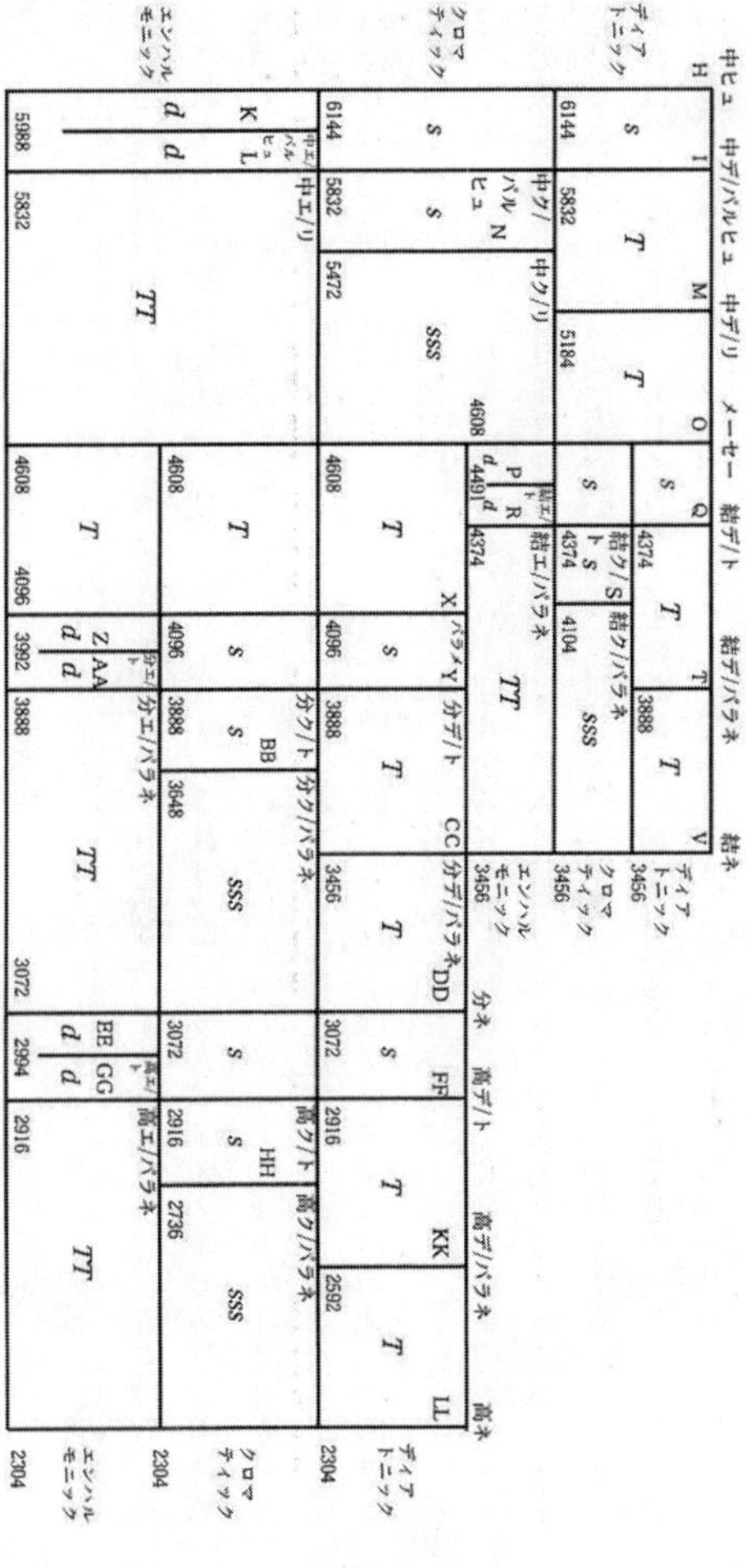
中ヒュ
中デ/パルヒュ
中デ/リ
メーセー
結デ/ト
結デ/パラネ
結ネ
分ネ
高デ/ト
高デ/パラネ
高ネ
ディアトニック
クロマティック
エンハルモニック

第11章　低音域《ヒュパトン》の一本弦《モノコルド》の三つの類《ゲヌス》の分割と、全体図の配置

1　いまや低音域《ヒュパトン》の一本弦《モノコルド》が三つの類《ゲヌス》に分割されるべきである。〔三〇二—三〇五頁の図参照〕私は中音域《メソン》ヒュパテー、つまり6144の半分を取る。すると3072を成す。もし私がこれをもとの数に足すと、9216を成す。これはプロスラムバノメノスであり、中音域ヒュパテーに対して5度の協和《コンソナンティア》を保つ。この中音域ヒュパテー、つまり6144からもし私が⅓を取ると、それは2048である。これをもとの数に足すと、8192を成し、これはBの低音域ヒュパテーである。つまり中音域ヒュパテーはプロスラムバノメノスに対して5度の協和であり、低音域ヒュパテーに対して4度の協和である。

2　この中音域《メソン》ヒュパテー、つまり6144から⅛が取られると、768となる。これをもとの数に足すと、6912を成す。これはEの低音域《ヒュパトン》ディアトニック・リカノスであり、中音域ヒュパテーに対して全音の比《プロポルティオ》を有している。さらに6912から⅛が引かれると、それは864である。もしこれがもとの数に付け加えられると、7776を成し、これはCの低音域ディアトニック・パルヒュパテーであり、低音域ディアトニック・リカノスに対して1全音、中音域ヒュパテーに対して2全音の距離を保つ。したがって半音が低音域ディアトニック・パルヒュパテーと低音域ヒュパテーの間、つまり7776と8192の間に残

る。ディアトニック類《ゲヌス》の低音域の四本弦《テトラコルド》はこのようなものである。

3　われわれはクロマティック類《ゲヌス》の一本弦《モノコルド》を以下の説明《ラティオ》にしたがって分割する。中音域《メソン》ヒュパテーと低音域《ヒュパトン》ディアトニック・リカノスの差を取ると、すなわち6144と6912であり、差は768である。これが、二つの半音を作るように、半分にされると、384を成す。これを6912に足して、三つの半音が成るようにすると、7296となる。これはFの低音域クロマティック・リカノスとなり、中音域ヒュパテーから3半音離れている。したがって二つの半音が残るが、一つは低音域クロマティック・リカノスと低音域クロマティック・パルヒュパテーと低音域ヒュパテーの間、つまり7296と7776の間であり、もう一つは低音域クロマティック・パルヒュパテーの間、つまり7776と8192の間である。

4　残るはエンハルモニック類《ゲヌス》であるが、この分割は前述の例にしたがって以下のようになされる。低音域《ヒュパトン》ディアトニック・パルヒュパテー、あるいは低音域クロマティック・パルヒュパテーは7776と記載されるものだが、これは中音域《メソン》ヒュパテーから2全音離れている。これと同じものはエンハルモニック類においては低音域エンハルモニック・リカノスであり、中音域ヒュパテーから完全な全音の二つ分離れている。これはGの低音域エンハルモニック・リカノスとなる。

5　4度の協和《コンソナンティア》から〔2全音を〕引いて残るのは半音であり、それは低音域《ヒュパトン》エンハルモニック・リカノスと低音域ヒュパテーの間、つまり7776と8192の間である。われわれはこれを以下のように二つのディエシスに分割する。低音域エンハルモニック・リカノスと低音域ヒュパテーの差を取ると、それはつまり７７７６と８１９２であるが、その差は４１６である。この半分を取ると、２０８である。これを７７７６に足すと、７９８４を成す。これはDの低音域エンハルモニック・パルヒュパテーとなる。したがって二つのディエシスがある。一つは低音域エンハルモニック・リカノスと低音域エンハルモニック・パルヒュパテーの間、つまり７７７６と７９８４の間であり、もう一つは低音域エンハルモニック・パルヒュパテーと低音域ヒュパテーの間、つまり７９８８

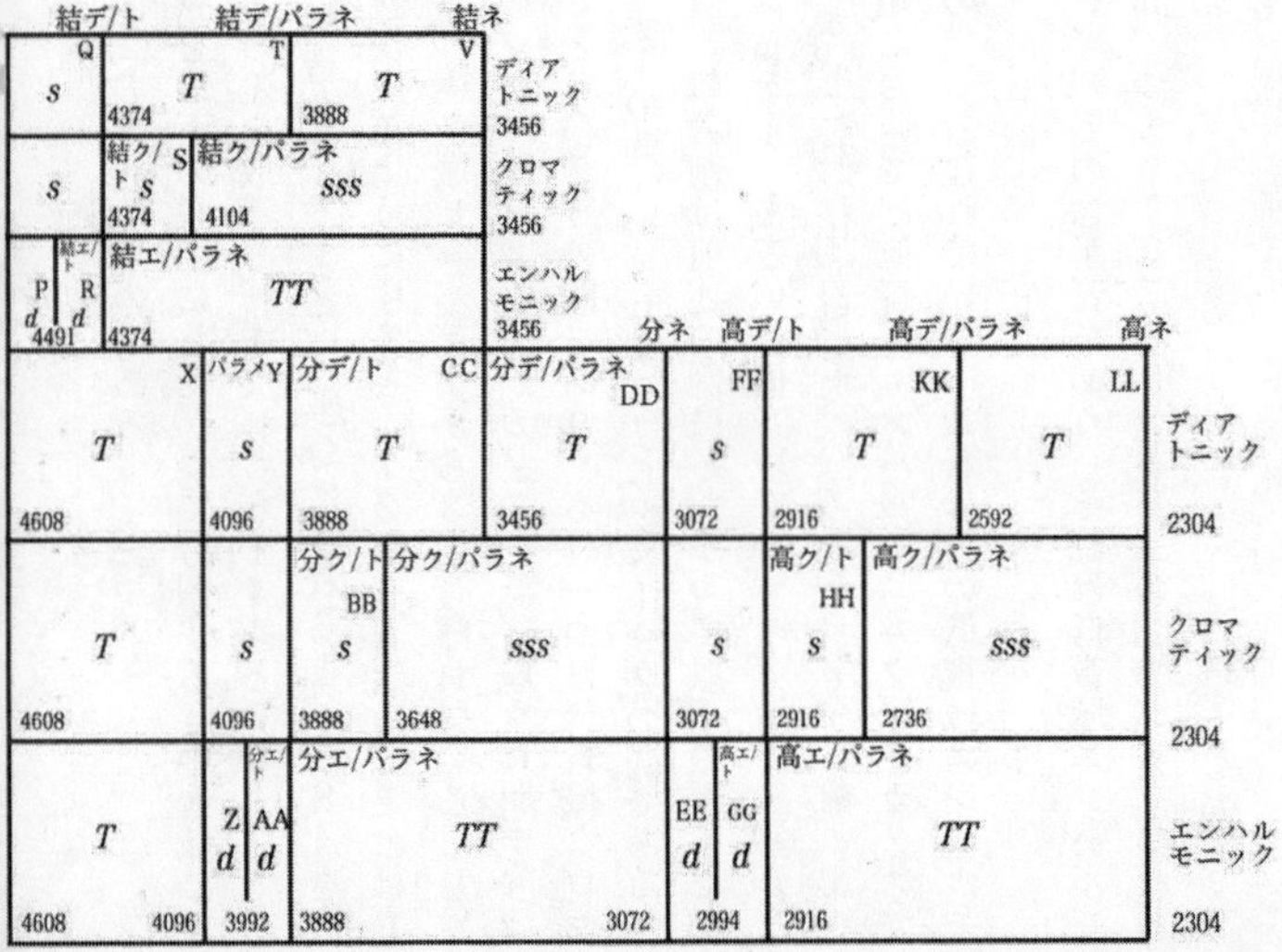

4と8192の間である。

6　最後の全音がプロスラムバノメノスと低音域《ヒュパトン》ヒュパテーの間、つまり9216と8192の間に含まれている。

7　このように、低音域《ヒュパトン》の四本弦《テトラコルド》が三つの類《ゲヌス》に、つまりディアトニック類、クロマティック類、エンハルモニック類に分割される。ここで前述の四本弦、すなわち、高音域《ヒュペルボレオン》、分離域《ディエゼウグメノン》、結合域《シュネムメノン》、中音域《メソン》の四本弦が連結されると、〔三つの類の〕線状一本弦《モノコルド》の分割の、完全にして欠けるところのない図ができあがる。

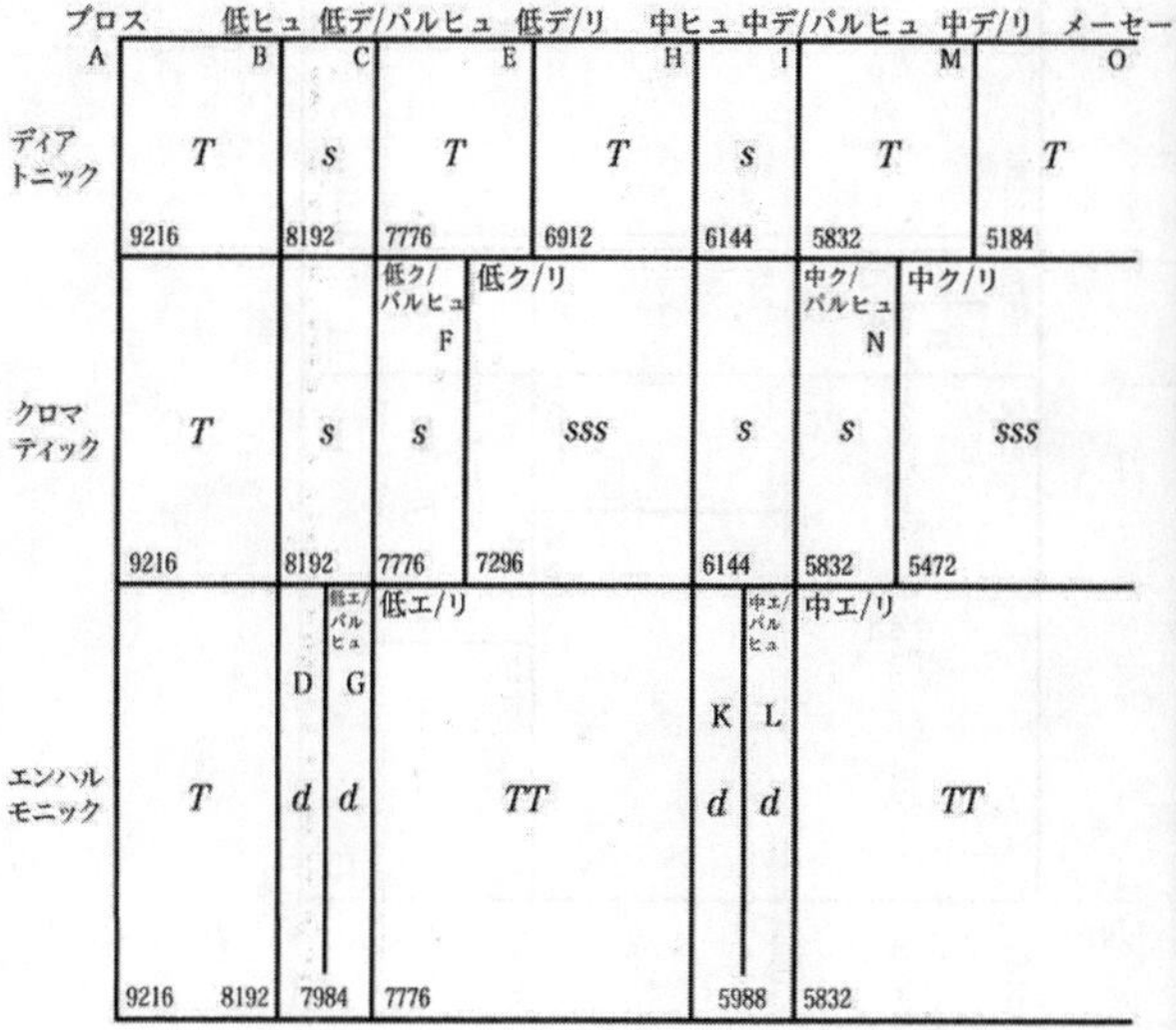

〔次頁（見開き）に拡大図を示す〕

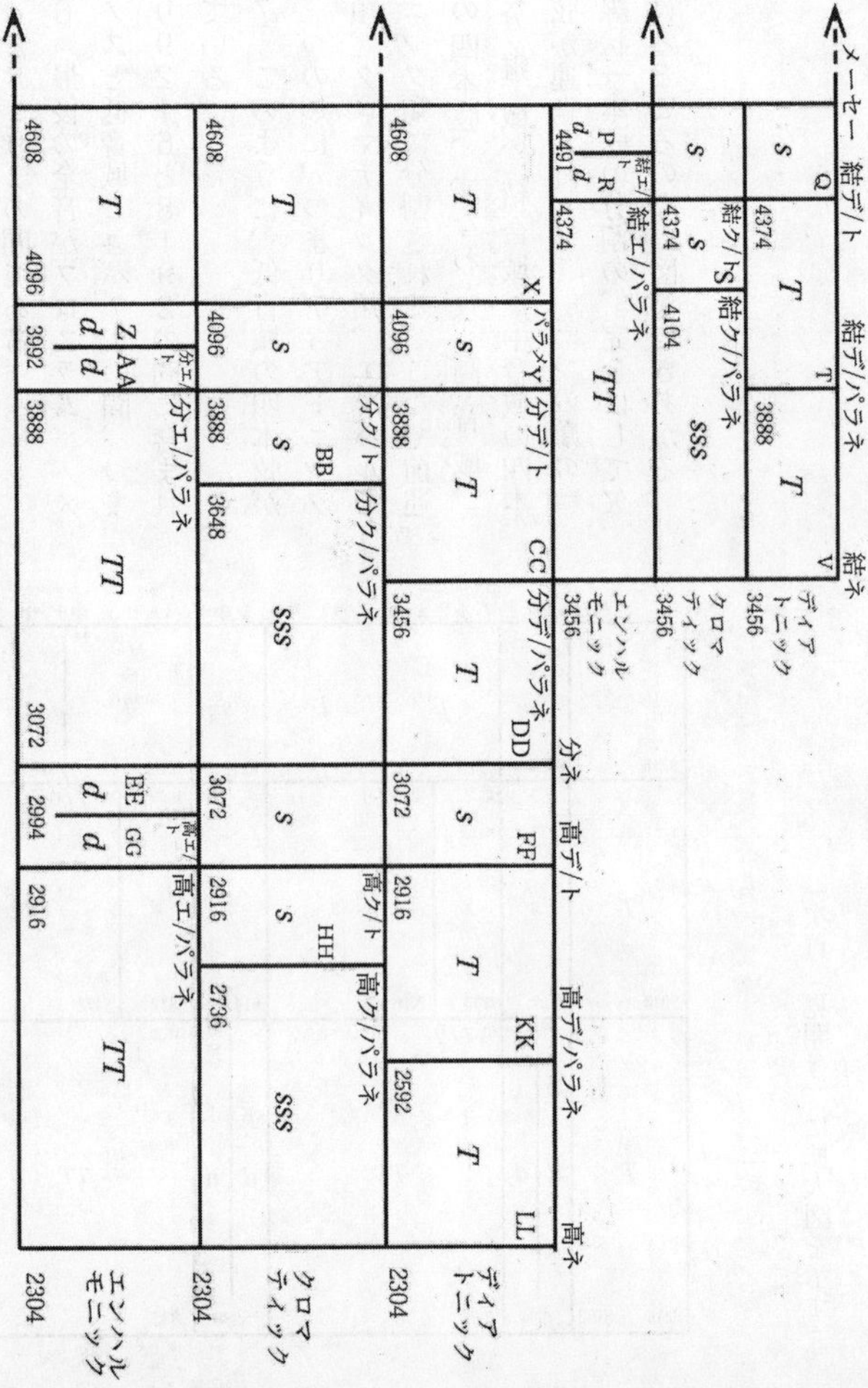
メーセー
結デ/ト
結デ/パラネ
結ネ
結ク/ト
結ク/パラネ
結エ/ト
結エ/パラネ
ディアトニック
クロマティック
エンハルモニック
パラメΥ
分デ/ト
分デ/パラネ
分ネ
分ク/ト
分ク/パラネ
分エ/ト
分エ/パラネ
高デ/ト
高デ/パラネ
高ネ
高ク/ト
高ク/パラネ
高エ/ト
高エ/パラネ
Q
T
V
X
Y
Z
AA
BB
CC
DD
EE
FF
GG
HH
KK
LL
P
R
S
T
TT
SSS
d
4608
4491
4374
4104
4096
3992
3888
3648
3456
3072
2994
2916
2736
2592
2304

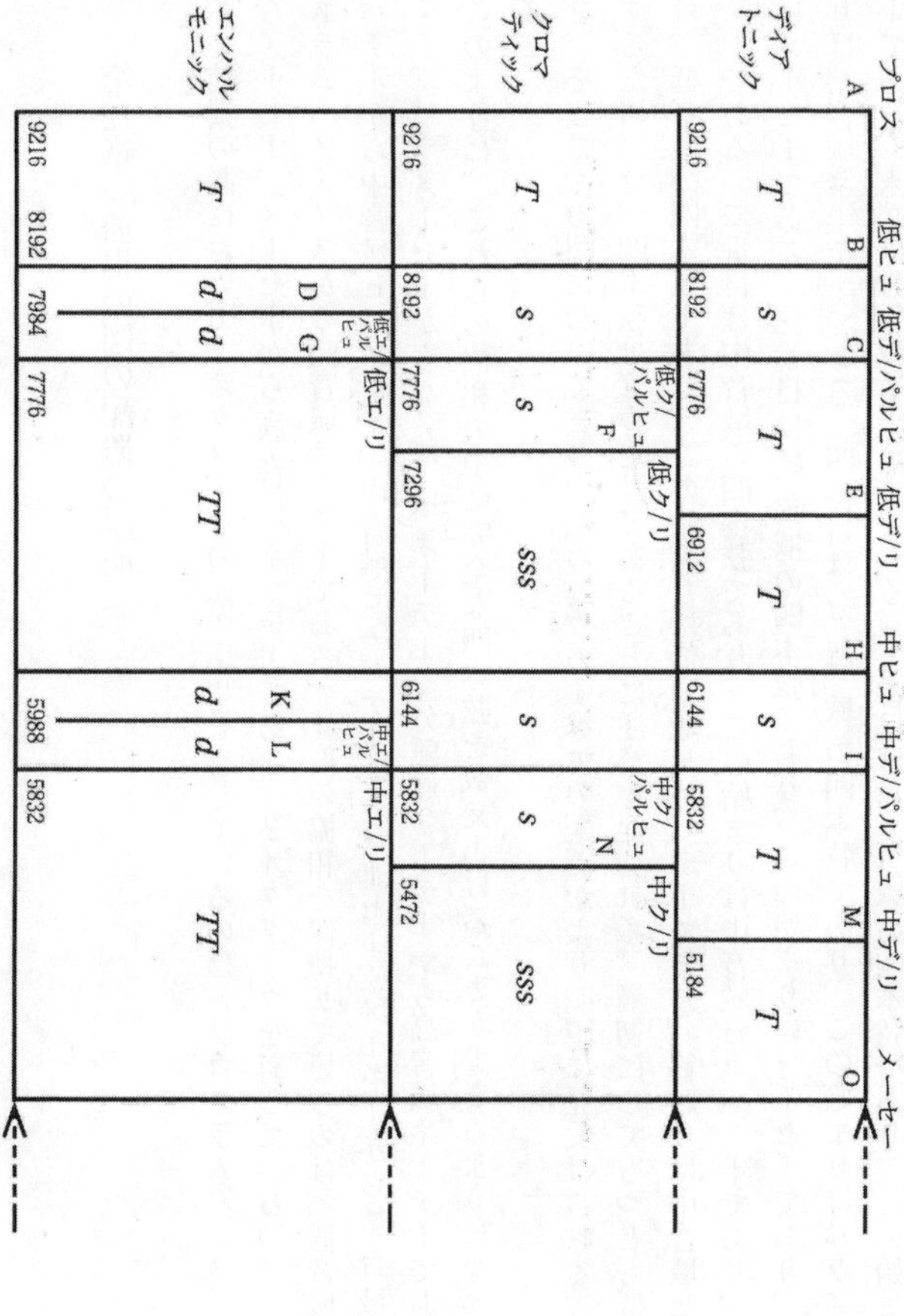
プロス A
低ヒュ B
低デ/パルヒュ C
低デ/リ E
中ヒュ H
中デ/パルヒュ I
中デ/リ M
メーセー O
ディアトニック
9216 T
8192 S
7776 T
6912 T
6144 S
5832 T
5184 T
クロマティック
9216 T
8192 S
低ク/パルヒュ F
7776 S
低ク/リ
7296 SSS
6144 S
中ク/パルヒュ N
5832 S
中ク/リ
5472 SSS
エンハルモニック
9216 T 8192
低エ/パルヒュ
D G
7984
d d
低エ/リ
7776 TT
中エ/パルヒュ
K L
5988
d d
中エ/リ
5832 TT

第12章　前掲の図の配置の説明

1　前掲の図において、オクターヴの協和《コンソナンティア》を有しているのは、プロスラムバノメノスからメーセー、メーセーから高音域《ヒュペルボレオン》ネーテーである。4度の協和を保持しているのは、プロスラムバノメノスから高音域ネーテーである。2オクターヴを有しているのは、低音域《ヒュパトン》ヒュパテーから中音域《メソン》ヒュパテー、中音域ヒュパテーからメーセー、メーセーから結合域《シュネムメノン》ネーテー、パラメーセーから分離域《ディエゼウグメノン》ネーテー、分離域ネーテーから高音域ネーテーである。このように、これらの協和の中に完全な四本弦《テトラコルド》を数え上げることができるようになっている。

2　そしてこの図において三つの類《ゲヌス》の弦《ネルヴス》のすべての配置がより明瞭に見受けられるようにするためには、四本弦《テトラコルド》は五つだけであることに注意が促される。最初にしてもっとも低いのは、低音域《ヒュパトン》の四本弦であり、この始まりは低音域ヒュパテーであり、終わりは中音域《メソン》ヒュパテーである。二番目は中音域の四本弦であり、この始まりは中音域ヒュパテーであり、末端はメーセーである。三番目は結合域《シュネムメノン》の四本弦であり、この始まりはメーセーであり、終わりは結合域ネーテーである。四番目は分離域《ディエゼウグメノン》の四本弦であり、この始まりはパラメーセーであり、末端は分離域ネーテーである。五番目は高音域《ヒュペルボレオン》の四本弦であり、この始まりは分離域ネーテーであり、高音域ネーテーに至って、ここを極として終了する。

第13章 固定の音《ヴォクス》と可動の音

1 これらすべての音《ヴォクス》の中で、一部は完全に固定で、一部は完全に可動で、一部は完全に固定でも、完全に可動でもなく、鳴り響くものである。

2 完全に固定なのはプロスラムバノメノス、低音域《ヒュパトン》ヒュパテー、中音域《メソン》ヒュパテー、メーセー、結合域《シュネムメノン》ネーテー、パラメーセー、分離域《ディエゼウグメノン》ネーテー、高音域《ヒュペルボレオン》ネーテーである。それはなぜなら、三つの類《ゲヌス》すべてにおいてこれらは同じものであり、場も名称も変えることなく、五本弦《ペンタコルド》あるいは四本弦《テトラコルド》を包含するものだからである。五本弦はプロスラムバノメノスから中音域ヒュパテーと、メーセーから分離域ネーテーにかけて、四本弦は低音域ヒュパテーから中音域ヒュパテーと中音域ヒュパテーからメーセーにかけてである。

3 可動なものは、それぞれの類《ゲヌス》にしたがって変化させられるものである。それは以下のようにである。例えばパラネーテーと、ディアトニック・リカノスとクロマティック・リカノス、エンハルモニック・トリテーとエンハルモニック・パルヒュパテーである。なぜなら、あるときには高音域《ヒュペルボレオン》ディアトニック・パラネーテーであり、別のときには高音域クロマティック・パラネーテーであり、また別のときにはエンハルモニック・トリテーだからである。分離域《ディエゼウグメノン》パラネーテーはディアトニックとクロマティックでは異なるものであり、分離域エンハルモニック・トリテーは他の類におけるトリテーと同じではない。結合域《シュネムメノン》パラネーテーもディアトニック類とクロマティック類では同じではなく、結合域エンハルモニック・トリテーは残りの類におけるトリテーとは異なる。中音域《メソン》ディアトニック・リカノスと中音域クロマティック・リカノスは離れて存在し、中音域エンハルモニック・パルヒュパテーは他の種類のいずれのパルヒュパテーとも同じではないことが見いだされる。また低音域《ヒュパトン》ディアトニック・リカノスと低音域クロマティック・リカノスは同じ場も数も有さない。そして低音域エンハルモニック・パルヒュパテーは他の類のパルヒュパテーとは異なることが見いだされる。

4　完全に固定でも、可動でもないものは、二つの類《ゲヌス》、つまりディアトニック類とクロマティック類においては同じ場所にとどまるが、しかしエンハルモニック類においては場を変えるものである。これは以下のように考察される。前掲の図において、高音域《ヒュペルボレオン》ディアトニック・トリテーと高音域クロマティック・トリテーは同じ数を割り当てられており、２９１６の数で表記されている。エンハルモニック類を注視するとき、われわれは別のトリテーを見いだす。それはつまり２９９４である。したがってこの音《ヴォクス》は二つの類にとって共通であり、第三の類においては変化させられている。

5　同じことは分離域《ディエゼウグメノン》の四本弦《テトラコルド》にもある。というのも、分離域ディアトニック・トリテーと分離域クロマティック・トリテーは同じものであり、互いに合致するが、分離域エンハルモニック・トリテーは前述の二つとは離れている。

6 また、結合域《シュネムメノン》の四本弦《テトラコルド》においても同様である。結合域ディアトニック・トリテーと結合域クロマティック・トリテーは同じであるが、しかし結合域エンハルモニック・トリテーは異なるものである。

7 さらに、中音域《メソン》ディアトニック・パルヒュパテーと中音域クロマティック・パルヒュパテーは同じに記載されるが、エンハルモニック類《ゲヌス》においては、前述のトリテーと同様に、中音域ヒュパテーのすぐそばにこのパルヒュパテーが見いだされ、これは効力も音の高さ《ソヌス》も他のパルヒュパテーとは異なる。

8 またさらに、低音域《ヒュパトン》ディアトニック・パルヒュパテーと低音域クロマティック・パルヒュパテーは同じだが、エンハルモニック類《ゲヌス》に目が向けられると、同じではない。

9 これらの〔音の〕可変性が完全ではないことがより明瞭になるように、高音域《ヒュペルボレオン》の四本弦《テトラコルド》に立ち戻ろう。ディアトニック類《ゲヌス》とクロマティック類において高音域トリテーは同じであるが、エンハルモニック類においては変化し、パラネーテーとなる。さらに、ディアトニック類とクロマティック類において分離域《ディエゼウグメノン》トリテーと呼ばれるものは、エンハルモニック類においてはパラネーテーと言われる。ディアトニック類とクロマティック類において結合域《シュネムメノン》トリテーであったものは、エンハルモニック類においてはパラネーテーに変えられる。ディアトニック類とクロマティック類において中音域《メソン》パルヒュパテーと見られていたものは、エンハルモニック類においては中音域リカノスであることが見いだされる。ディアトニック類とクロマティック類において低音域《ヒュパトン》パルヒュパテーと言われていたものは、エンハルモニック類では低音域リカノスと名づけられている。

10　固定であるのは、プロスラムバノメノス、低音域《ヒュパトン》ヒュパテー、中音域《メソン》ヒュパテー、メーセー、結合域《シュネムメノン》ネーテー、パラメーセー、分離域《ディエゼウグメノン》ネーテー、高音域《ヒュペルボレオン》ネーテーである。可動であるのは、ディアトニック類《ゲヌス》、クロマティック類、エンハルモニック類のリカノスとパラネーテーとわれわれが呼ぶものである。完全に固定でも可動でもないものは、ディアトニック類とクロマティック類のパルヒュパテーとトリテー、そしてエンハルモニック類のリカノスとパラネーテーとわれわれが言うものである。

第14章　諸協和《コンソナンティア》の種類《スペキエス》について

1　いまや、第一の協和《コンソナンティア》の種類《スペキエス》について考察されるべきである。第一の協和とはオクターヴ、5度、4度である。

2　種類《スペキエス》とは、それぞれの類《ゲヌス》に特徴的な状態《フォルマ》を有する状況のようなものであり、この状況は協和を生み出すそれぞれの比《プロポルティオ》の諸項において構成されるものである。例えばディアトニック類においては以下のようである。
3　もしわれわれが分離域《ディエゼウグメノン》の四本弦《テトラコルド》を、高音域《ヒュペルボレオン》の四本弦とメーセーの間に置き、結合域《シュネムメノン》の四本弦を取ると、十五弦《ネルヴス》となる。もしここからプロスラムバノメノスを引くと、十四弦となる。これらは以下の仕方で配置される。Aを低音域《ヒュパトン》ヒュパテー、Bを低音域パルヒュパテー、Cを低音域リカノス、Dを中音域《メソン》ヒュパテー、Eを中音域パルヒュパテー、Fを中音域リカノス、Gをメーセー、Hをパラメーセー、Kを分離域トリテー、Lを分離域パラネーテー、Mを分離域ネーテー、Nを高音域トリテー、Xを高音域パラネーテー、Oを高音域ネーテー、とする。
4　〔低音域《ヒュパトン》〕ヒュパテーからパラメー

セーにかけてはオクターヴの協和《コンソナンティア》である。同じパラメーセーから中音域《メソン》ヒュパテーにかけては5度、メーセーから中音域ヒュパテーは4度である。したがって、オクターヴは八弦《コルダ》、4度は四弦、5度は五弦となる。以上のことを通じて4度は三種類《スペキエス》を、5度は四種類を、オクターヴは七種類を有することになる。つねに種類は、音《ヴォクス》の数よりも、一つ少なくなる。

5　メーセーから他のものを開始する際に、4度の協和《コンソナンティア》が三種類《スペキエス》であるのは以下の仕方による。一つの種類がGからDにかけて、二つ目がFからC、三つ目がEからBであり、ここまで4度の種類は進む。それはなぜなら、ここに至るまでにこれらの種類は同一の4度の二つの弦《ネルヴス》を含むからである。つまり、GDはEとD、FCはEとD、EBはEとDである。もし私がこれらにDAの4度を加えれば、これはGDとは異なる。なぜならこれはGDの協和の中のたった一つの弦〔音〕、すなわちDだけを含むことになるからだ。したがって、〔DAの4度は〕GDの協和を超えてしまう。以上の理由から、4度は三種類を有していると主張される。そしてこれは他の協和においても同様である[132]。

6　5度が四種類《スペキエス》であるのは以下の仕方による。一つはHからDにかけて、別のものはGからCにかけて、また別のものはFからBにかけて、また別のものはEからAにかけてである。

7　オクターヴの協和《コンソナンティア》が七種類《スペキエス》であることは以下の仕方による。一番目はOからGにかけて、二番目はXからFにかけて、三番目はNからEにかけて、四番目はMからDにかけて、五番目はLからCにかけて、六番目はKからBにかけて、七番目はHからAにかけて、である。

8　前述のことから、4度の協和《コンソナンティア》が固定で不動の音《ヴォクス》によって包含されているのはたった一度だけであることが明らかである。なぜなら、もし低音域《ヒュパトン》ヒュパテーから始めれば、ADとなるが、これはつまり低音域ヒュパテーから中音域《メソン》ヒュパテーにかけてであり、これがこの配列の最初のものであるからである。他のもの、それは例えばBEとCFであるが、これらは不動の音によっては境界づけられていない。なぜなら低音域パルヒュパテー、中音域パルヒュパテー、低音域リカノス、中音域リカノスは可動であることが証明されているからだ。もし中音域ヒュパテーから4度の協和を始めるのであれば、不動の音によって境界づけられた4度の種類《スペキエス》はDGであり、これは中音域ヒュパテーからメーセーにかけての最初の4度である。残りのもの、それは例えばEHとFKであるが、これはまったくそうではない。なぜなら中音域パルヒュパテー、中音域リカノス、分離域《ディエゼウグメノン》トリテーは不動のものとは証明されないからだ。さらにこの同じ4度をパラメーセーが開始すべきと受けとめるのであれば、不動の音によって4度の種類を取り囲んでいるのはHMであり、これはパラメーセーから分離域ネーテーにかけてであり、これが最初のものである。他のもの、それは例えばKNとLXであるが、これらは可動の音《ソヌス》によって境界づけられている。なぜなら分離域トリテー、分離域パラネーテー、高音域トリテー、高音域パラネーテーは可動の音《ヴォクス》であると先述されているからである。

9　同じく5度の協和《コンソナンティア》は、不動の音《ヴォクス》によって包含されている種類《スペキエス》を二つだけ有している。もし中音域《メソン》ヒュパテーから始めれば、一つはDH、すなわち中音域ヒュパテーからパラメーセーにかけてであり、これが最初のものである。もう一つはGMであり、これはメーセーから分離域《ディエゼウグメノン》ネーテーにかけてである。これは四番目のものである。残りのもの、つまりEKとFLは不動の音によって包囲されては決してない。なぜならパルヒュパテー、リカノス、トリテー、パラネーテーは可動であると証明されているからである。同様の説明《ラティオ》は以下においてもなされる。つまり、もし分離域ネーテーからより低音の部分にかけて、つまりメーセーにかけてこの〔5度の〕協和の種類が考察されるときである。なぜなら、それらはすでに言及されたのと同じ不動の音によって包含されているからである。あるいは中音域ヒュパテーからかメーセーから〔より高音の域へ〕、あるいはパラメーセーからか高音域ネーテーからより低音域へ、協和を引き伸ばしたとしても、不動の音によって取り囲まれている二つの5度の協和に関する議論はありえない[133]。

10　オクターヴの協和《コンソナンティア》は、低音域《ヒュパトン》ヒュパテーからパラメーセーにかけてにせよ、高音域《ヒュペルボレオン》ネーテーからメーセーにかけてにせよ、この間の配列が使用されるのであれば、不動の音《ヴォクス》によって取り囲まれているのは三つの種類《スペキエス》だけがその場を占めることになる。なぜならば、低音域ヒュパテーから開始される際には、一つはAHであり、これが最初のものである。別のものはDMで、これは四番目のものであり、中音域《メソン》ヒュパテーから分離域《ディエゼウグメノン》ネーテーにかけてである。その後がGOであり、これは七番目で、つまりメーセーから高音域ネーテーにかけてである。残りの種類の端にある諸音はいかなる仕方によっても〔不動の音の領域内に〕据えられることはない。なぜなら、パルヒュパテー、リカノス、トリテー、パラネーテーは、前述のとおり、不動の音ではないからだ。同様に、もし高音域ネーテーから〔より低音域へオクターヴを見いだすことを〕始めるのであれば、これらの種類の配列は同じ諸音を通じて構成される。図〔三一一頁〕はこれらすべての理解をより馴染みのあるようにするものである[134]。

第15章　旋法《モドウス》の起源について。そして、個々の旋法と音《ヴォクス》にそった諸記号の配置について

1　オクターヴの協和《コンソナンティア》の諸種類《スペキエス》から、旋法《モドウス》と呼ばれるものが生じる。これはトロープスあるいはトヌスとも名付けられる。トロープスとは、音《ヴォクス》の全体の配列が低いか高いかによって異なる体系《コンスティトウティオ》のことである。体系とは、いわば、音の並び《モドウラティオ》の完全な統合であり、これは諸協和の結合からなるものである。諸協和とは、オクターヴ、オクターヴ＋4度、2オクターヴのようなものである。

2　オクターヴとはプロスラムバノメノスからメーセーにかけての体系《コンスティトウティオ》である。これ

らの間に他の諸音《ヴォクス》が数え入れられる。あるいはメーセーから高音域《ヒュペルボレオン》ネーテーにかけての体系で、その間に他の諸音が挿入されたものである。あるいは中音域《メソン》ヒュパテーから分離域《ディエゼウグメノン》ネーテーにかけての体系であり、これら両極の音が中間の音を囲い込んでいるものである。結合域《シュネムメノン》の体系はプロスラムバノメノスから結合域ネーテーにかけて構成され、これらの間に諸音が挿入されたものである。2オクターヴとはプロスラムバノメノスから高音域ネーテーにかけて見られるものであり、これらの間に諸音が置かれている。

3　これらの体系《コンスティトゥティオ》が、前述のオクターヴの協和《コンソナンティア》の種類《スペキエス》に応じて、全体としてより高くされるか、あるいは全体としてより低くされると、七つの旋法《モドゥス》を生み出す。それらの名称は以下のとおりである。ヒュポドリア、ヒュポフリギア、ヒュポリディア、ドリア、フリギア、リディア、ミクソリディア、である。

4　これらの秩序は以下のように続く。ディアトニック類《ゲヌス》において、諸音《ヴォクス》の配列をプロスラムバノメノスから高音域《ヒュペルボレオン》ネーテーにかけて設置し、これをヒュポドリア旋法《モドゥス》とする。もし、プロスラムバノメノスを全音の差で高く引っ張り、低音域《ヒュパトン》ヒュパテーを同じく全音の差で高くし、他のすべての音も全音の差でより高くされるのであれば、全音を引っ張り上げることが受け入れられるよりも前にそうであったよりも、全体がより高くなった配列が生じる。このより高くされた体系《コンスティトゥティオ》全体はヒュポフリギア旋法である。もしヒュポフリギア旋法において諸音が全音を引っ張り上げることを受け入れるなら、ヒュポリディアの音の並び《モドゥラティオ》が生まれる。もしヒュポリディアが半音の差で高くされると、ドリアが生み出される。他の場合においても同様に高くされ、引っ張り上げることが続く。

5　これらのことがらの説明《ラティオ》が知力によってのみ把握されるのではなく、目に見える形によっても同様に知覚されるように、古代の音楽家《ムシクス》たちからゆだねられた図が以下〔次頁〕に掲載されている。往時の音楽家たちはそれぞれの旋法《モドゥス》に沿う形で、各々の音《ヴォクス》を異なる記号で記載したので、まず諸記号の図が置かれるべきであることが見受けられる。そのようにしてまずそれら自身が認識されることによって、諸旋法の図における考察が容易であることが可能になるためである。

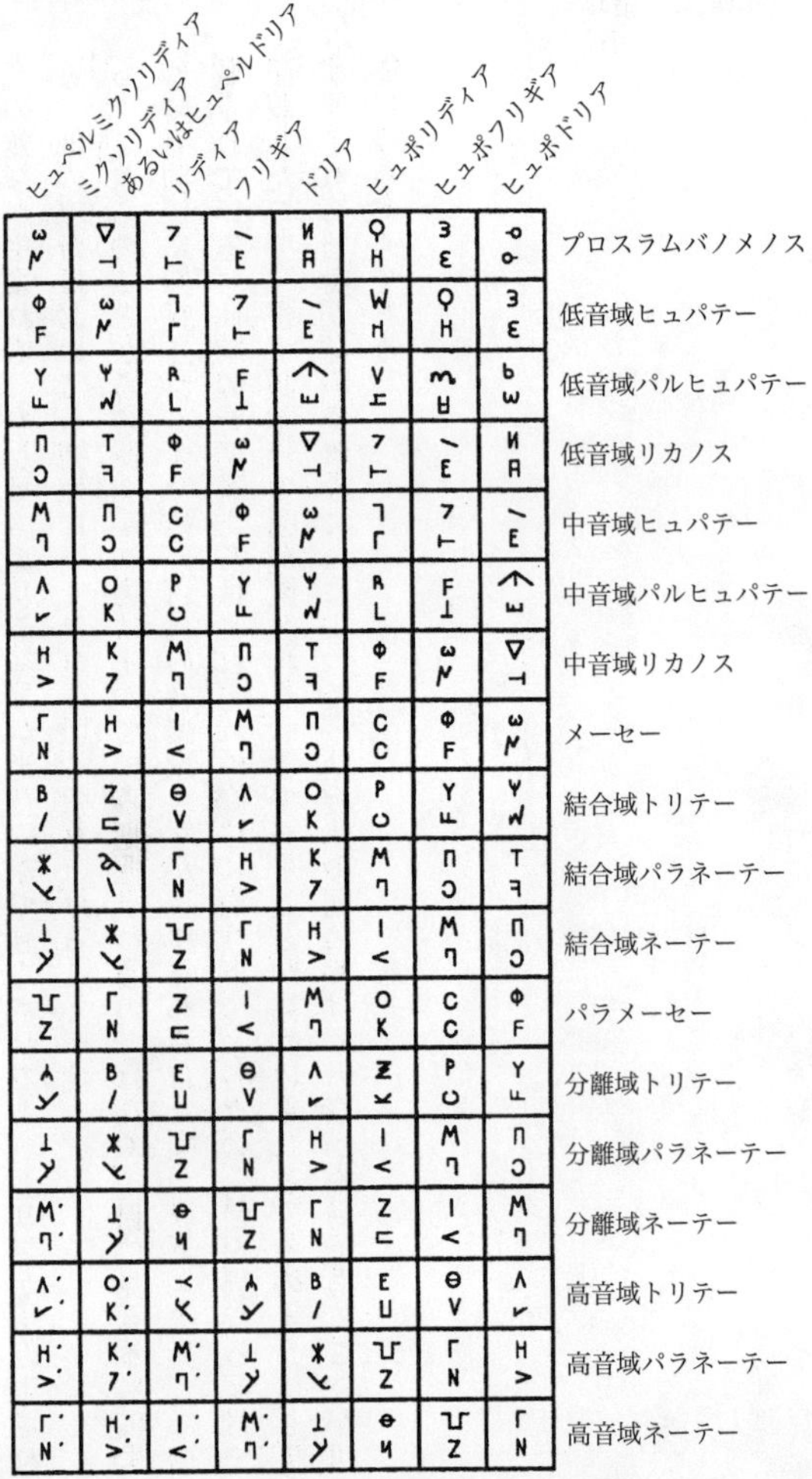
ヒュペルミクソリディア
ミクソリディア
あるいはヒュペルドリア
リディア
フリギア
ドリア
ヒュポリディア
ヒュポフリギア
ヒュポドリア
プロスラムバノメノス
低音域ヒュパテー
低音域パルヒュパテー
低音域リカノス
中音域ヒュパテー
中音域パルヒュパテー
中音域リカノス
メーセー
結合域トリテー
結合域パラネーテー
結合域ネーテー
パラメーセー
分離域トリテー
分離域パラネーテー
分離域ネーテー
高音域トリテー
高音域パラネーテー
高音域ネーテー

第16章　諸旋法《モドゥス》の配列とそれらの相違を含む図

1　前掲の図では、諸弦《コルダ》〔音〕の名が脇に書かれた状態で留め置かれており、その横に記号が置かれている。どれがそれぞれの旋法《モドゥス》のいずれに属するのか、リディアなのか、フリギアなのか、ドリアなのか、などはそれらの名称が付記されていることが示している。われわれはこれらの旋法はオクターヴの種類《スペキエス》に見いだされると述べたのであるから、今ここではそれら〔の旋法〕をディアトニック類《ゲヌス》においてのみ描きだすことにしよう。それは、一望の下に収められたそれらの配列が理解を妨げることのないようにするためである。

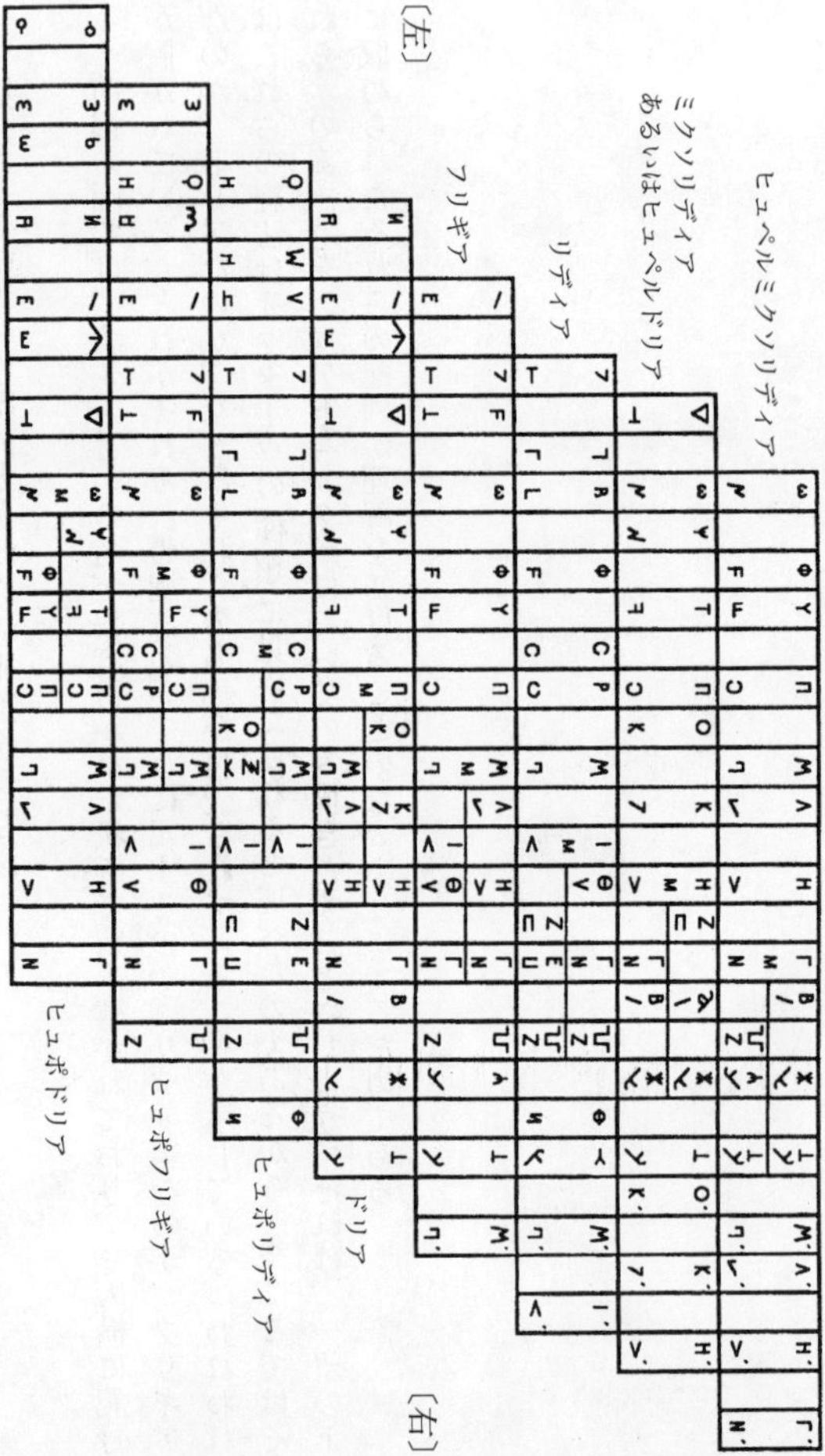
ヒュペルミクソリディア
ミクソリディア
あるいはヒュペルドリア
リディア
フリギア
〔左〕
ドリア
ヒュポリディア
ヒュポフリギア
ヒュポドリア
〔右〕

第17章　前掲の諸旋法《モドゥス》の図の説明

1　われわれは旋法《モドゥス》は七つであると言及した。しかし、さらに第八のものを結合させることは、相反することであるとは見受けられない。この追加の理由を以下でしばらく述べることにしよう。

2　いまや以下の点が考察されるべきである。すなわち、縦の線の配列が区切っているマスの、あるものは音楽の記号を有し、あるものはまったく有していない。それは例えば、ヒュペルミクソリディアと記載されている旋法において、第一欄にはωと、第三欄にはΦと書き込まれているが、第二欄は記号は空《から》である。この記号の空欄であることにおいては全音が介在していることが示されている。第三欄のΦの文字と、第四欄のγの文字は、空欄によって分割されておらず、縦の配列の線が引き下ろされており、半音がこれらを隔てていることが公にされている。

3　このことは以下の仕方で証明される。もしωがプロスラムバノメノスであり、Φが低音域《ヒュパトン》ヒュパテーであれば、ωのプロスラムバノメノスと、Φの低音域ヒュパテーの間には全音の距離がある必要がある。また、Φの低音域ヒュパテーと、γの低音域パルヒュパテーの間には、半音の差が含まれている必要がある。

4　それゆえに、この点はこの規則にしたがって全体において考察されるべきである。それは、もし音《ヴォクス》の記号を完全な一欄が分け隔てているのであれば、それらの記号の間には全音の距離があることをわれわれは知るべきである。しかしもし、記号を欄ではなく線が分け隔てているのであれば、そこには半音の距離があることを知らないでいるべきではない。

5　以上のことが前もって述べられたことを踏まえれば、もし2オクターヴの協和《コンソナンティア》において構成された二つの配列が互いに対比されるのであれば、どちらの配列がより低いものであるのかを、いかにして知ることができるのか。それは例えば、もしあるプロスラムバノメノスが別のプロスラムバノメノスよりも低かったり、あるいは、任意の音《ヴォクス》が、同じ類《ゲヌス》で構成されている同じ場所にある音よりも低く表記されている場合のことであるが、この際には全体の配列がより低くされている必要がある。

6　しかしこのことは中間から、すなわちメーセーからよりよく理解されるだろう。2オクターヴの協和《コンソナンティア》内の二つの配列の中で、メーセーがより低いものが、その全体の配列はより低いものとなる。なぜなら、他のそれぞれ〔の音〕を別のそれぞれ〔の音〕と比較するならば、より低い配列はまったく同じだけ低いということが見受けられるからである。それゆえに、もし中間が、別の中間から全音の差でより高い、あるいはより低いのが見受けられるなら、それが同じ類《ゲヌス》の同じ弦《ネルヴス》であるならば、それぞれ〔の音〕はそれぞれ〔の音〕に対して、互いに比較されると、全音の差でより高い、あるいはより低いことが見受けられるであろう。

7　四つの中間があり、もし第一の中間が第四の中間に対して4度の距離を保っているのであれば、第一は第二から全音離れており、第二は第三から同じく全音離れており、第三は第四に対して半音の差を作り出す。それは以下のような仕方である。

8　四つの中間、A、B、C、Dがあるものとする。AはDに対比されると、Dに対して〈3の単部分超過比〉、つまり4度を保持している。そして、AはBから全音離れており、BはCから全音離れており、残っているCのDに対する距離は半音を保持している。

9　もし五つの中間があれば、それも同じ仕方である。もし第一の中間が第五の中間から〈2の単部分超過比〉で引き離されているのであれば、第一は第二から、第二は第三から、そして第三は第四からそれぞれ全音の差で引き離されており、第四は第五に対して半音の差を生み出す。

10　さらに、他の諸旋法《モドゥス》の中間がプロスラムバノメノスのほうへと近づくのであれば、それは何であれより低いほうの旋法をもたらし、ネーテーのほうへと近づくのであれば、それはより高いほうの

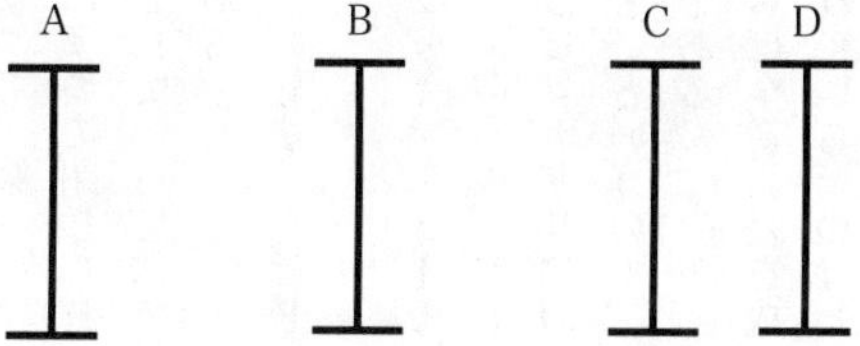

旋法を生み出す。なぜなら、前掲の図においては諸旋法が書かれることによって、第一のプロスラムバノメノスは読者の左側を占め、読者の右側は端にあるネーテーによって閉じられるのだから、他のすべてよりも高い旋法はヒュペルミクソリディアと記載されている旋法であり、他のすべてよりも低いものはヒュポドリアと記載されているものである。

11 われわれはもっとも低いもの、つまりヒュポドリアからその他の残り〔の旋法〕をはじめ、それらの間にある差異を明らかにすることにしよう。

12 例えば、ヒュポドリアにおけるメーセーはωであるが、これはヒュポフリギアのメーセーからは全音の差で離れている。このことは、ヒュポフリギアのメーセーであるΦに対して、同じヒュポフリギアのωを対比するならば、容易に確かめられる。ωはヒュポドリアのメーセーであるが、しかしヒュポフリギアにおいては中音域《メソン》リカノスである。というのも、Φとωは全音の差で異なっており、このことは前掲の図が指し示すとおりである。

13 同様に、ヒュポリディアのメーセーは、ヒュポフリギアのメーセーからは全音の差を成す。なぜならヒュポリディアのメーセーであるCは、Φから全音の差で離れている。Φはヒュポリディアにおいては中音域《メソン》リカノスであるが、ヒュポフリギアにおいてはメーセーである。

14 同様に、ヒュポリディアのメーセーであるCは、ドリアのメーセーから半音の差で離れている。このことは次のことから認識されうる。つまり、ヒュポリディアのメーセーの縦に伸びる列と、ドリアのメーセーの縦に伸びる列とを隔てているのは、一本の線であって、欄ではないからだ。

15 以上のことから、ヒュポドリアのメーセーは、ドリアのメーセーからは、完全な4度の協和《コンソナンティア》によって隔たっている、ということになる。このことは以下の仕方で証明される。ヒュポドリアにおけるメーセーはωであるが、同じωはドリアにおいては中音域《メソン》ヒュパテーである。このメーセーから〔中音域ヒュパテー〕はいかなる旋法《モドゥス》、あるいはいかなる類《ゲヌス》においても4度の協和で異なっている。

16 同様に、ドリアのメーセーであるΠは、フリギアのメーセーであるMからは全音の差で隔たっている。なぜならドリアのメーセーであるΠは、フリギアにおいては中音域《メソン》リカノスである。

17 また、フリギアのメーセーであるMは、リディアのメーセーであるIから全音の差で隔たっている。なぜならフリギアのメーセーであるMはリディアにおいては中音域《メソン》リカノスだからである。

18 また、リディアのメーセーであるIは、ミクソリディアのメーセーであるHから半音の差で隔たっている。というのも、リディアのメーセーを含む縦の列は、ミクソリディアのメーセーを有する縦の列と対比されると、欄ではなく、線によって区分けされているからだ。

19 ミクソリディアのメーセーであるHは、ヒュペルミクソリディアのメーセーであるΓに対して、全音の差を成す。それはなぜなら、ミクソリディアのメーセーであるHはヒュペルミクソリディアにおいては中音域《メソン》リカノスだからである。

20　したがって、ドリアのメーセーは、ミクソリディアのメーセーからは4度の協和《コンソナンティア》で隔たっている、ということになる。これは以下の仕方で証明される。ドリアのメーセーはΠであるが、この同じΠはミクソリディアにおいては中音域《メソン》ヒュパテーだからであり、これはいかなる旋法《モドゥス》のメーセーに対しても4度の協和を保持するものだからである。

21　同様に、ドリアのメーセーであるΠは、ヒュペルミクソリディアのメーセーであるΓに対して5度の協和《コンソナンティア》を保持する。なぜなら、ドリアのメーセーであるΠは、ヒュペルミクソリディアの配列においては低音域《ヒュパトン》リカノスであるからだ。ディアトニック類《ゲヌス》における低音域リカノスはメーセーに対比されると、いかなる旋法においても5度の協和で隔たっているからだ。

22　ヒュペルミクソリディアが加えられて旋法《モドゥス》が八つであることの理由は以下で明らかである。 2オクターヴの協和《コンソナンティア》は以下のようであるとしよう。

23　オクターヴの協和《コンソナンティア》を保持するのはAからHにかけてである。これは八つの音《ヴォクス》を含んでいる。第一のオクターヴ種《スペキエス》は、すでに言及したように、AHである。第二はBI、第三はCK、第四はDL、第五はEM、第六はFN、第七はGO、である。したがって、残るのは端のHPであり、この配列は、その全体が満了されるように、追加される。これが第八の旋法《モドゥス》であり、これはプトレマイオスが付け加えたものである[135]。

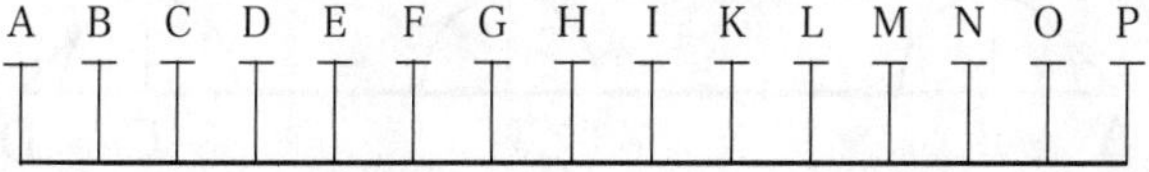

第18章　いかなる仕方で音楽の協和《コンソナンティア》は耳によって確実に判定されることが可能か

1　協和《コンソナンティア》に関する説明《ラティオ》が確実にまとめ上げられるためには、次のような小さく簡潔な器具によってその証明がなされることが可能であろう。入念に引かれたADの定規があるとする。この上に、ギリシャ人たちが「マガダ」と呼ぶ、半円が置かれる。それは湾曲しているEから、Bに対して引かれた線がBの周囲で直角を生み出すようになされる。そして湾曲しているFから、点Cに対して引かれた線がCの周囲で直角をもたらす。これらの半円はあらゆる点で等しく仕上げられているべきであり、そしてこれらの半円と同じように等しい別の半円が準備されているべきである。これらの半円の上にあらゆる点で等しい弦《ネルヴス》が引き伸ばされる。それはすなわち、AEFDである。

2　もし私が4度の協和《コンソナンティア》、そしてその協和の性質がいかなるものかを、見いだしたいと望むのであれば、それを私は以下のように成すであろう。点Eにおいて弦《ネルヴス》と半球は接しているのだが、また他方で点Fで弦は別の箇所によって半球と結び付けられている。この点Eから点Fに

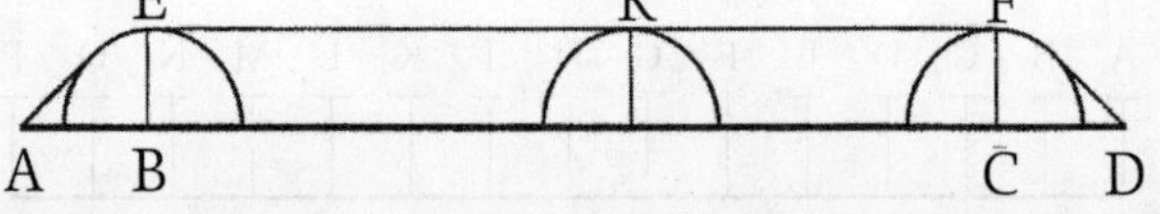

かけて、空間EFがあり、このEFを七つの部分に分割する。そしてこの七つのうちの四つ目の部分に対して点Kを置く。したがってEKはKFに対して〈3の単部分超過比〉である。もし私がこのKに先述の半球と同じものを据え、どちらか一方から順々にEKとKFがバチで打ち鳴らされるなら、4度の距離《ディスタンティア》が鳴り響くであろう。双方が同時に打ち鳴らされるなら、私は4度の協和《コンソナンティア》を確認する[136]。

3　もし5度をもたらすことをわれわれが望むなら、全体を五部分によって分割し、三部分を一まとまりとして、残りの二部分をまた一まとまりとして認める。そして半球を前述の仕方にしたがって置くことによって、協和《コンソナンティア》と不協和《ディソナンティア》を吟味する。〔次頁上図〕

4　もしオクターヴの協和《コンソナンティア》を調べることを望むなら、全体を三つの部分に切り分け、一部分と二部分に区分し、それらを同時に、あるいはどちらか一方を打ち鳴らすと、いずれの場合にしても何が協和《コンソノ》し、何が不協和《ディスソノ》なのかを、知るようになる。〔次頁中図〕

5　協和《コンソナンティア》を合成することから生み出される〈三倍比〉は、以下のように生じる。全体を四部分の分割によって区分し、弦《ネルヴス》の長さ全体を三部分と一部分に分割する。こうして三つ目の分割に置かれた半球は、〈三倍比〉の不協和《ディソナンティア》と協和《コンソナンティア》を生み出すであろう。〔次頁下図〕

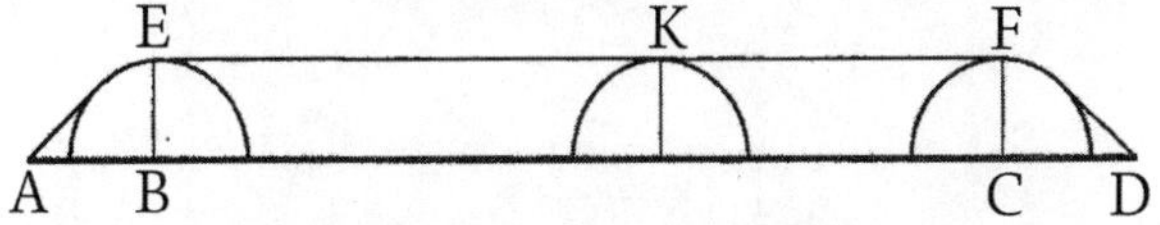
E
K
F
A
B
C
D

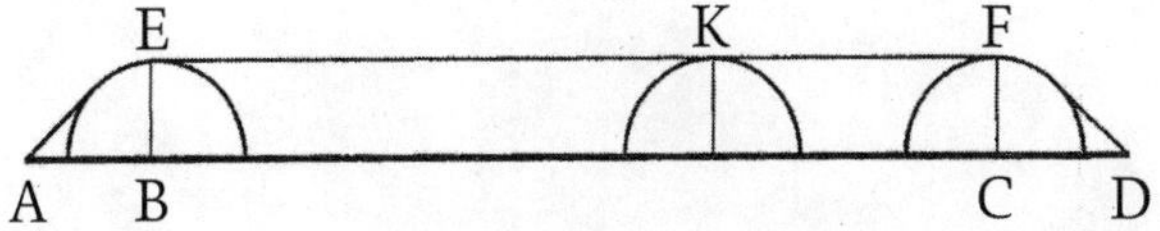
E
K
F
A
B
C
D

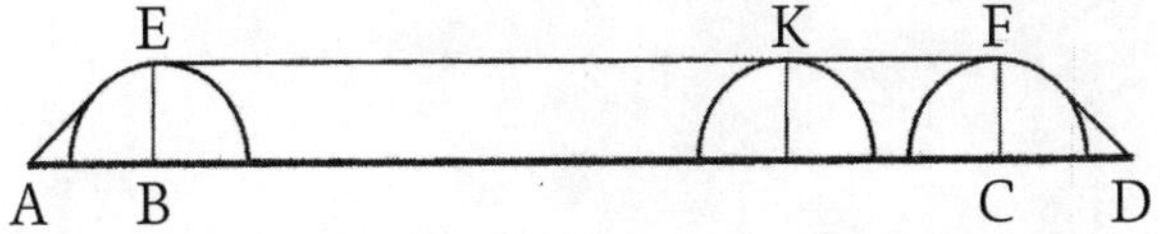
E
K
F
A
B
C
D

［第五巻］

第１章　導入

1　線状の一本弦《モノコルド》の分割の後では、往時の教師たちにいかなる音楽上の意見の相違があったのかについて付記されるべきであり、そしてあらゆることに関して繊細な判断が有されるべきと、私は考える。そして〔ここまでの〕この著作で意図的に省かれていたことが、適度な学識を割り当てることによって補われるべきである。

2　というのも実際、他の分割もありうるからである。この分割においては、前述の諸比《プロポルティオ》によって分割される、たった一本の弦《ネルヴス》だけが採用されるのではなく、八本の弦が用いられる。そしてこの種のキタラも作製される。このようになされるのは、どれほど多くの弦が必要とされようとも、複数の弦において諸比の理論の全体が、あたかもより多くの視線のもとに投げ出されたかのように、認識されるようにするためである。

第2章　調和《アルモニカ》の力について。調和を判断する手段とは何か、どの程度まで感覚《センスス》を信ずるべきか

1　しかしながらこの点についてはしばらく後で言及することにしよう[137]。いまや、調和《アルモニカ》の力とはいかなるものなのかについて言及されるべきである。この点についての考察に着手したわれわれは、四つの巻を書き上げた。調和の本性と力を検討することを、われわれはこの第五巻にとっておいた。

2　調和《アルモニカ》とは、感覚《センスス》と理性《ラティオ》によって、高音と低音の差を慎重に判断する能力のことである。なぜなら、感覚と理性とは、調和の能力のある種の道具のようなものだからだ。

3　実際のところ感覚《センスス》は、自らが捉えた実際のものを、不明瞭で近似のものとして、知覚する。理性《ラティオ》は、全一性を識別し、奥深い差異を探求する。したがって、感覚は不明瞭だが真理に近似したものを見いだし、理性によって全一性を受けとめる。理性はそれ自身によって全一性を見いだし、不明瞭だが真実に近似した類似性を受けとめる。なぜならば、感覚は全一性を受け入れることは決してなく、近似性に向かっていくのみであり、理性が〔全一性を〕識別するものだからである。

4　例えば、円を手でかくとしよう。実際その円は、円におよそ近いものであると視覚《オクルス》は判断するが、理性《ラティオ》はその振りをしているものを〔そのもの自体であると〕いかなる仕方でも認

めることはない。それはなぜなら、感覚《センスス》は物質のまわりをめぐるものであり、変わりやすく不完全であり、境界が定められず、まさにそのもの自体が有しているような完璧さにまで仕上げられてもいない、そうしたものの外観を把握するからである。それゆえに、感覚の後には混乱が続くのである。物質は知性《メンス》や理性の妨げにはならないのだから、理性が見通す観念は、〔感覚の〕下《もと》に投げ出されたものの共有性を超えて考察される。それゆえに、全一性と真実とが理性に付随する。そしてさらに、感覚において誤りを犯したり、不完全であったりするものを、理性は改善し、補完するのである。

5　おそらく感覚《センスス》は、全一でなく不明瞭で、真理に達していないものを、あたかも素人が判断を下すように、認識するのである。個々の誤りにおいては取るに足らないものも、集められると総じて増大し、その結果きわめて大きな差異を生み出すのである。

6　例えば、もし感覚《センスス》が二つの音調《ヴォクラ》が全音離れていると判断するが、しかし実際は離れておらず、また他方でそれらの二つの音調のうちの一つから全音離れているのは第三の音調であり、そしてまたその全音が完全で真正のものでもないと感覚《センスス》が捉えるとしよう。そしてまたもし、第三と第四の音調の差が全音であると感覚がみなし、そしてここにおいても感覚が間違いを犯し、それが全音の差でなく、また第四の音調は第五の音調と半音離れていると感覚が捉え、そしてまたそれが実際は真正でも完全でもないと判断するとする。すると、おそらくは、このそれぞれにある間違いは小さなものであると見受けられよう。その一方で、第一の全音において感覚が放置したもの、そして第二、第三の全音と第四の半音において誤っているものが、一つにまとめられ、集められると、第一の音が第五の音に対して5度の協和《コンソナンティア》を含んでいないように成されることになる。もし感覚が三つの全音と一つの半音が完全であると判断したのであれば、〔5度を含んでいるように〕成されるはずである。このように、それぞれの音において小さい〔間違い〕と見分けられたものは、協和において集められると明確に立ち現れる。

7　感覚《センスス》は混乱したものを集めてしまい、そしていかなる仕方によっても理性《ラティオ》の完全性へとたどり着くことがないことを見分けるために、以下のように考えてみよう。感覚にとって、提示された線のどちらが他方よりも長いか、あるいは短いかを認識するのはまったく困難ではない。他方で、どれだけより長く、どれだけより短いかという測定を提示することを感覚は第一印象では行うことはできず、それは理性の巧みな創意工夫が成すものである。

8　あるいは、もし目的とするところが提示された線を二倍にしたり、半分に切り分けることなのであれば、これはもちろん線がより長いか短いかを雑に見分けることよりは幾分難しいであろうが、しかしながら感覚《センスス》は創意工夫してこれを定めることができるであろう。他方でもし、提示された線を三倍にしたり、あるいはここから1/3を取り除いたり、あるいは四倍を定めたり、あるいは1/4を切り取ることが要求されたとすれば、理性《ラティオ》の完全性がここに加わるのでなければ、感覚にはこれは不可能ではないのか？　それゆえに、理性の地位が前進を通じて増大すると、感覚の地位は沈む。

9　なぜならば、もし誰かが提示された線の⅛を増やすように命じられたり、八倍を与えるように強いられたのであれば、全体の半分を取り、そしてその半分の半分を取るように駆り立てられるだろう。それはまず¼があり、その¼の半分が⅛となるためである。また他方では、全体の二倍をなし、その二倍を二倍にするように駆り立てられる。それはまず四倍があり、その四倍の二倍が八倍となるためである。

10　ものごとがこれほどまでに多くなると、感覚《センスス》は何も成すことができない。その場しのぎで表面的な感覚の判断すべてでは、完全性も無欠性も明らかにすることはない。したがって、すべての判断が聴覚《アウリス》という感覚にゆだねられるべきではなく、理性《ラティオ》が差し出されるべきである。感覚を導き、調整するのは理性であり、足元がおぼつかなく、生気を失った感覚は理性に、あたかもそれ〔理性〕が杖であるかのように、頼るからである。

11　なぜなら、それぞれの技芸《アルス》がある種の道具を有しており、そうした一部の道具は、手斧のように、あるもののおおよその姿を描写する。また別の一部の道具は、コンパスのように、完全なるものを把握する。このように、調和《アルモニカ》の力は二つの判断力を有する。一つの判断力は感覚《センスス》によってある境界内にある諸音《ヴォクス》の差を知覚するものであり、別の判断力はそれらの差自身の完全な測定《モドゥス》と尺度《メンスラ》を考慮するものである。

第3章　調和の基準《レグラ》とは何か、あるいは、ピュタゴラス派、アリストクセノス、プトレマイオスは調和の目的は何であると述べたか

1　この種の道具は、理性《ラティオ》が適用されるような仕方で諸音《ソヌス》の差異が入念に探求されるものであるが、こうした道具が調和の基準《レグラ》と呼ばれる。この点に関しては、教師たちの見解に大きな不一致があった。なぜなら、ピュタゴラス派の学説を最大限に信用していた者たちは、調和の目的とは理性に適合したすべてが隅々まで行きわたることであると述べていた。感覚《センスス》はいわば認識の種を与え、理性はそれを完璧なものとする。

2　アリストクセノスはこれとは正反対に、理性《ラティオ》は随伴者で二次的なものであり、すべては感覚《センスス》の裁定によって境界が定められ、感覚の測定と一致することを目指して進むべきである、と述べていた[138]。

3　プトレマイオスによっては、調和の目的は別の仕方で定義されている。その目的とはつまり、聴覚《アウリス》と理性《ラティオ》に対して相反するものは何もないようにすることである。プトレマイオスによれば、アルモニクス〔調和に関する学者〕が主張していたことは次のことのように思われる。それは感覚《センスス》が判断することは理性が吟味するものであり、感覚が異を唱えないような仕方で、理性が比《プロポルティオ》を見いだすようにすることである。そしてすべての調和学者《アルモニクス》の目的は、これら感覚と理性の二つを一致させることである。

4　プトレマイオスはとりわけ以下の点についてアリストクセノスとピュタゴラス派に反論している。すなわち、アリストクセノスが信頼しているのは理性《ラティオ》ではなく、感覚《センスス》であること。他方ピュタゴラス派は感覚にはあまりにも少ない注意しか払わず、しかし理性による比《プロポルティオ》にあまりにも多くの注意を払っている、ということである。

第４章　アリストクセノス、ピュタゴラス派、プトレマイオスは、〔音の〕低さと高さは何に存することが可能であるとしたか

1　あらゆる人は、音《ソヌス》が大気／空気を打ち鳴らすこと《ペルクッシオ》であるということに同意するものであるが、〔音の〕低さと高さの差異をアリストクセノスとピュタゴラス派とは異なる論法《ラティオ》で基礎づけている。アリストクセノスは実際、〔音の〕低さと高さによる諸音の差異は、性質《クウァリタス》に存すると判断した。ピュタゴラス派は実際、量《クウァンティタス》に基礎づけた。プトレマイオスは、おそらく、ピュタゴラス派により近いと見受けられる。それはなぜなら、彼自身が〔音の〕低さと高さは性質ではなく、量に存すると考えているからである。そして実際、より密でより細い物体は高い音を、より目が粗くより大きな物体は低い音を放出する。ただし、緊張と緩和の仕方についてはいまのところ何も語られてはいない。しかしながら、何かが緩和されると、その何かはあたかも目が粗く、かつ太くなり、何かが緊張させられると、密になり、細くなる。

第5章　諸音《ソヌス》の差に関するプトレマイオスの見解

1　以上の点が説明されたので、プトレマイオスは諸音《ソヌス》の差を以下の仕方で識別する。音《ヴォクス》の中のあるものはユニゾン〔一つの音〕のものであり、あるものはそうではない。ユニゾンというのは、それらが低くとも、高くとも、一つの音であるものである。ユニゾンでないものは、ある音がより低く、別の音がより高いときのことである。

2　ユニゾンでないものの一部は、互いの間にあるそれらの差が共通の境界線によって結び付けられている[139]。その差というものは明瞭ではないが、低いほうから高いほうへと、連続して続いていると見受けられるように、導かれている。ユニゾンではない他〔の諸音〕は、それらの差の間に、音の中断《シレンティウム》が入ることによって、認識されるものである。

3　諸音《ヴォクス》が共通の境界線によって結び付けられるというのは、以下の仕方で成される。例えば、雲の中に虹が見つけられるとき、その中の色は互いによく似ているので、ある色を別の色と区別するような確固たる境界線はない。しかし、例えば、〔色は〕赤からくすんだ赤へと向かって離れていくように、連続する色においては連なる変化を通じて変化していくものであり、いかなる中間もないし、明確な中断もないが、その双方は識別されるものである。同様のことは音《ヴォクス》においても生じるのが常である。もし誰かが弦を打ち鳴らし、その同じ弦が打ち鳴らされている間にきつく締めると、最初のうちは拍動《プルスス》はより重たく、きつく締められている間にその音は弱められ、低い音と高い音の結合が生じる。

第6章　いかなる音《ヴォクス》が調和《アルモニカ》に適しているか[140]

1　したがって、ユニゾンではない諸音《ヴォクス》のあるものは連続しているものであり、また別のものは分かたれているものである。連続している〔諸音という〕のは、それらの間の互いの差が共通の境界線で結び付けられているものであり、高い音と低い音はそれらが保持しているであろうような、割り当てられた区画のような場を有さない。分かたれている諸音は、純粋で明瞭な色のように、固有の場を有する。それらの諸音の差は、それらの場に配置されたものと見受けられる。

2　ユニゾンでない連続する諸音《ヴォクス》は調和《アルモニカ》の能力のその上をいっている。なぜならそれら自身は互いに似かよっておらず、それぞれが別個に鳴り響くものだからである。分かたれた諸音は調和の技芸《アルス》の管理下に置かれる。なぜなら、互いに異なる諸音との距離の差は把握することが可能だからだ。

3　旋律《メロス》を生み出すことのできる結び付けられた諸音は、εμμελεις〔旋律音《エンメレイス》。以下本文ではラテン語で「emmelis 旋律音《エムメリス》」と表記されている〕と呼ばれ、他方旋律を生み出すことのできない結び付けられた諸音は εκμελεις〔非旋律音《エクメレイス》。以下本文ではラテン語で「ekmelis 非旋律音《エクメリス》」と表記されている〕と呼ばれる。

第7章　ピュタゴラス派はいかなる比《プロポルティオ》の諸数を設けたか

1　協和《コンソヌス》〔の音程〕と呼ばれるのは、それらが結び付けられると、混ざり合った快の諸音《ソヌス》を生み出すもののことである。不協和《ディソヌス》〔の音程〕と呼ばれるのは、そうではないもののことである。これが諸音の差に関するプトレマイオスの判断である。

2　いまや、協和《コンソナンティア》の配置に関してプトレマイオスが他の者たちと同調していないことが述べられるべきであると見受けられる。ピュタゴラス派は5度と4度が単純な協和であり、これらからオクターヴという一つの協和が結合されると判断していた。さらに5度＋オクターヴと2オクターヴがあり、前者は〈三倍比〉、後者は〈四倍比〉である。

3　オクターヴ＋4度は協和《コンソナンティア》であるとは見なされていない。それはなぜなら、〈単部分超過比〉にも〈多倍比〉にも当てはまらず、〈多倍比＋複部分超過比〉に相当するからである。なぜならこの音《ヴォクス》の比《プロポルティオ》は、8：3のようだからである。もし誰かがこの中間に4を置けば、諸項は以下のようになる。8：4：3。このうち、8：4はオクターヴの協和をもたらし、4：3は4度の協和をもたらす。他方で、8：3は〈多倍比＋複部分超過比〉に位置付けられている。〈多倍比＋複部分超過比〉がいかなるものであるかは、算術に関する書物と、『音楽教程』の第二巻でわれわれが言及したことがらから知られるべきである[141]。

4　ピュタゴラス派は協和《コンソナンティア》を〈多倍比〉と〈単部分超過比〉に置いており、これは第二巻と第四巻で既述のとおりである。彼らは協和を、〈複部分超過比〉と〈多倍比＋複部分超過比〉からは分けている。

5　どのような仕方でピュタゴラス派がオクターヴを〈二倍比〉と、4度を〈3の単部分超過比〉と、5度を〈2の単部分超過比〉と結び付けたのかは、この『音楽教程』の第二巻と第四巻から見つけ出されるべきである。

第8章　プトレマイオスが比《プロポルティオ》の諸数においてピュタゴラス派に反論したこと

1　しかしプトレマイオスはピュタゴラス派に反論し、われわれが前巻〔第四巻〕で開示したことを退けた。それはさまざまな仕方で退けられたのだが、特に〔ピュタゴラス派が〕4度と5度を〈2の単部分超過比〉と〈3の単部分超過比〉に結び付け、残り〔の音程〕は、それらが〔4度と5度と〕同じ類《ゲヌス》〔すなわち〈単部分超過比〉〕に属している際でも、それらをまったくいかなる協和《コンソナンティア》にも加えない点についてである。

第9章　プトレマイオスによる、オクターヴ＋4度が協和《コンソナンティア》であることの証明

1　プトレマイオスはオクターヴ＋4度からある種の響和《シンフォニア》が生じることを証明している。それは以下のような仕方によってである。すなわち、オクターヴの協和《コンソナンティア》は、あたかも同じ一本の弦《ネルヴス》であると思われるような音《ヴォクス》の結合を生み出す。これはピュタゴラス派も同意するところである。それゆえに、もしオクターヴにある協和が加えられても、それは完全で損なわれていない状態を保ち続ける。このように、オクターヴの協和には、あたかも一本の弦に対するように、付加がなされるものである。

2　中音域《メソン》ヒュパテーと分離域《ディエゼウグメノン》ネーテーの間に含まれる、オクターヴの協和《コンソナンティア》があるものとする。これらの双方は互いにきわめて合致し、一つの音《ソヌス》によって結び付けられているので、これは二本の弦《ネルヴス》が混ざったものではなく、一本の弦の音《ヴォクス》が耳を打つかのようである。このオクターヴの協和にわれわれがいかなる協和を結び付けようとも、それは損なわれていない状態を保ち続ける。なぜならそのように結び付けられると、それはあたかも一つの音《ヴォクス》、あるいは一つの弦に対してなされるようであるからだ。

3　したがって、もし中音域《メソン》ヒュパテーからと、分離域《ディエゼウグメノン》ネーテーから、高いほうに二つの4度が結び付けられると、分離域ネーテーと高音域《ヒュペルボレオン》ネーテーが結び付けられ、中音域ヒ

ユパテーとメーセーとが結び付けられる。これらの双方は双方に対して協和の響きをなす。すなわち、メーセーは分離域ネーテーに対して、同じくメーセーは中音域ヒュパテーに対して、そしてまた高音域ネーテーは分離域ネーテーに対してと、中音域ヒュパテーに対してと同じである。

4　同様に、右記の双方から低いほうの部位に4度の協和《コンソナンティア》が生じるように〔弦が〕緩められると、中音域《メソン》ヒュパテーに対して4度を保持するのは低音域《ヒュパトン》ヒュパテーであり、分離域《ディエゼウグメノン》ネーテーに対して〔4度を保持するのは〕パラメーセーとなる。そして低音域ヒュパテーは中音域ヒュパテーと分離域ネーテーに対して協和を響かせ、パラメーセーは分離域ネーテーと中音域ヒュパテーに対して協和を響かせる。この際、より低いほうの音が互いに対してもっとも近い4度の協和を保持するようにすると、遠いほうの音に対してはオクターヴ＋4度を保持するようになる。それは、低音域ヒュパテーは中音域ヒュパテーに対して4度であり、分離域ネーテーに対してはオクターヴ＋4度であるようにである。同様に、より高い位置にある高音域《ヒュペルボレオン》ネーテーがもっとも近い4度の協和を保持するのは分離域ネーテーであり、中音域ヒュパテーに対してはオクターヴ＋4度を保持する。

第10章 オクターヴの協和《コンソナンティア》の特性はいかなるものか

1 以上のようになるのは以下のような理由によるとプトレマイオスは主張する。すなわち、オクターヴとはほとんど一つの音調《ヴォクラ》であり、いわば一つの音《ソヌス》を生み出すような協和《コンソナンティア》のことであるからである。それは数字の10が、それ以内に含まれる数に足されても、完全で損なわれていない状態で留まるのと同じであり、こうしたことは他の数においては決して生じることはない。同じことがこのオクターヴの協和においても言える。例えば、もし私が3に2を足せば、ただちに5が生じるが、数の種類《スペキエス》は変化させられている。もし同じ2を10に足せば、12が生じ、10に結び付けられた2は保持されたままである。同じく、3や他の数においても同様である。

2 このように、オクターヴの響和《シンフォニア》が何であれ他の響和を受け入れると、協和《コンソナンティア》を保持し、変化を被ることもないし、協和から不協和が生じることもない。例えば、オクターヴの協和に結び付けられた5度の響和は〈三倍比〉にあるように、オクターヴ＋5度は協和を保持する。同様に4度も協和であるのだから、オクターヴと結び付けられると、また別の協和を生み出す。これは、プトレマイオスによれば、協和にまた別の協和が追加されたものであり、〈多倍比＋複部分超過比〉に存するオクターヴ＋４度である。そしてこれは８：３の

〈二倍比＋2部分超過比〉である。なぜなら8は3の二倍を有し、さらに二部分を、つまり二つの〈単位一《ユニタス》〉を有するからである。

第11章　プトレマイオスはいかなる仕方で協和《コンソナンティア》を定めたか

1　ピュタゴラス派の意見に関してプトレマイオスは以下のように判断を下した。いかなる仕方で協和《コンソナンティア》の比《プロポルティオ》と数《ヌメルス》が発見されるかは、ここから始められるべきである。

2　プトレマイオス曰く、諸音《ヴォクス》は同音《ユニソヌス》であるか、同音でないかである。

3　同音《ユニソヌス》でない諸音《ヴォクス》のうち、あるものは等協音《アエクウィソヌス》であり、あるものは協和音《コンソヌス》であり、あるものは旋律音《エムメリス》であり、あるものは不協和音《ディソヌス》であり、あるものは非旋律音《エクメリス》である。

4　同音《ユニソヌス》であるものは、別々の打音が同じ一つの音《ソヌス》を生み出す諸音のことである。

5　等協音《アエクウィソヌス》とは、同時の打音《プルスス》が二つの音《ソヌス》から一つの、いわば単一の音を生み出すような諸音のことである。それは例えばオクターヴやその二倍、つまり2オクターヴのことである。

6　協和音《コンソヌス》とは、混合され複合されているが、しかし快の音《ソヌス》を生み出すような諸音のことである。それは例えば5度と4度のようなものである。

7　旋律音《エムメリス》とは、協和音《コンソヌス》ではないが、旋律《メロス》にまさに適している諸音のことである。それは協和《コンソナンティア》を結び付ける諸音のようなもののことである。

8　不協和音《ディソヌス》とは音《ソヌス》を完全に混ぜ合わせることなく、感覚を不快にする諸音のことである。

9　非旋律音《エクメリス》とは、諸協和《コンソナンティア》の結合の中には認められない諸音のことである。この非旋律音についてはしばらく後で、四本弦《テトラコルド》の分割において言及することにしよう[142]。

10　等協な音《ヴォクス》というのは単一の音の対比《コンパラティオ》にもっとも近いので、諸数の不均等性《イナエクゥアリタス》の中でもっとも均等性《アエクゥアリタス》に近いものが、均等な諸数に関連づけられる必要がある。それは諸数の均等性のすぐそばにあるもの、つまり〈二倍〉である。なぜならば、これが〈多倍比〉の最初の種《スペキエス》だからであり、より大きな数が、より小さい数を上回るとき、そのより小さい数と均等である差によって、より小さい数を超えるものだからである。それは2が1を、1の差によって超えているようなものであり、1は〈単位一《ユニタス》〉と均等である。したがって、〈二倍比〉、つまりオクターヴが等協音《アエクゥイソヌス》にふさわしいと言うのは正当なことであり、また2オクターヴも、2の二倍であり、つまり〈四倍比〉である。

11　〈二倍比〉を分割する最初にして最大の諸比《プロポルティオ》は[143]、オクターヴの等協音性を分割するのに適したものである。したがって、5度が〈2の単部分超過比〉に、4度が〈3の単部分超過比〉に結び付けられることになる。

12　等協音《アエクゥイソヌス》と結び付けられた協和音《コンソヌス》は、別の協和《コンソナンティア》を生み出す。それは〈三倍比〉にあるオクターヴ＋5度や、8：3にあるオクターヴ＋4度である。

13　旋律音《エムメリス》とは、5度と4度を分割する諸音のことであり、それは全音やその他の諸比《プロポルティオ》のことである。この点についてはしばらく後に、四本弦《テトラコルド》の分割において言及することにしよう[144]。つまりそれらが四本弦の単純な諸部である。

第12章　等協音《アエクゥイソヌス》、協和音《コンソヌス》、旋律音《エムメリス》とはいかなるものか

1　したがって、等協音《アエクゥイソヌス》とはオクターヴ、2オクターヴなどである。なぜならそれらの諸音《ソヌス》を調整し、配合する音によって、単純にして一つの音が生み出されるからである。
2　協和音《コンソヌス》とは〈単部分超過比〉の初めのほうのものである〈2の単部分超過比〉と〈3の単部分超過比〉であり、つまり5度と4度である。そしてさらに、オクターヴ＋5度、オクターヴ＋4度である。これらは等協音《アエクゥイソヌス》と協和音から合成され、結合されたものである。
3　旋律音《エムメリス》とは、右記の諸音の間に置かれることが可能である、その他の諸音のことである。例えば、4度と5度の間の差である全音のことである。
4　等協音《アエクゥイソヌス》は協和音《コンソヌス》によって結合される。例えば、オクターヴは4度と5度から成るようにである。協和音は旋律音《エムメリス》と呼ばれる諸音から成る。例えば、4度と5度が全音や、後述される他の諸比《プロポルティオ》によって生じるようにである。しかし、どの程度までこれらすべての比を数え上げることができるのかについては、われわれが第四巻の末尾の、弦《ネルヴス》が半球の上に張られていた箇所で記述したことから理解されるべきである。そこでは、等協音はオクターヴ

と2オクターヴ、単純な協和音は5度と4度、混合の協和音はオクターヴ＋5度とオクターヴ＋4度、そして旋律音は全音の差を構成するものであることが、認められる。

第13章　アリストクセノスはいかなる仕方で音程を考察しているか

1　以上の点についてアリストクセノスが何を考えているかについて、簡潔に明らかにすべきである。アリストクセノスは理性《ラティオ》の考察を決して打ち立てず、聴覚《アウリス》の判断にゆだねたので、諸音《ヴォクス》の比《プロポルティオ》を数え上げるための数を使って諸音を表記するということをしていない。そうではなく、彼は諸音の間の差を利用している。それは自身の考察を諸音自身の中にではなく、それらの差となっているものの中に、位置づけるためである。

2　あまりにも軽率にアリストクセノスは、自身がその大きさ《マグニチュド》も尺度《メンスラ》も規定しなかった、そうした諸音《ヴォクス》の差に自分が精通していると判断を下した。その結果、彼は4度の協和《コンソナンティア》は2全音＋1半音であり、5度は3全音＋1半音であり、オクターヴは6全音であると提示している。こうしたことが生じることはありえないことは、第四巻までで証明されている。

第14章　オクターヴは6全音よりも小さいことが証明される、八本弦《オクタコルド》の図

1　プトレマイオスはオクターヴは6全音の中に収まることを、ある八本弦《オクタコルド》を通じて教えている[145]。それは以下のような仕方である。八本の弦《コルダ》が張られており、それらをA、B、C、D、E、F、G、Hとする。そしてAKをBLの〈8の単部分超過比〉となるようにし、BLをCMの、CMをDNの、DNをEXの、EXをFOの、FOをGPの〈8の単部分超過比〉となるようにする。こうして、6全音となる。

2　また弦《ネルヴス》HをRで半分に分割しよう。するとAKはHRの二倍となる。したがって、AKとHRを同時に打つ《プルスス》と、オクターヴの等協音《アエクウイソヌス》の協和の響きを出すであろう。もしGPが打ち鳴らされ、それがつねにHRよりもわずかに高くなるのであれば、このことを通じて6全音はオクターヴの協和を超えていることになる。

3　なぜなら、もしAKとGPを打つ《プルスス》ことがオクターヴを響かせるのであれば、6全音はオクターヴの協和《コンソナンティア》であったろう。これらの不協和《ノン・コンソナンティア》に対して、AKとHRが

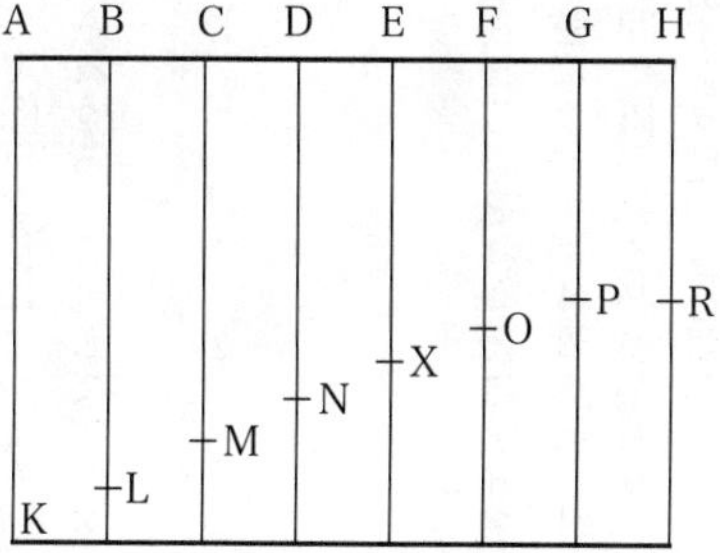

オクターヴの協和の響きをなし、そしてHRはGPよりも高いのだとしたら、オクターヴの協和が6全音を上回っていることになる。

4　ここでは実際、AKとHRの協和《コンソナンティア》によれば、HRはGPよりも低いことが見受けられるのだから、6全音がオクターヴを超えないはずはない。そして実際、感覚《センスス》によっても、オクターヴの協和が6全音の間に落ち込む〔収まる〕ことが考察されうる。こうしてアリストクセノスの誤りは、疑いなく立証される。

第15章　4度の協和《コンソナンティア》は四本弦《テトラコルド》に含まれていること

1　いまや四本弦《テトラコルド》の分割について言及されるべきである。

2　実際のところ、4度の協和《コンソナンティア》は四本の弦《ネルヴス》によって生み出される。それゆえにディアテッサロン〔4度〕と命名されている[146]。両端に置かれた二本の弦によって、4度の響和《シンフォニア》を鳴り響かせる四本弦《テトラコルド》が生じるようにするためには、二本の弦が間に置かれる必要があり、それらが互いに、そして両端の弦に対して、三つの比《プロポルティオ》を生み出すようにする必要がある。

第16章　アリストクセノスはいかなる仕方で音《トヌス》、類《ゲヌス》、そして音の分割の配置を分けたか[147]

1　アリストクセノスは4度を以下のような説明《ラティオ》によって類《ゲヌス》に分類している。

2　彼は全音を二つの部分に分け、それを半音と呼んでいる。また全音を三つの部分に分け、その$\frac{1}{3}$を〈柔らか《モリス》いクロマティック・ディエシス〉と呼んでいる。また全音を四つの部分に分け、その$\frac{1}{4}$と、その$\frac{1}{4}$の正確な半分、つまり全音全体の$\frac{1}{8}$とを合わせて〔つまり$\frac{1}{4}+\frac{1}{8}$〕、〈ヘミオラ・クロマティック・ディエシス〉と呼んでいる。

3　アリストクセノスによれば、諸部分は以上のとおりである。また類《ゲヌス》の分類は二通り、つまり〈より柔らか《モリス》いもの〉と、〈より張りのある《インシタス》もの〉である。〈より柔らかいもの〉がエンハルモニック類であり、〈より張りのあるもの〉がディアトニック類である。これらの間にクロマティック類が存在しており、柔らかさと張りの双方を有している。

4　したがって、この差異の配列／順序にしたがえば、混成されていない類《ゲヌス》が六つ生じる。一つはエンハルモニック類である。そして三つがクロマティック類、すなわち〈柔らか《モリス》いクロマティック〉〈ヘミオラ・クロマティック〉そして〈全音クロマティック〉である。そして残りの二つが〈柔らかいディアトニック〉と〈張りのある《インシタス》ディアトニック〉である。アリストクセノスによればこれらすべての区分は次のとおりである。

5　全音の$\frac{1}{4}$は〈エンハルモニック・ディエシス〉と呼ばれることはあらかじめ定められていたので、アリストクセノスは諸音《ヴォクス》自体をそれらの間で対比せず、諸音の差と音程を測った〔割った〕のであるから、アリストクセノスによれば、全音は12〈単位《ユニタス》〉であることになる。

この中で、〈全音の〉¼、あるいは〈エンハルモニック・ディエシス〉は3〈単位〉である。

6 4度の協和《コンソナンティア》は2全音と1半音によって結び付けられるのだから、4度の全体は二つの12〈単位《ユニタス》〉と、6〈単位〉から構成されることになるだろう。

7 しかしながら、しばしばこうなるように、もしわれわれが⅛部分にまで小さくすることを望むのであれば、それは整数においてではなく、小さな部位にまで行き当たることになる。そうすると、4度の全体は60、全音は24、半音は12、〈エンハルモニック・ディエシス〉と呼ばれる¼音は6、⅛音は3、というようになされねばならない。⅛と¼が結び付けられると、それはつまり6と3であるが、〈ヘミオラ・クロマティック・ディエシス〉となり、9となる。

8 三つの類《ゲヌス》、つまりエンハルモニック、クロマティック、ディアトニックがこのように構成されたので、アリストクセノスによってこれらは固有の特質を有しているものと見受けられる。それらのあるものは〈密集の類〉であり、他のものはそうではない。

9 〈密集〈の類《ゲヌス》〉〉とは、二つのより低い諸比《プロポルティオ》が、高音に置かれた比を大きさにおいて上回っていないものである。〈密集の類ではないもの〉とは、二つの比が残りの比を超えることが可能なもののことである。エンハルモニック類とクロマティック類は〈密集の類〉であり、ディアトニックは〈密集の類〉ではない。

10 したがって、アリストクセノスにしたがえば、エンハルモニックは6、6、48、と分割される。つまり低い弦《ネルヴス》と、そのそばにある弦との間には、全音の$\frac{1}{4}$があり、これは〈エンハルモニック・ディエシス〉と呼ばれるものであり、24〈単位《ユニタス》〉で全音を構成する。同様に、低いほうから二番目の弦と、三番目の弦の間にある、第二の音程は、同じ$\frac{1}{4}$音の6である。全体の比《プロポルティオ》である60から残る部分は、低いほうから三番目の弦と、もっとも高い四番目の弦の間に置かれる、48である。低いほうに置かれた二つの比、つまり6と6は、高いほうに置かれた残りの一つである48を超えることはない。

11　〈柔らかい《モリス》クロマティック〉は以下の分割をなす。すなわち、8、8、44、である。8と8は全音の$\frac{1}{3}$部分である。なぜなら、前述のとおり、全音は24〈単位《ユニタス》〉であり、全音の$\frac{1}{3}$は〈柔らかいクロマティック・ディエシス〉と呼ばれる。

12　同様に、〈ヘミオラ・クロマティック〉の4度は、9、9、42、と分割される。〈ヘミオラ・クロマティッ

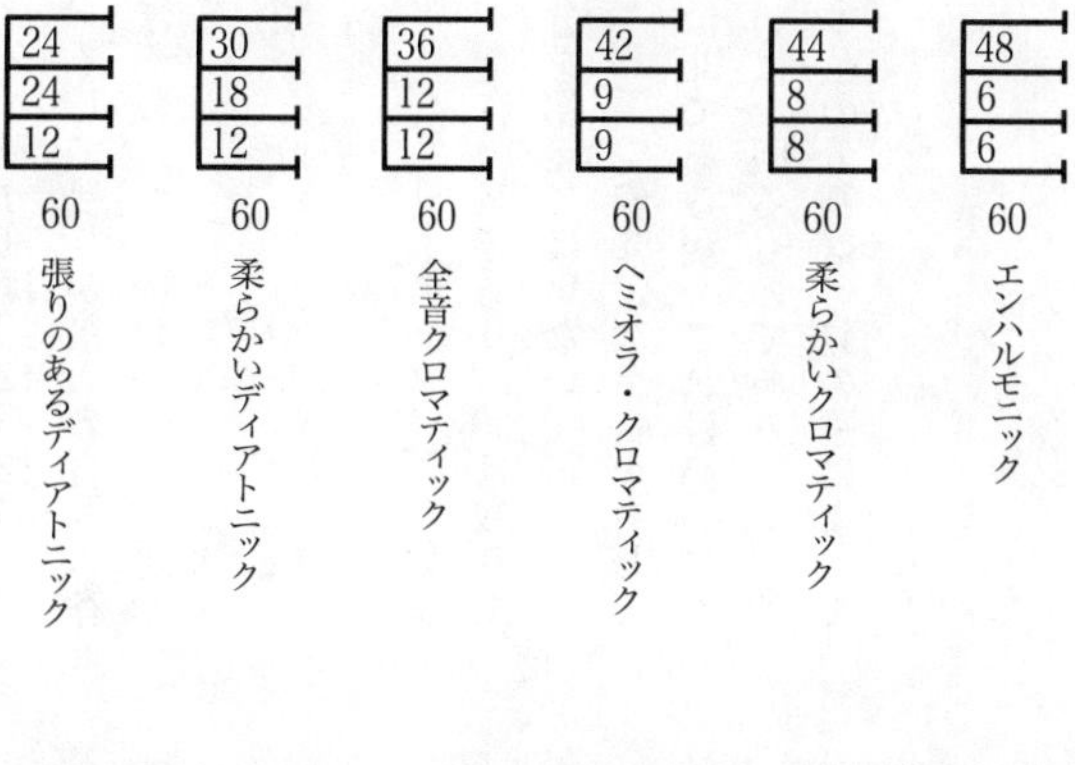

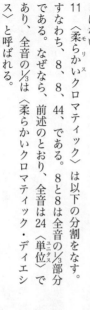

ク・ディエシス〉は全音の$\frac{1}{8}$と$\frac{1}{4}$であり、それは24の中の3と6である。

13　同様に、アリストクセノスによれば、〈全音クロマティック〉の分割は、12、12、36、である。これはつまり、二つの音程に半音のそれぞれが存し、そして残りが最大の音程に存していることになる。そしてこれらのすべてにおいて、低いほうの弦《ネルヴス》に近い二つの比《プロポルティオ》は、高いほうに置かれている残りの比を、大きさにおいて決して超えていない。したがって、前述のとおり、〈密集の類《ゲヌス》〉に属する。実際に、〈密集の類〉とはエンハルモニック類とクロマティック類である。

14　ディアトニック類の分割もまた、二通りである。〈柔らかい《モリス》ディアトニック〉の分割は、12、18、30、である。ここで12は半音であり、18は半音＋全音の$\frac{1}{4}$であり、30は残りである。これらの中の、18と12は30を成すが、これは残りの部分を超えてはいない。

15　同様に、〈張りのある《インシタス》ディアトニック〉の分割は、半音と、二つの完全な全音を有している。つまり、12、24、24、である。これらの中の、24と12は36であるが、これは高いほうにある残りの部分によって上回られるということはなく、大いに上回るものである。

16　したがって、アリストクセノスにしたがえば、前述の四本弦《テトラコルド》の分割は、先の図によって示される。

第17章　アルキュタスはいかなる仕方で四本弦《テトラコルド》を分割したか。それらの四本弦の配列

1　アルキュタス[148]は、すべてを理性《ラティオ》によって打ち立てたのだが、初めのほうの諸協和《コンソナンティア》を観察する際に耳の感覚《センスス》を軽視しただけではなく、四本弦《テトラコルド》の分割において大いに理性に付き従った。しかし彼は、自らが探し求めていたものを効果的に成し遂げることはなかったし、彼によって提示された説明が感覚と一致することもなかった。

2　アルキュタスは三つの類《ゲヌス》があると判断した。それらはエンハルモニック類、ディアトニック類、クロマティック類であり、これらの中に同じもっとも低い音《ソヌス》と、もっとも高い音を設定した。

3　これらすべての類《ゲヌス》において、もっとも低い音《ソヌス》を成すのは2016であり、もっとも高い音を成すのは1512である。三つの類におけるこれらの音の間で、アルキュタスはもっとも低い音に近い弦《ネルヴス》を置き、それは1944であるとした。これは2016に対して〈27の単部分超過比〉を有する。

4　こうした後、エンハルモニック類《ゲヌス》において、アルキュタスはもっとも高い弦《ネルヴス》の下で、もっとも低い弦から三番目の位置に、弦を置き、それを1890であるとした。これは1944に対して、〈35の単部分超過比〉によって結び付けられる。そしてこの同じ1890は

もっとも高い弦である１５１２に対して、〈４の単部分超過比〉によって設置されている。

５　同様に、ディアトニック類《ゲヌス》において、もっとも低い弦《ネルヴス》から三番目の位置で、もっとも高い弦から二番目のところに弦を置き、それを１７０１とした。これに対して１９４４は〈７の単部分超過比〉で結び付けられ、そして同じ１７０１はもっとも高い弦である１５１２に対して〈８の単部分超過比〉で結び付けられている。

６　クロマティック類《ゲヌス》において、アルキュタスはもっとも低い弦から三番目で、もっとも高い弦から二番目の位置に、弦を置いた。これは、ディアトニック類における二番目の弦である１７０１に対して、２５６：２４３の比《プロポルティオ》を有する。この弦は１７９２であり、もっとも高い弦から二番目に置かれている。そしてディアトニック類におけるもっとも高い弦から二番目である１７０１は、クロマティック類のもっとも高い弦から二番目である１７９２に対して、２４３：２５６の比を有している。

７　アルキュタスの見解による、これらの四本弦《テトラコルド》の分割の配置は下図によって示されている。

クロマティック　　ディアトニック　　エンハルモニック

第18章　プトレマイオスはいかなる仕方でアリストクセノスとアルキュタスの四本弦《テトラコルド》の分割に反論したか[149]

1　さてプトレマイオスは四本弦《テトラコルド》の双方の分割に対して以下のように反論した。

2　まず初めにプトレマイオスはアルキュタスの分割に反論した。なぜなら、クロマティック類《ゲヌス》において、もっとも高い弦《ネルヴス》から二番目の弦は、1792であるが、これはもっとも高い弦である1512に対しても、もっとも低い弦に近い1944に対しても、いかなる〈単部分超過比〉も成していないからである。これはアルキュタスが〈単部分超過比〉にこれほどまでの尊厳を見いだしており、諸協和《コンソナンティア》の説明においてこの〈単部分超過比〉を支持していたのにもかかわらず、である。

3　さらに以下の点がある。すなわち、クロマティック類《ゲヌス》におけるもっとも低い弦《ネルヴス》からの比《プロポルティオ》は、アルキュタスが設定したものよりも、より大きいものであると感覚《センスス》によって認識される、ということである。なぜならば、クロマティック類における1944と2016は〈27の単部分超過比〉で隔たっているように成されるが、クロマティック類の慣習的な音の配列《モドゥラティオ》にしたがえば、〈21の単部分超過比〉であるべきだからだ[150]。

4　同様に、エンハルモニック類《ゲヌス》のこの比《プロポルティオ》、すなわちアルキュタスの分割の仕方にしたがってもっとも低い弦から保持される比のことだが、これは他の類において見られる比よりも、はるかに小さいものであるべきである。彼はこの比を、他の類と等しいものとして設定している。それはなぜならこれら三つの類において、もっとも低い弦からの最初の比には〈27の単部分超過比〉を置いているからだ。

5　プトレマイオスはアリストクセノスを批判しているが、それは、〈柔らか《モリス》いクロマティック〉と、〈ヘミオラ・クロマティック〉において、もっとも低い弦《ネルヴス》からの第一の比《プロポルティオ》と第二の比を、もっとも小さく、そして感覚《センスス》が識別することができないような隔たりで、置いたからである。実際のところ、アリストクセノスにしたがえば、〈柔らかいクロマティック〉の分割においては最初の音程は8であり、〈ヘミオラ・クロマティック〉においては9である。しかし8は9に対して、〈単位一《ユニタス》〉の差で隔たっている。〔アリストクセノスの〕設置の仕方にしたがえば、全音の全体は24〈単位〉であり、〈単位一〉はその$1/24$である。したがって、〈柔らかいクロマティック〉と、〈ヘミオラ・クロマティック〉の、もっとも低い弦からの最初の比は、全音の$1/24$の差で隔たっているが、これはその差の小ささのために、いかなる仕方によってしても聴覚によって感知されない。

6　また同じくプトレマイオスはアリストクセノスに反論しているが、それはなぜなら、アリストクセノスがディアトニック類《ゲヌス》をたった二つにしか区分しなかったからだ。それは〈柔らか《モリス》いディアトニック〉と、〈張りのある《インシタス》ディアトニック〉だが、その他方で、ディアトニック類には他の区分の種類《スペキエス》も見いだされることが可能だからだ。

第19章　プトレマイオスはいかなる仕方で四本弦《テトラコルド》の分割はなされるべきであると述べたか[151]

1　プトレマイオスは別の説明《ラティオ》で四本弦《テトラコルド》を分割している。

2　まず初めにプトレマイオスは以下の点を定めた。すなわち、両端にある二つの音《ソヌス》の間は、〈単部分超過比〉によって進行していくような音調《ヴォクラ》が適している、ということである。これは確かに不均等の比《プロポルティオ》ではある。なぜなら〈単部分超過比〉というのは均等に分割することは不可能だからだ。

3　さらに、もっとも低い弦《ネルヴス》に対して成されるあらゆる対比《コンパラティオ》は、高い音《ヴォクス》に結び付けられる他の三つ〔の比〕よりも、より小さいものであるべきである。しかしながら、われわれが〈密集の類《ゲヌス》〉と呼ぶ類においては、もっとも低い弦とそれに近い弦との二つの比《プロポルティオ》が、高音域において残っている比よりも、より小さくなければならない。しかし、例えば、〈密集ではないディアトニック類〉においては、いかなる場所においても一つの比が他の二つの比よりも大きいことはない。

〔以下、原文欠落。目次のみ現存〕

第20章　いかなる仕方で比の均等性《アエクゥアリタス》から不均等性《イナエクゥアリタス》が生じるか
第21章　プトレマイオスはいかなる仕方で4度を二部分に分割したか
第22章　〈密集の類〉とはいかなるものか。そうでない類はいかなるものか。諸比はいかなる仕方でそれらと適合されるか。プトレマイオスのエンハルモニックの分割
第23章　プトレマイオスの〈柔らかいクロマティック〉の分割
第24章　プトレマイオスの〈張りのあるクロマティック〉の分割
第25章　プトレマイオスの数と比をともなう〈密集の類〉の配置
第26章　プトレマイオスの〈柔らかいディアトニック〉の分割
第27章　プトレマイオスの〈張りのあるディアトニック〉の分割
第28章　プトレマイオスの〈全音ディアトニック〉の分割
第29章　数と比をともなう〔密集でない〕分割された類の配置
第30章　プトレマイオスの〈均等なディアトニック〉の分割

注

1　参照：[「ボエティウス」『ニューグローヴ』]

2　『算術教程』における「数学的四科」の登場するテクストも参照するが、ラテン語ではquadriviumとquadruviumの二つの表記が確認される。『算術教程』の英訳者マイケル・マージによれば、時代的に早い写本ではquadruviumの表記が主流で、quadriviumの方は時代を経るにしたがって定着していったということである。詳細は以下を参照：[*Arith.* p.71]

3　ただしこの点については、同旨の指摘をすでにボエティウス自身がこの『音楽教程』内でしていることもまた興味深い。[本書1・33・2]参照

4　参照：本書注2

5　ボエティウスは『幾何学論』も書いていたことが推測されるが、現在「ボエティウスの名で伝わっている『幾何学論』はボエティウスのものではない」[グラープマン、二〇四頁]と指摘されている。また天文学に関してもボエティウスは教科書の類を著していたものと思われるが、しかしボエティウスの同時代においても、中世全般においても、この著作に関する記録や情報は完全に欠落しており、何もわからないのが現状である。

6　「自由七学芸《アルテス・リベラーレス》」に言及した人物としてはマルティアヌス・カペラ（三六五頃—四二八年）やカッシオドルス（四八五頃—五八〇年頃）等が挙げられる。

7　ニコマコスの音楽論の概要に関しては、次の著作が参考となる。*The Manual of Harmonics of Nicomachus the Pythagorean*. Translation and commentary by Flora R. Levin. Phanes Press. 1994.

8　『カノンの分割』に関する日本語文献としては以下が参考となる。片山千佳子「『カノンの分割』解題・訳・注釈」『東京芸術大学音楽学部年誌』第十一集、昭和六十年度、三七—六二頁」

9 エウクレイデス自身の表現としては、『原論』第Ⅶ巻冒頭の定義で次のように表されている。「1、単位とは存在するものの各々がそれによって「一」と言われるものである。2、また数とは単位を合わせた多である」［『エウクレイデス全集2』一二八頁］

10 詳細については［『和声論』pp.xvi-xvii］を参照。

11 参照：［*Arith.* pp.23-30］

12 参照：［*Arith.* pp.31-38］

13 ダランベールの音楽理論、特にラモーとのかかわりに関しては別著に詳述した。参照：『ラモーの軌跡』pp.106-115, 127-130.

14 この点、露訳では次のように注解されている。「『音楽教程』の古い時代の諸写本は形式上の構造と、特にテクストの、驚くほどの変化のなさで際立っている。それら写本間のテクスト上の違いは、まれな例外を除いて、微々たるものであり、ごくありふれた綴り上の代替のケースのみに関わるものである」(［露 p. xix］)。また図表に関しては凡例で挙げたインディアナ大学のHP内の該当箇所を参照することによって、写本内の具体例を直接目にすることができる。

15 邦語文献の参照先として信頼に足るものとしては以下を挙げることができる。『ニューグローヴ』から「ボエティウス」「ギリシア」「音楽理論」「旋法」等の項目。『図解音楽事典』から「音楽理論／音組織」「古代高度文明／ギリシア」等の頁。

16 原文はQuattuor matheseos disciplinae。これは「数学的四科《クゥアドリウィウム》」と同義で使用されており、これら四つの学科についての説明は［本書2・3］に登場する。

17 プラトンにおける音階の設定に関しては以下を参照。［『ティマイオス』8—9、35b—36e］

18 参照：［『国家』4・3、424］

19 この節の出典は以下である。プラトン［『国家』3・10—18、398—412］

20　古代ギリシャ・ローマでもっとも重要な弦楽器。

21　ティモテオスは以下にも登場する。［（偽）プルタルコス12、1135D。30、1141C―1142］

22　この点は音楽理論としては無関係だが、例えばティモテオスのギリシャ名はTIMOΘEOCと表記されるところ、ここでは最後のCがPに変えられて、TIMOΘEOPというスペルになっているということ。このあたりの事情については英訳の巻末に詳しい。参照：［英 Appendix 2, pp.185-188］

23　アンチストロペには複数の意があり、古代ギリシャの合唱隊コロスの右側（ストロペが左側）や、詩における韻律の特定の節（二つある節の第二節）、また修辞学における「倒置反復」などを指すが、いずれにしても〝「アンチストロペの交代」によってエンハルモニックをクロマティックに変える〟という意味は不明である。

24　セメレはギリシャ神話の女神。ゼウス／ユピテルの寵愛を得て身籠るが、ゼウスの正妻ヘラの奸計によって妊娠中に落命する。このとき身籠っていた子供がディオニュソス／バッカスである。

25　英訳者は、この「調和《アルモニア》」は「エンハルモニック」である可能性を指摘している。それは先の［本書1・1・13］の内容を踏まえてのことである。参照：［英 p.5（n.19）］

26　スポンデイは詩においては長長格をさすが、ここでは宴会に先立って神々に酒を捧げる際の音楽に使用された特定の音階を指すと思われる。参照：［（偽）プルタルコス 補注E（二二二頁）］

27　原文ではscortumという単語だが、辞書的には「遊女」の他に、「娼婦」「男娼」の意味もあるとされる。次節の内容と照らし合わせると、ここで意図されているのは女性であろう。いずれにせよ、ここで詳述はできないが、古代ギリシャ・ローマと現代とでは身分や階級、人権やジェンダーに関する認識に相当の隔たりがあることは留意されるべきである。

28　この逸話は以下にも登場する。［『弁論家の教育1』1・10・32］

29　原題は*De consiliis suis*。この書は消失してしまったとされる。またここでの逸話はアウグスティヌスも

取り上げている。参照：［『ユリアヌス駁論』５・５・23］

30　露訳の注ではこの「貞淑な」という形容詞はアイロニカルに使用されている可能性があると指摘されている。この指摘に従えば、「軽薄な女たち」といったほどの意味となり、前節の「遊女」と意味的に重なり合う可能性がある。参照：［露 p.275 (n.40)］。また注27の内容も参照のこと。

31　テルパンデルは以下にも登場する。［本書１・20］、［(偽) プルタルコス12、１１３５Ｃ、28、１１４０Ｆ］

32　宇宙の音楽については以下を参照：［『ティマイオス』８—９、34ｂ—37ｃ］、［『国家について』６・18］、［(偽) プルタルコス44、１１４７］、［プトレマイオス３・10—16、１０４—１１１］

33　参照：［『国家について』６・18、18—19］

34　この節に関しては以下を参照：［『饗宴』13、１８８］

35　現存する本書内においてこの点に再度言及している箇所はない。

36　ボエティウス以前の〝人間の音楽〟については以下を参照のこと。［『パイドン』３・６、85Ｅ－86Ｅ］、［『国家』４・16—17、４４１Ｅ—４４４Ａ］、［『トゥスクルム荘』１・10］、［(偽) プルタルコス25—26、１１４０Ｂ］、［プトレマイオス３・５—７、95—１００］

37　ここでの人間の魂についての記述はアリストテレスの以下の議論をもとにしているとされる。［『ニコマコス倫理学』１・13、１１０２ａ—１１０３ａ］

38　現存する本書内においてこの点に再度言及している箇所はない。

39　参照：［本書１・31］

40　「いかなる不均等性によっても違いが生じない諸音」とはつまり「均等性の状態にある諸音」と読み換えるとわかりやすい。すなわち、１：１、２：２のような均等性はそもそも同じものなので協和は生み出さず、協和とは異なるもの／不均等性が一つに合わされたものである、といった趣旨が意図されている。この均等性・不均等性の論旨は以下で具体的に展開される。参照：［本書２・７］

41　参照：［*Arith.* 1・21―23］

42　この点に関するプトレマイオスの見解は［本書5・9］で説明される。

43　参照：［本書5・7―12］、［プトレマイオス 1・7、15―16］

44　この箇所は指示語がどの槌を指すのか判然としないので、槌の番号を①から⑤として対応する槌を示した。また、冒頭の「訳者解題」でも言及したとおり、この槌の話は科学的には誤りであり、現実にはありえない。

45　参照：［本書4・5―12］

46　Albinus アルビヌスという名の歴史上の人物としては政治家・軍人のデキムス・クロディウス・アルビヌス（一五〇―一九七年）が有名であり、露訳者はこの両アルビヌスが同一人物であれば興味深いとしているが、ここでボエティウスが言及しているアルビヌスのテクストは現存せず、詳細は不明である。参照：［露 p.284 (n.120)］

47　当第16章の図版は［Freidlein］においては統一が図られていない箇所が若干数ある。本書においては、特に英訳、露訳を参考にし、統一した形で提示した。

48　原文の述語部分は diapente vel diatessaron vel tonum consonantiam reddet. この箇所は〝全音は協和に含まれない〟という本書の基本主張と齟齬をきたしており、不用意な叙述とされるべきである。

49　ここで大と小の半音の区別が明記されたが、しかし原文において今後これらの区別の明記が徹底されているわけではない。各国語訳においてはカッコ内で随時それらを付記するものなどもあり、対応はさまざまである。本書ではあくまでも原書のあり方に忠実であることを指針としたので、多くの箇所で半音に「大・小」の記載がないことに留意されたい。

50　本書の解題三八頁を参照。ニコマコスの音楽論は現存していない。

51　参照：［本書1・1・19］。ここでのテルパンデルの果たした役割については以下にも言及がある。［（偽）

プルタルコス28、1140F」

52　次注を参照のこと。

53　古代ギリシャ語において「パラ παρά」は「～のそばに」という意味の前置詞である。パルヒュパテーの「パル」はこれが綴りの関係で変化したもの。

54　本書における「上・下」と「高・低」について。現代では、五線譜の影響も大きく、「高音と上」、「低音と下」が当然のごとく結び付いている。しかしこれは普遍的認識とは言えない。たとえばチェロやコントラバス、三味線や三線といった楽器を想起できよう。当『音楽教程』においても「上・低音」「下・高音」で描写されているものも多い。実際、本章以降の諸弦の図においても、「上」に「低音」が、「下」に「高音」が配されていることが確認されよう。本書では特に、目で見て視覚的に捉える場合には「上・下」が、音高が意図されているときには「高・低」の漢字が割り振られていることに留意されたい。

55　古代ギリシャ語の「ヒュペル ὑπέρ」は「～のうえに」を意味する前置詞。

56　参照：［本書1・1・12］

57　ディアトニック diatonum は古代ギリシャ語で「～を通じて」を意味する前置詞 διά と、「全音」を表す τόνος から成る。

58　この第22章を通じてのことになるが、ここで使用されている「クロマティック・ディアトニック・リカノス」や「エンハルモニック・ディアトニック・リカノス」という表記は原文のとおりであり、読解に混乱が生じる箇所である。各国語の訳者たちもこの点には一様に注を付しており、そこでおおよその意見の一致を見ているのは以下のとおりである。すなわち、ここで本来必要ない「ディアトニック」という語をボエティウスが付記したのは、やはり「ディアトニック」における音のあり方が本来的なものであるという認識が根底にあるために、このような書法になったのではないか、ということである。ディアトニックのあり方については以下を参照：［本書1・21・1］

59　28という数字はピュタゴラス派にとっては完全性を示すものであった（その数自身を除いた約数の総計と、その数自身が等しい。1＋2＋4＋7＋14＝28）。また完全数については以下を参照：［*Arith.* 1・20］
60　参照：［本書1・12・4］
61　参照：［『国家について』6・15―18］
62　参照：［本書4・6―11］
63　参照：［本書1・4―5］
64　この節の内容は［本書1・6］と対応している。
65　参照：［『ティマイオス』37、80a―b］
66　参照：［本書5・7―12］
67　原文においてこの箇所は論旨が通じていない。つまり前者の「キタラからキタラ奏者」は「cithara から citharoedus」で意図されるところは明瞭だが、後者の「葦笛から葦笛の伴奏で歌う歌手」は「tibia から auloedus」となっており、本文の趣旨に即していない。
68　参照：［*Arith.* 1・22］
69　参照：［*Arith.* 1・32］
70　換言すれば、4：6＝6：9はさらに2：3であり、2：3は〈2の単部分超過比〉である。［本書2・8・10］も参照のこと。
71　参照：［*Arith.* 1・29、31］
72　つまり例えば、〈二倍比〉の「二」と〈2の単部分超過比〉の「2」が対置されており、〈単位一〉を表す最上段左端の「1」から列が遠ざかる分だけ、〈単部分超過比〉が得られる、ということ。
73　つまり各列の最下段の数は3で割り切れない、ということ。
74　双方の数が同じ数で割り切れないという意味。

75　差によって割り切れる数〔差を測ること〕が、割り切れない数〔諸数の複数性〕よりも小さい、ということ。
76　参照：[本書2・9・9]
77　例えば1：2という〈二倍比〉の両項を二乗すると1：4となり、これもまた〈四倍比〉という多倍比となる。
78　例えば2：3という〈2の単部分超過比〉の両項を二乗すると4：9となり、これらの比は双方とも〈多倍比〉ではない。
79　前注の2：3と4：9をもう一度例にとる。4：9は2：3という〈2の単部分超過比〉の二乗であるが、これは〈多倍比〉でも〈単部分超過比〉でもない。
80　〈単部分超過比〉に関しては前注を参照のこと。また、例えば3：5という〈3の二部分超過比〉の両項を二乗すると、9：25となり、これもまた〈多倍比〉でも〈単部分超過比〉でもない。〈多倍比〉の両項の二乗は〈多倍比〉を生み出すことは、注77を参照のこと。
81　参照：[*Arith.* 2・41。2・51―52]
82　参照：[本書2・12・4]
83　参照：[*Arith.* 2・40―53]
84　例えば、上段が3、3、3、下段が6、9、12を想定すれば、6と9、9と12の差は3であり、6と9の間には7と8、9と12の間には10と11という二つ（3より一つ少ない）の数が介在する。
85　参照：[*Arith.* 2・44]
86　全音にまつわる問題に関しては、[本書2・16・6]を参照。
87　参照：[*Arith.* 2・50]
88　参照：[本書5・8―12]

89 参照：［Arith. 1・23、26］、［本書2・5、7、11］
90 つまり4：3の〈3の単部分超過比〉の4度のこと。
91 本書解題三八頁参照。［Friedlein］では Eubulides と綴られている。
92 本書の注50を参照。
93 参照：［本書1・5—6。2・20］
94 二つの〈2の単部分超過比〉は$\frac{3}{2}\times\frac{3}{2}=\frac{9}{4}$であり、二倍（8|4）を超える。
95 参照：［本書5・9］
96 参照：［本書3・1、13］
97 これは『算術教程』の特定の箇所というよりも、全般的規則を指しているものと考えられる。
98 また［本書2・28］では言葉で説明されている。
99 参照：［本書2・28］
100 参照：［アリストクセノス 2・15、56—58］
101 参照：［本書3・3。5・14、16］
102 参照：［アリストクセノス 2・33—34］
103 参照：［アリストクセノス 2・15、46、56—57］
104 つまりそれらの二つの数が互いに素である最小の整数であるということ。
105 『算術教程』の第二巻の後半、特に第40章以降ではさまざまな比と比例の詳しい説明が続いている。『音楽教程』のこの箇所に関わる部分を簡単に要約すれば、算術・幾何・比例中項の他に比例には七つあり、全部で十に及ぶとボエティウスは記している。その個々の詳細は字数を要するのでここでは言及できないが、［Arith. 2・53］では次のようにまとめられている。

106 二倍に増大された〔二つ分の〕〈16の単部分超過比〉は$\frac{17}{16}\times\frac{17}{16}=\frac{289}{256}$（$=18\frac{1}{16}$）であり、これは全音の比（$\frac{9}{8}=\frac{288}{256}$）を超えている。

107 〈17の単部分超過比〉である18：17は$19\frac{1}{17}$：18と表せる。

108 全音の比である〈8の単部分超過比〉は9：8であり、$19\frac{1}{8}$：17と表せる。

109 二つの〈17の単部分超過比〉は$\frac{18}{17}\times\frac{18}{17}=\frac{324}{289}$であり、比で表せば324：289となり、$19\frac{1}{17}$：17と等しい。

110 参照：［本書2・28］

111 参照：［本書2・31］

算術比例	第一	1：2：3
幾何比例	第二	1：2：4
調和比例	第三	3：4：6
逆の調和比例	第四	3：5：6
逆の幾何比例	第五	2：4：5
逆の幾何比例	第六	1：4：6
残り四の一	第七	6：8：9
残り四の二	第八	6：7：9
残り四の三	第九	4：6：7
残り四の四	第十	3：5：8

112　$262144 \times \frac{4}{3} = 349525\frac{1}{3}$　なおこの節と、［本書3・4、13］において分数で表記された箇所をボエティウスは当時の〝minutiae（細分化されたもの、というほどの意）〟という考えにしたがった特殊な記号を用いて記載している。それらの記号の主旨は〈単位一《ユニタス》〉を12分割することを基本構想としているので、分母は12で統一されることになる。現代の数学教育では確かに$\frac{4}{12}$は通分して$\frac{1}{3}$とするのが慣例だが、ここは原文のあり方を尊重して、故意に通分しないで表記した。この点の詳細については以下を参照：［英3・3（n.11. pp.93-94.）］

113　参照：［本書2・31］

114　この一文に関しては『算術教程』に詳しい記述があるが、〝一乗の数〟が〝線〟に、〝二乗の数〟が〝正方形の面積〟に、〝三乗の数〟が〝立方体の体積〟に対応する、と捉えられる。参照：［*Arith.* 2・5］

115　参照：［本書4・2・(iii)］

116　例えばA：B＝4：6とし、その最小のものとしてのC：DE＝2：3と捉えることができる。なお、同頁下部の図は文章内容の意図をさらによりよく反映するように原書のものを多少改変した。

117　つまりDが〈単位一〉でなく、2以上の数であれば、CとDEの双方を測る〔割る〕ことはできないので、したがってDは〈単位一〉である、ということ。

118　参照：［本書2・31、3・3—4］

119　参照：［本書2・31］

120　参照：［本書2・9］

121　参照：［本書2・9］

122　参照：［本書2・13・1］

123 参照：[本書2・30]

124 参照：[本書3・12]

125 この第2章における（i）から（ix）までの記述は『カノンの分割』と対応したものとされる。[Friedlein] においてはこの対応した箇所を数字や強調などによって区別していないが、各国語の翻訳ではさまざまに表記して差異化している。本書でもそれに倣い、『カノンの分割』からの引用には（i）から（ix）の番号を振り、ゴシック体で表記した。

126 Aの二倍は 262144×2 = 524288

127 この後に続く箇所は、[Friedlein] においては地の文において文字テクストが続いていくが、独訳、露訳に倣い、個々に区切って訳出した。また以下で使用される記号であるが、ここではギリシャ文字を元として、さまざまに省略や変形等が施されることで独自の記号が作り出されていることが本文の読解から理解されよう。これらの記号は、写本が作られ伝承されるたびに差異が生じてきたのが実情であった。興味のある読者は、例えば凡例で示したインディアナ大学のデータベースから当該の図を参照し、比較対照することでそうした細かな差異を確認することができよう。したがってこうした文字や図の完全無欠の決定版のようなものがあるわけではないことから、本書では英・仏・露訳から適切と思われるものを元とし、作成した。それゆえに、技術上の制約から本文の内容などを完全に反映させられていないものも一部ある。

128 この箇所のラテン語原文は消失してしまったとされる。確かにここまでの議論では全音の音程幅は考察されているが、半音についての言及がない。英訳では独自にここで叙述されていたであろう内容の再現を試みている。参照：[英 pp.130-131]

129 [本書4・3－4] を参照すればわかるとおり、本書では低音部から音名を列挙しているので、「下部から」ということは音域としては高音部からということになる。また本書の注54も参照のこと。

130 「徐々に生起する」という意味は、[本書4・6] の前掲の高音域の図の左に、ここ（[4・8]）でさらに分離域の四本弦《テトラコルド》が付け加えられたことを指し、以下同様に、結合域（「4・9」）、中音域（「4・10」）、低音域（「4・11」）の四本弦《テトラコルド》が追加されて、最終的に全体図に至ることが意図されている。

131　前注を参照のこと。

132　つまりここでの4度の種類は以下の三つである。三一一頁の図参照。tが全音、sが半音。

1	G-D	…	tts
2	F-C	…	tst
3	E-B	…	stt

133　つまりここでの5度の種類は以下の四つである。三一一頁の図参照。tが全音、sが半音。

1	H-D	…	ttts
2	G-C	…	ttst
3	F-B	…	tstt
4	E-A	…	stts

134　つまりここでのオクターヴの種類は以下の八つである。三一一頁の図参照。tが全音、sが半音。Tは分離《ディエゼウグメノン》の全音。

135 ［プトレマイオス2・10］でこの点に関する諸音の配置について扱われているが、しかし先行研究や各国語訳でも指摘されているとおり、プトレマイオスが第八の旋法を追加したという認識は誤りであるとされるべきである。

136 ここで表示されているマガダ〔半円〕を用いたモノコルド分割の図は［Friedlein］においてはこの一ヵ所限りである。しかし露訳では本文の意味を汲み、読者の理解のために、同種のモノコルド分割の図を以下でさらに三つ追加している。本書でもそれに倣った。これらの図においては分割の仕方によってKの位置が変わる、ということが要点である。

1	O-G	…t t s t t s T
2	X-F	…t s t t s T t
3	N-E	…s t t s T t t
4	M-D	…t t s T t t s
5	L-C	…t s T t t s t
6	K-B	…s T t t s t t
7	H-A	…T t t s t t s

137 現存する本書内においてこの点に再度言及している箇所はない。

138 参照：［本書3・1］

139 隣り合いながら連綿と、グラデーションのような状態で存在しているという意味。次節参照。

140 この章は［プトレマイオス1・4］のパラフレーズである。

141 参照：［Arith. 1・31］、［本書2・4］

142 現存する本書内においてこの点に再度言及している箇所はない。

143　つまり〈2の単部分超過比〉（3：2）と〈3の単部分超過比〉（4：3）のこと。

144　現存する本書内においてこの点に再度言及している箇所はない。

145　この［5・14］内の説明と図は以下で確認される。［プトレマイオス1・11］

146　ディアテッサロンの古代ギリシャ語は「〜を通じて」という前置詞 *διά* と数字の「4」を表す *τέσσαρες* から成る。

147　この章の内容については、以下を参照：［アリストクセノス1・11―14］［プトレマイオス1・12―13］

148　参照：本書解題五四頁

149　参照：［プトレマイオス1・14］

150　プトレマイオスは確かにアルキュタスを批判しているが、しかしここにある〈21の単部分超過比〉についての言及はプトレマイオスの『ハルモニア論』には見られない。

151　参照：［プトレマイオス1・15］

訳者あとがき

〝二五〇〇年の西洋音楽史において、真の理論家にはピュタゴラスとラモーの二人しかいない〟（ジャック・シャイエ、一九一〇―九九年）という展望に一定の説得力を見いだしていた訳者は、ピュタゴラス以来の古代の音楽観／理論を伝えるこの『音楽教程』にいつかはしかるべく取り組まなければと考えていた。

最終的にこの書に挑戦する契機を与えてくださったのは、モスクワ音楽院歴史・理論学部教授のゲオルギー・ルィジョフ氏である。音楽理論に興味を持っていると言う訳者にルィジョフ教授は会うたびに多数の書籍や楽譜、音源をプレゼントしてくださるのだが、その中にこのボエティウスの『音楽教程』の羅露対訳版もあった。このときに訳者自身もラテン語からの訳出を決意し、またこの露訳に何度も助けられながら読了することができた。また今回の日本語版刊行の報告を行った際にも、最後まで訳者を励まし続けてくださった。厚く感謝申し上げたい。

またルィジョフ教授は右の羅露対訳版の訳者であるニコライ・レベジェフ氏に連絡を取ってくださり、われわれを結び付けてくださった。レベジェフ氏も日本語訳の公刊を祝福してくださると同時に、さらには自身の露訳版で作成・使用した種々の図版を無償提供するという申し出までしてくださった。まだ会ったこともない遠く日本の訳者にここまでの寛大さを示してくださったことに驚きを禁じ得なかったが、ご厚意に甘えさせていただくこととした。特記して感謝の意を表したい。

本書公刊に尽力されたのは講談社の編集者である林辺光慶氏である。訳者からの照会に対して林辺氏は、企画作成から精力的に動いてくださっただけでなく、編集作業自体も最後まで伴走して下さり、種々多数の有益なご助言を賜ることができた。もとは訳者の個人的な後学のためだったこの訳文が、広く読者の目に触れることになったのはすべて林辺氏の功績である。心より御礼申し上げたい。

また本書の図版作成に関してはKPSプロダクツのご担当の方々のお手を大変に煩わせることとなった。見慣れぬ不可思議な言葉の羅列や細かな数値、さらには奇妙な図版の連続に、きっと大きなストレスを感じながら、細かく煩雑な作業で非常にご苦労されたことと思う。こうした意味で本書は編集スタッフ一同とのチームワークの結実であり、到底訳者一人で果たせるものでなかった。ご尽力くださった方々すべてに謝意を示したい。

しかし本書に残っているであろう不備や誤りに関してはひとえに訳者が責を負うものである。読者諸賢の叱正を乞う次第である。

伊藤友計

＊本書は、講談社学術文庫のための新訳です。

ボエティウス

480年頃―524年。ローマ貴族家系の政治家・著述家。ギリシャ哲学の文献などを渉猟、『哲学の慰め』『算術教程』などを著した。

伊藤友計（いとう　ともかず）

明治大学非常勤講師。著書に『西洋音楽の正体』『西洋音楽理論にみるラモーの軌跡』、訳書にラモー『自然の諸原理に還元された和声論』。

講談社学術文庫

定価はカバーに表示してあります。

音楽教程《おんがくきょうてい》

ボエティウス

伊藤友計《いとうともかず》 訳

2023年11月7日　第1刷発行

発行者　髙橋明男

発行所　株式会社講談社

東京都文京区音羽 2-12-21 〒112-8001

電話　編集（03）5395-3512

販売（03）5395-5817

業務（03）5395-3615

装　幀　蟹江征治

印　刷　株式会社ＫＰＳプロダクツ

製　本　株式会社国宝社

本文データ制作　講談社デジタル製作

ISBN978-4-06-533964-0

「講談社学術文庫」の刊行に当たって

これは、学術をポケットに入れることをモットーとして生まれた文庫である。学術は少年の心を養い、成年の心を満たす。その学術がポケットにはいる形で、万人のものになることは、生涯教育をうたう現代の理想である。

こうした考え方は、学術を巨大な城のように見る世間の常識に反するかもしれない。また、一部の人たちからは、学術の権威をおとすものと非難されるかもしれない。しかし、それはいずれも学術の新しい在り方を解しないものといわざるをえない。

学術は、まず魔術への挑戦から始まった。やがて、いわゆる常識をつぎつぎに改めていった。学術の権威は、幾百年、幾千年にわたる、苦しい戦いの成果である。こうしてきずきあげられた城が、一見して近づきがたいものにうつるのは、そのためである。しかし、学術の権威を、その形の上だけで判断してはならない。その生成のあとをかえりみれば、その根は常に人々の生活の中にあった。学術が大きな力たりうるのはそのためであって、生活をはなれた学術は、どこにもない。

開かれた社会といわれる現代にとって、これはまったく自明である。生活と学術との間に、もし距離があるとすれば、何をおいてもこれを埋めねばならない。もしこの距離が形の上の迷信からきているとすれば、その迷信をうち破らねばならぬ。

学術文庫は、内外の迷信を打破し、学術のために新しい天地をひらく意図をもって生まれた。文庫という小さい形と、学術という壮大な城とが、完全に両立するためには、なおいくらかの時を必要とするであろう。しかし、学術をポケットにした社会が、人間の生活にとってより豊かな社会であることは、たしかである。そうした社会の実現のために、文庫の世界に新しいジャンルを加えることができれば幸いである。

一九七六年六月

野間省一